浙江省哲学社会科学规划课题重点资助项目

"温州海外移民群体研究"

（项目编号08CGSH001Z）

浙江省高校重点创新团队——"浙南瓯越文化研究"

浙江省哲学社会科学重点研究基地——温州人经济研究中心

温州市归国华侨联合会

联合资助出版

徐华炳 著

温州海外移民与侨乡慈善公益

中国社会科学出版社

图书在版编目(CIP)数据

温州海外移民与侨乡慈善公益/徐华炳著. —北京:中国社会科学
出版社,2016.10

ISBN 978 – 7 – 5161 – 8363 – 2

Ⅰ.①温… Ⅱ.①徐… Ⅲ.①移民—历史—研究—温州市
Ⅳ.①D69

中国版本图书馆 CIP 数据核字(2016)第 134050 号

出 版 人	赵剑英
责任编辑	吴丽平
责任校对	李 莉
责任印制	李寡寡

出 版	中国社会科学出版社
社 址	北京鼓楼西大街甲 158 号
邮 编	100720
网 址	http://www.csspw.cn
发 行 部	010 – 84083685
门 市 部	010 – 84029450
经 销	新华书店及其他书店

印 刷	北京君升印刷有限公司
装 订	廊坊市广阳区广增装订厂
版 次	2016 年 10 月第 1 版
印 次	2016 年 10 月第 1 次印刷

开 本	710×1000 1/16
印 张	19.75
插 页	2
字 数	360 千字
定 价	69.00 元

总序　温州海外移民研究的现状、方法与价值

（"温州海外移民系列研究"总序）

　　汉惠帝三年（公元前 192 年），越王勾践之后驺摇为东海王，建都东瓯，温州始建城。自此以后，温州境内人口迁徙不断，但从早期的徐 R 人、越人、楚人和闽人入瓯，到"永嘉南渡"而来的北方士族，都属于迁入型移民。至唐朝，伴随中国经济社会的日趋繁荣和疆域的急剧扩展，中外交往更加频繁，地处东南沿海的温州便有了与海外直接通商贸易的渠道，温州港亦一度成为官方指定的开放口岸。借此优良条件，具有移民基因的温州人揭开了走向海外的序幕。

　　朝鲜李朝郑麟趾所撰《高丽史》记载，永嘉文士周伫在北宋真宗咸平元年（998 年）去往高丽，后入仕并定居二十余载至病死。南宋末年俞文豹撰《吹剑录外集》又载，南宋理宗淳祐年间（1241—1252 年），永嘉人王德用赴交趾经商，拜见国王，遂留之。南宋咸淳五年（1269 年），永嘉人正念（号大休）东渡日本，创立了日本禅宗二十四流之一的佛源派。南宋末代宰相永嘉人陈宜中，在元世祖至元十九年（1282 年）抗元失败后，从占城避居暹罗以图借兵复国，终未成，后卒于彼。南宋洪迈所撰《夷坚支志》称："温州巨商张愿，世为海贾，往来数十年，未尝失时。"元成宗元贞元年（1295年），永嘉人周达观随元使团出使真腊，逗留一年许始返，后著成《真腊风土记》。尽管温州人移民海外历史十分悠久，但在近代以前并未形成群体性移民现象，其影响力和被关注度甚微。清末，出洋的温州人渐增。陈翰笙的《华工出国史料汇编》辑录："有洋人到浙江

温州府平阳县地方，招有十几人同到澳门。"甲午战争后，一批才识之士受富国强兵和实业救国思想的影响，或为追寻革命，或为深造学术，负笈日本或留学欧美，构成了近代温州海外移民中的特殊群体。温州地区在20世纪20年代初期和20世纪30年代初期掀起两次移民高潮。但总体来看，在1949年前的海外移民总数并不多，即使统计到改革开放伊始，温州海外移民也仅五万人左右。

基于20世纪80年代以前的温州海外移民规模和发展历程，以及受中国侨务政策等因素的影响，温州海外移民研究在1949—1982年间未能获得正式起步，几乎处于空白状态。进入20世纪80年代，当时的全国侨联负责人洪丝丝前瞻性地提议"最好有人研究温州青田华侨史"。1982年，在全国和浙江省两级侨联领导的关心与重视下，根据省侨联关于编写浙江华侨史，并确定以温州市和青田县为试点的有关部署，温州市各级侨联从抓侨乡侨情调查入手，把编写侨史、侨志提到了重要议事日程，从而真正地全面启动了温州海外移民研究。而在改革开放政策的指引和温州地区新一轮出国高潮的带动下，温州海外移民研究取得了重大进展。国内外专家学者发表和出版了不少论著，温州师范专科学校（1987年升格为温州师范学院，2006年并入温州大学）、温州市侨办分别在1982年和1994年成立了相应的华侨华人研究机构，这些都有效地提升了温州"侨"的知名度和学术影响力。

纵观三十多年来的温州海外移民研究，可以概括出如下特点。

第一，研究内容上侧重于温州移民历史和移民社会问题两大方面。其中移民史领域的代表性成果有《温州华侨史》（1999年）、《文成华侨志》（2002年）、《乐清华侨志》（2007年）和《瑞安市华侨志》（2011年）；而王春光、李明欢则运用社会学相关理论对温州海外移民社会问题进行了学理性研究。他（她）们的《巴黎的温州人——一个移民群体的跨社会建构行动》（2000年）、《移民的行动抉择与网络依赖——对温州侨乡现象的社会学透视》（2002年）和《"相对失落"与"连锁反应"：关于当代温州地区出国移民潮的分析与思考》（1999年）等，可以说是目前为止关于温州海外移民研究颇有影响的学术论著。但是，较之于温州侨乡分布的广泛性和规模化的新移民，国内学界对温州侨乡社会及其变迁和新移民群体的研究是不够深入的，已有成果普遍缺乏理论范式。

第二，研究队伍以中老年学者为主，以本土学者或温州籍人士居多。陈学文、周望森和章志诚无疑是温州华侨华人研究领域的开拓者、老前辈，是名副其实的侨史专家，温州各地方侨联的一批老同志、老归侨也是温州华侨史研究方面的有生力量。但这些研究人员早已退休，虽偶尔撰文叙事，很显然已处于心有余而力不足的超负荷状态。近年来，随着温州海外移民规模和影响力的不断增大，涉足温州移民研究的学者开始逐渐增多，特别是出现了不少中青年研究者。如夏凤珍（2013 年等）、徐华炳（2012 年等）、张一力（2015 年等）、郑乐静（2015 年）。他（她）们对包括温州在内的浙南海外移民进行了不同视野下的分析，出版了有一定分量的学术论著。然而，由于温州地缘和血缘尤其是语言的特殊性，使得许多非温籍学者难以涉足或无法长期探究温州华侨华人问题。

第三，研究成果以资料性居多，缺乏高水准、原创性的学术论著。就数量而言，改革开放 30 余年来，与闽、粤等移民大省的研究成果相比，温州海外移民研究所取得的成果也是有一席之地的，重要侨乡都曾做过深浅不一的调查研究，甚至有了专门的《世界温州人》杂志。然而，这些侨乡调查成果大多数为资料性质的，人物传略、文集、纪念册和画册等描述性成果占相当比例，低水平、重复性的文章居多。在《华侨华人历史研究》等专业类核心期刊发表的论文仍凤毛麟角，突破性与创新性的成果甚少。此外，对移民迁入地的研究不够平衡。大多数专家学者把研究的重点放在欧洲各国，对于南北美洲的温籍华侨华人研究较少，对于大洋洲及东南亚各国的研究则更少，至于对近年来移民中东及非洲的温州人，关注者只有一二。在人物群体的研究上，也存在不均衡性。作为精英人士的侨领、侨界知名人士、侨团负责人和华侨望族，的确是广大华侨华人中的佼佼者，具有代表性。但要重视对他们的研究并不等于可以忽视更大多数普通侨民的研究，否则会给研究者产生误导，给社会造成不良的导向。

　　面对温州海外移民研究的匮乏与不足，我们期望包括温州大学研究者在内的国内外学者在今后能够充分挖掘和利用乡土资源，做好侨乡社会的研究，做透乡土特色的侨乡文化研究，以发挥"侨"牌效应，以支持侨乡发展战略，能够重点探究温州新移民群体的兴起、发展与未来趋势。同时，为了促进该领域研究的长足发展，未来要跳出温州人的视角来研究温州人，要整合多重资源以保障研究的常态化、团队性和学术性，要主动邀请国内外感兴趣的专家学人来研究，要借鉴国外的成熟移民理论和其他侨乡研究的丰富经验，精诚合作，推动温州海外移民研究迈向更高阶段。

　　当然，回顾温州海外移民研究的学术史，最需要反思的是学术成果与为数众多及贡献力也不小的海外温州人的客观事实之间的不相对称。因此，为了尽早改变这种理论与实际之间的"剪刀差"现象，尽快提升海外温州人研究的层次，必须找准研究视角、运用科学的研究方法，以获得真正的理论价值和务实的实践价值。

　　首先，温州海外移民研究需要确立多维视角。

　　综合研究的视角："新的综合"研究，即学科之间的交叉、渗透和融合，越来越成为当今学术研究的普遍趋势，多学科交叉研究在移民课题上同样存在切实需求和巨大潜力。尤其在欧美国家，众多的学科关注移民问题，使其渐成一种显研究。温州海外移民群体研究同样属于一个多学科研究领域，它广泛涉及历史学、社会学、民族学、人类学、民俗学、经济学、心理学、文化学等学科的理论方法。因此，以综合研究的视角对温州海外移民问题进行跨学科研究，才能深刻认识温州海外移民的问题本质，才能揭示出温州海外移民的演进历程与未来走向。

　　比较研究的视角：认识一个事物通常是借助于与其他事物比较来实现的，只有比较才有鉴别，只有鉴别才有认识。温州海外移民研究应当是一个极其复杂的认识过程，必然离不开比较。因此，要充分运用单项比较与综合比较、横向比较与纵向比较、求同比较与求异比较、定性比较与定量比较等，对温州海外移民问题进行比较研究，以期获得温州海外移民与全国移民的共同点，找出与其他地区移民的相异性，取长补短、协同发展，完善温州海外移民研究。

创新研究的视角：移民实践的迅猛变化势必挑战现有的移民理论。近三十年来，温州海外移民无论是规模、质量，还是影响力、凝聚力，都产生了很多新情况，而研究却相对滞后。因此，对这些新现象与变化要开展实地调研和学理解释，对照历史，探究演变轨迹及未来发展，并运用多学科的分析工具与方法加以阐述，以形成原创性的理论，从而在强化现实价值的同时提升华侨华人研究的学术层次。同时，温州海外移民实践基础上的移民理论创新，既可以推动移民模式、移民制度、移民文化、移民管理体制与机制等方面的创新，又可以指导新的中国移民实践活动。

实证研究的视角：文献分析是华侨华人研究领域最早也是最通用的研究方法，但随着史料的不断挖掘以及新移民呈现的新特点的增多，重视田野考察和实地调查成为移民研究的必然选择。实证性研究作为一种研究范式，在国内外移民问题研究中受到了前所未有的重视，并且已在提炼和建构移民理论方面发挥了积极作用。因此，在分析和研究温州海外移民问题的过程中，同样要通过大量的实证调查，获取丰富而实际的第一手资料，进而加以验证相关理论假设，达到对所研究问题的规律性认识。

其次，温州海外移民研究需要坚持四大原则。

宏观研究与微观研究相结合：在宏观层面上，要把温州海外移民连同中国海外移民置身于整个全球性的国际移民大潮中去考察。在微观层面上，要清楚地解析出温州海外移民为何连绵不断，为何集聚欧洲，为何仍从事餐饮、服装、皮革等传统行业等问题的原委。也就是说，在中国迅速走向世界、在温州不断提高国际知名度的当代，不能仅仅从中国的历史、文化、视角和需要来研究华侨华人问题，而必须从世界的历史与文化，从华侨华人所在的国度、地区和全球化的角度开展相关研究。事实亦证明，正是在全球化发展所推动的国际人口迁徙的国际大环境影响下，温州海外移民人口才增加，分布区域才日渐广泛，移民质量才显著上升。

静态研究与动态研究相结合：任何事物都是相对静止和绝对运动

的统一。移民既是在一定的时间、地点和条件下进行的，但不论是迁出地还是迁入地，又都要按照相对稳定的行为规范办理移民手续；移民既是相当数量的人口迁徙行为，又具有置业安家定居的行动。所以要充分认识到海外移民的静态性和动态性。温州海外移民数量的急剧增长、移民方式的多样化和职业结构的变迁等事实证明，只有分析与研究温州海外移民的静态结构与动态趋向及其内在联系，才可能把握温州海外移民群体社会经济现象的全貌，才能保持温州海外移民群体理论的活力。

定量研究与定性研究相结合：定量研究与定性研究是从自然科学领域引入社会科学领域的两种对立的研究范式，两者所探讨的就是社会现象的量质两方面问题。温州海外移民作为一种复杂的人文社会现象，只有把定量研究与定性研究结合起来，才有可能真正揭示出其本质与内在发展规律。其中定量研究主要是依据调查问卷采集现实资料数据，运用经验测量、统计分析和建立模型等方法来测定海外移民群体的各种行为和表达海外移民的变化规律；定性研究主要是对收集的文献、数据进行认真判断和科学统计，并以文字描述为主，对海外移民现象的本质及其发展的具体规律做出理论性的解释和说明。

理论研究与实际应用相结合："从学术研究扩展到政策实践领域的研究"是改革开放后30多年来华侨华人研究的特点之一。同样，理论探讨温州海外移民问题不是也不可能是为研究而研究，最终目的在于应用。概括地说，研究温州海外移民及其理论至少包括两个方面的任务：一是通过对温州海外移民群体的研究，揭示其形成和发展的具体规律，为建立适合中国国情、具有中国特色的整个移民理论体系服务；二是通过对温州海外移民群体存在的现实问题的解析，更好地为海外移民服务，为社会主义现代化建设和改革开放服务。

最后，温州海外移民研究需要实现两大价值。

理论价值：其一是通过温州海外移民的研究，进一步形成具有温州特色的海外移民理论研究的框架体系，并通过国内和省际海外移民群体的比较研究，从中找出其共同点和不同点，以揭示温州海外移民发展的具体规律。其二是通过温州海外移民的研究，根据移民实践所提出的一系列问题，从理论与实践的结合上对中国移民理论做出新的概括和总结。其三是通过对温州海外移民的研究，为建构具有中国特色的移民理论体系添砖加瓦，乃至为国际移民学的海洋增加有价值的一滴。

实践价值：研究温州海外移民的实践价值既不能脱离世界和中国移民发展的状况，更不能脱离温州发展的实际。这种实践价值可以概括为三个方面：其一是围绕温州海外移民侨居地特别是其在海外社会生活来开展研究，将有利于促进温州侨胞与居住国居民之间的文化融合，以提高他们的社会地位、社会福利和幸福指数，从而发挥海外温州人在住在国的积极作用；其二是围绕祖籍地温州侨乡进行调查研究，不但有利于推动温州侨乡建设，使温州侨乡建设的经验上升到理论，而且对政府的公信力建设和完善华侨相关政策具有积极意义；其三是通过对温州海外移民群体的整体研究，为温州涉侨部门创新侨务工作，提高知侨情、护侨益、赢侨心、聚侨力的服务水平和管理能力提供智力支持和技术参考，从而促进内外温州人的良性互动，更好地把"温州人经济"转化为"温州经济"。

总之，开展温州海外移民研究，要以深入、系统、全面地考察温州海外移民的实践为目标，要以揭示这一特殊群体形成与发展的具体规律及其趋向为归宿点，并针对其存在的问题提出对策建议，从而推动内外温州人互动，以更好地为温州经济社会发展服务。

代序　温州慈善传统与温州海外移民善举

（代序）

　　《山海经》曰："瓯居海中"，汉代及其以前的温州属东瓯或瓯地。东晋太宁元年（323 年），温州境建置永嘉郡，慈善活动亦随之出现。温州慈善事业初创于隋唐，经历两宋的繁荣、元代的衰微和明清的鼎盛后，伴随近代中国的社会巨变而发生强烈的嬗变，转型至近代意义上的慈善。古代温州慈善发展既与整个中国慈善事业演进相一致，又具有一定的区域特征。如慈善主体以官方为主，慈善内容以赈灾救济和兴修水利为主，民间慈善先抑后扬，宗族、宗教慈善活动普遍。同时，较早地创立了医疗慈善基金会和"文成会"等特殊领域的慈善载体。而近代温州慈善一方面突破传统慈善意义，改造古代慈善样式，另一方面主动接受近代慈善理念，参照西方慈善模式。一批地方乡绅、知识精英积极探索，开创了在全国具有一定影响力的慈善实践。如 1885 年陈虬等人创办全国最早的新式中医学校利济学堂，并在院章中明文规定："减润应诊，以其广道便民"；1896 年，经学大师孙诒让创办浙江省最早的数学专门学校瑞安学计馆，后又创办瑞安方言馆、官立瑞安普通学堂和温州蚕学馆等。兴办女学，是近代温州一种值得肯定的解放女性的慈善实践尝试。与此同时，近代温州人的善行义举开始走向全国，并呈现内外温州人互动与协调机制，从而为现、当代天下温州人善行天下提供了基础。毋庸置疑，温州慈善不仅拥有近 1700 年的悠久历史，而且构建了具有鲜明特色的区域慈善文化。

　　晚清以降，国人不仅睁眼看世界，而且开始较大规模地奔赴海外。地处东南沿海的温州，也有少数民众被西方殖民者招募为华工，流向南洋、古巴或南非等地。1875 年，温州被开辟为通商口岸，不久后设立瓯海关，这无疑为更多的温州人移居异域提供了条件。一些山区农民和沿江居民前往东南亚谋生，一些有识之士负笈东洋求学。20 世纪，温州曾掀起三次移民海外的高潮，以至现今有近 70 万的温州人遍及五大洲的 130 多个国家和地区。身居他国的海外温州人，随着数量的逐渐增长及实力的日益增强，愈加情系桑梓，并在不同时期以多种方式支援祖国和家乡建设。如抗日战争时期，旅居南洋的温州华侨或积极捐献，或购买爱国公债，或参加陈嘉庚领导的南洋华侨筹赈祖国难民总会，或倾力推进新加坡温州会馆开展爱国救亡活动等。20 世纪 30 年代起，旅居海外的一些温州人逐渐回馈祖籍地，或捐资助学，或寄回侨汇，或捐输生产物资等。改革开放后的温州人更是关注与支持祖籍地的经济发展和社会公益事业，不仅成为温州地区慈善事业的生力军，而且积极参与国内的希望工程、抗震救灾和基础设施建设等。譬如，温州大学的创建就饱含了温籍海外侨胞的爱国爱乡义举，以"育英"冠名的教学科研大楼广布温州的校园和医院。温籍侨胞还创设了专门的慈善公益组织——侨爱分会，这在全国也属先例。

可以说，温州自古至今都是一块慈善实践的热土，如今的温州及海内外温州人无疑是慈善研究的重要现场地和样本。徐华炳负责的温州大学华侨华人研究所充分注意到这一地域资源，多年来，深入侨乡社会，调查访谈，撰写了一系列温州海外移民及其慈善捐赠方面的论文。这既体现出他们做学术的敏感与修养，就地取材、积沙成塔，也反映了他们的社会责任感，书写慈善，弘扬正能量。慈善研究是我的重要研究方向，徐华炳现随我读博，已经拟定华侨华人慈善捐赠作为博士学位论文的选题方向。现在学界的慈善事业史研究虽已取得令人瞩目的丰硕成果，但不能不看到仍存有阙漏之处，而华侨华人慈善事业的历史即是一个显例。由此而言，开展对华侨华人慈善事业的历史研究，是中国慈善研究领域不可或缺的重要选题，具有填补空白的意义。本书才只是一个起步，我相信继之而后的华侨华人慈善捐赠研究将会把这一研究进一步推向深入。今年 9 月，《中华人民共和国慈善法》将正式颁布实施，开展包括华侨华人慈善公益问题在内的海内外中国人慈善事业及其研究正逢其时。希望他能够以此为契机，潜心研读理论，深挖文献资料，构建起自己的一套慈善研究体系，产生系列性的高质量成果。

　　是为序。

（作者系温州市新世纪 551 人才导师
苏州大学社会学院博士生导师、教授、院长）
2016 年 5 月于苏州

目　　录

第一编　温州海外移民史

第二编　温州海外移民群体特征

第三编 温州海外移民的侨乡善举

附录

表图目录

第一编

温州海外移民史

中国的历史就是一部移民的历史，中国的人口迁移是与中国历史同时开始的。古代温州境内的人口流动亦频繁，不断发生迁徙活动。"祖籍南方者六成，祖籍北方者三成，而真正属本地籍者，尚不足一成"①。历史证明，温州是个典型的移民社会，温州人素有流动的传统。以至当代，正如莫言所说："世界上只有鸟儿飞不到的地方，没有温州人到不了的地方。"

---

① 李庆鹏：《解读温州人——一个闯荡天下的现代商帮》，香港东方财富出版集团2003年版，第125页。

第一章 温州移民传统与移民海外

第一节 "南来北往"的人口

在温州历史上，自先秦始就有北下或南上的徙温移民，在南宋以前以北方族群为主流，南宋以降则渐被南方的闽籍移民所代替。其中，较大的人口迁入活动有三次。

一 先秦至西汉的移民潮

东瓯的土著居民是原始瓯人①，最早迁徙到瓯地的是徐人。徐人是一个以虎为图腾、文化先进的古老族群，属东夷集团的徐夷部。周代称其为"徐""徐戎"或"徐方"，其活动范围大致相当于今安徽泗县以北和江苏徐州一带，春秋中期一度强盛，东南的瓯、越都曾归附徐国。公元前7世纪，楚国灭之，徐国王室贵族逃散，移民瓯地的不少。继徐亡而勃兴者为吴越，勾吴和于越是百越中靠近中原、文化水平最高的两个分支。公元前473年，越王勾践灭吴后，曾大封子弟为王为君。其中，据《越绝书》遗文可知："东瓯，越王所立也。即周元王四年（公元前472年）越相范蠡所筑。"② 由此始，土著瓯人居住地为越国所辖。公元前333年，楚国灭越国，楚人直接控制了瓯越境地，其在越地的势力和影响甚至在秦统一全国后依然很强大。公

---

① 古代瓯人的活动区域不只限于今日温州地区，浙江、福建、海南地区都有瓯人活动。参见蔡克骄《瓯越文化史》，作家出版社2002年版，第5页。

② （宋）乐史：《太平寰宇记》卷九十江南东道二，清文渊阁（《四库全书》）补配古逸丛书影宋本。

元前192年，汉王朝策封东瓯王，"立摇为东海王……都东瓯……世俗号为东海王"①。公元前138年，闽越国围攻之，使得"东瓯王广武侯望率其众四万余人来降，处庐江郡"，大量瓯越住民只得遁入山林，成为"山越"。此后，东瓯故地逐渐为闽越控制。

二　魏晋南北朝时期的移民潮

自东瓯举国内迁江淮至汉顺帝永和三年（138年）的二百余年间，随着汉政权逐步掌控瓯地和"逃遁山谷者颇出"，瓯越人和中原汉人交往不断加深，并在一定程度上接受了汉文化。东汉末年，中原地区战火纷飞，江北人民大量渡江南下。据史载，建安十八年（213年），淮南人民一次渡江南迁者就达十万余户。在魏吴争战之中，"自庐江、九江、蕲春、广陵户十余万皆东渡江，江西遂虚，合肥以南惟有皖城"②。东吴时期，浙南一带的山越人与南逃而来的中原汉人已经广泛杂居、融合，已和汉人很少区别。

西晋末年的晋怀帝永嘉年间（307—312年），西北内迁的少数民族相继起兵，引发了民族仇杀性质的战争，史称"永嘉之乱"。周边民族的侵扰和战乱引起北方人口的大规模流迁，以渡江南徙者为众，"及胡寇南侵，淮南百姓皆南渡"③。据统计，在这场持续百余年的移民潮中，北方南渡流民人口总数至少有九十万人。而温州多种多样的地形，特别是叠嶂不穷的大山和河谷小平原的地貌非常有利于避乱。因此，进入东瓯区域的北方移民为数不少。他们进入浙南境地的角色，或以官宦身份或为宗教人物。其中南渡的望族往往率宗族、宾客、乡党同行，聚族而居，此外还有数量众多的分散南移者。这些中原移民进入瓯越后，逐步与以山越人和闽越人为主的瓯民开始杂居，不仅带来了中原地区的先进生产工具和生产技术，而且在与当地人民共同开发瓯越大地的过程中，传递文明交融文化。

---

①　（汉）司马迁：《史记》卷一百一十四《东越列传》第五十四，清乾隆武英殿刻本。

②　（晋）陈寿：《三国志》卷四十七《吴书》二，百衲本影宋绍熙刊本。

③　（唐）房玄龄等：《晋书》卷十五《志》第五，清乾隆武英殿刻本。

三　唐末五代至两宋时期的移民潮

进入隋朝时期，永嘉郡降为县治，隶属处州，后改称括州。唐高宗上元二年（675 年），析括州之永嘉、安固二县置温州。由此始，"温州"地名一直沿用至今，所辖境地亦基本固定。隋唐时期，整个中国经济社会都得到了快速、良好的发展，温州也处于长期的安定环境中。"安史之乱"使北方社会经济遭受很大破坏，致使"衣冠士庶……家口亦多避地于江淮"①，而藩镇割据再度让黄河流域成为厮杀的主战场。南方地区却未受兵祸，社会经济没有遭受到多大破坏，因而引来不少避乱的北方人，"复以疾辞时，荐绅先生，多游寓于江南"②，从而获得了充足的劳动力，使江南地区的经济保持迅速发展的趋势。

（一）唐末至五代十国时期的温州移民

在这百余年间，温州地区初为永嘉人朱褒兄弟控制，后归吴越国钱氏政权统治，社会相对稳定。而周边特别是越州和福州境内的战争或暴乱不断，这就造成进出温州的人口幅度很大，进而使温州社会进入一个重要的转型时期。即从唐末五代开始，温州不但进入以福建移民族群为主体的社会形态，而且这一时期"形成了温州移民的主要线路、构成了温州居民的主要姓氏、构建了温州村、社、乡、都结构的总体布局，实现了温州乡村草民社会向士绅社会的转型"③。

首先，在唐末的黄巢起义阶段，凭借括苍山脉、洞宫山脉的天然屏障，浙南地区不但因此未受起义军扰掠，反而成为周边州县难民的避难地，引来了浙、皖、赣、闽地区的不少移民。其中福建，由于黄巢起义军南下时对当地社会秩序破坏严重，"时黄巢过闽，避地者无所衣食"④。尤其是入福州后，"焚室庐，杀人如薙"⑤，所以，北逃

---

① （唐）姚汝能：《安禄山事迹》卷下，宣统三年叶氏刻本。
② （唐）权德舆：《权载之文集》卷十四《碑铭》，《四部丛刊》影清嘉庆本。
③ 林亦修：《温州族群与区域文化研究》，上海三联书店 2009 年版，第 159 页。
④ （清）张君宾等：《乾隆宁德县志》卷七《黄岳传》，宁德方志办编 1983 年铅印本，第 335 页。
⑤ （宋）欧阳修等：《新唐书·黄巢传》，岳麓书社 1997 年版，第 6454 页。

温州者以福州民众为众。

其次，闽越国王氏政权的内部斗争引发福建地区社会动荡，境内居民特别是福州和闽东一带的百姓纷纷迁徙温州。其中940—942年间，建州刺史王延政与福州王延羲政权进行了内战，死伤惨重，社会破坏较大，导致闽东北大量移民迁入"保境安民""政尚宽惠"的钱氏政权统治下的温州地域。现存的温州姓氏的大量宗谱中都记载了因"避王羲乱"而迁徙的情况，由此可想这场战争所引发的移民规模①。

此外，在钱氏政权据闽的32年（947—978年）里，虽然吴越有效控制着福州闽东，也使该地区保持着和平的局面，但有学者将其与温州比较后认为，两地的政治和社会环境是有区别的。如"因战争之功，钱氏政权给浙南人民更多的优惠政策"；"福建闽东地区不安定因素依然存在"；"闽东大量的吴越国军队驻军，也使这一带的人民承担着沉重的赋税"②。正是这种差异性的存在，使得该时期仍有福建移民源源不断地流入浙南温州境内。

比较此前和此后的温州移民，发现这一百多年的移民"是温州现有族群的迁徙开端，对温州社会文化的发展起着决定性的作用。……而唐末五代一百多族有宗谱可查的福建移民后裔几乎奠定了温州现代居民的基础和村落分布的格局"③。

（二）两宋时期的温州移民

北宋时期，"国家根本，仰给东南"，地处东南沿海的温州社会经济有了明显发展，人口增长迅速。据《太平寰宇记》载，宋初太平兴国年间（976—984年）的温州总户数达40740户。《宋史》记载，到崇宁年间（1102—1106年）的人口增长了3倍，有119640户，人口密度也从唐开元的3.8人/平方公里增加到北宋太平兴国年间的4.1人/平方公里。这种人地紧张关系的凸显，使温州人开始走上经商之路。据《宋本方舆胜览》记载，当时的温州是"温居涂泥

---

① 林亦修：《温州族群与区域文化研究》，上海三联书店2009年版，第154页。
② 同上书，第155页。
③ 同上书，第159—160页。

之卤，土薄难植。民勤于力而以力胜，故地不宜桑而织纴工，不宜漆而器用备"。"其货迁靡，其人多贾"，以至任温州知府的杨蟠作诗《咏温州》曰：一片繁华海上头，从来唤作小杭州。温州经济的繁盛，进一步促使其成为人口的聚集地。

靖康元年（1126 年）至绍兴十二年（1142 年）间，因北方战乱和宋室南渡等因素，北方汉族大批迁入江南，温州也迎来第一次人口高峰。"建炎之后，江、浙、湖湘、闽、广，西北流寓之人遍满"[①]。其中建炎四年（1130 年），跟随宋高宗避难温州的大批宗室勋戚、百官家属和流民或留居或寄寓温州。明嘉靖《温州府志》载，"当时皇族居温者多恣横"，是可佐证。到淳熙年间（1174—1189 年），温州所属各县人口增至 910657 人，比北宋崇宁年间（1102—1106 年）增长了约 3.5 倍。整个南宋时期，温州迎来的北方移民数量极多，以至改变了温州传统的稻作农业生产方式。"向涂泥之地，宜植粳稻，罕见粰麦，今则弥川布垅，其苗蒙蒙，无不种之麦矣"[②]。与此同时，南方的福建人特别是闽南人因生产生活所需而到温州垦荒求生存的人数亦众多。福建移民在温州移民史上无论是从数量角度看还是从时间跨度看，都具有显著优势，因而其后裔在温州人口构成中占有绝对数量[③]。即便在离福建最远的温州西北部的永嘉县，祖籍福建者占 56%以上[④]。位于东南部的平阳、苍南、泰顺、洞头等县则分布着占温州地区人口 1/7 的闽南方言区[⑤]。这一时期齐聚温州的南北族群不仅使温州人口激增，从唐中期的四万人飙升至宋代的九十一万人，而且南北文化习俗亦在这股族群大融汇中发生碰撞、交互与整合。

至元代以后，虽仍有各种不同类型的移民迁徙温州境内，如明前

---

① （宋）庄绰：《鸡肋编》卷上，清文渊阁《四库全书》本。
② （宋）吴泳：《鹤林集》卷三十九《杂著·温州劝农文》，清文渊阁《四库全书》补配清文津阁《四库全书》本。
③ 有学者对南宋以来迁徙温州的闽籍移民进行了原因及具体状况的探析。参见陈辰立《南宋以来闽籍徙温移民的四个契机》，《温州大学学报》2014 年第 3 期。
④ 张景骞：《永嘉人氏半赤岸》，载霞浦县政协文史组编《霞浦县文史资料》（第十一辑），内部刊印 1993 年版，第 119 页。
⑤ 温州市志编委会编：《温州市志》，中华书局 1998 年版，第 517 页。

期的卫成移民、明中后期的福建生存（种番薯、蓝靛等）移民和明末清初的"避乱"及"迁界"移民等，但都已无法从根本上改变温州人的基本特征了。

两千多年的温州历史说明，移民是温州社会的典型现象，移民是温州境内的主体人口，移民是温州民众的传统习性。在温州历史上的三次大规模、长时段的人口迁徙进程中，温州地域先后吸纳了中原古文化、吴楚文化、吴越文化、闽越文化和中原汉文化。这些伴随相应移民而来的文化，最终汇聚成温州地域文化，并经融合而发展成为一种集传统性与开放性、地域性与民族性于一体的文化，是一种活态的、迁移性的多元文化形态，是一种具有创新型、高实用价值和全球化趋向的区域文化。改革开放 30 多年的温州实践证明，这种文化是温州人的最大财富，在创业创新中发挥了巨大作用，是温州腾飞并走到中国发展前列的首要资源，同样也是温州人在海外闯荡、生存和发展的最重要资本。

第二节　闯荡异国他乡的经纬

中国人移居海外的先驱可以追溯至殷商遗臣箕子。据《史记·宋微子世家》和《高丽史·列传》等记载，"周武王封箕子于朝鲜"。此后，又出现"殷人东渡"。秦汉时期，移居周边邻邦的中国海外移民出现"人群化"端倪。据《史记·秦始皇本纪》记载，随同徐福"入海求仙"的三千童男童女当中的一部分就到达今天的日本岛；公元前 1 世纪，因战乱所致而有中国士兵失散在亚美尼亚及留居异域的商人工匠。至隋唐，伴随中国东南沿海商品经济的发展和中外海上交通的发达，中国人"以自主选择为基础"①，开始较大规模地散居异域他乡，海外华侨群体渐现。

一　海贸与温州人走向域外

温州非京都大城，且僻远，远离中原政治文化之中心，但却充分

---

① 陈传仁：《海外华人的力量》，世界知识出版社 2007 年版，第 14 页。

借助濒海资源来发展自己。所以，在交通方式近则靠马车远则依仗水运的古代社会，温州便具有了沿海港口优势，早在先秦时期就有了一定的海上交通能力。唐初，温州的海外贸易逐渐兴起，以日本为主要贸易对象，不过多以转口明州（今宁波）、泉州再行出口。唐武宗会昌二年（842年），中国商人李处人在日本造海船一艘，八月二十日由日本肥前值嘉岛起航，八月二十九日直达温州，是有记载以来日本与温州的首次直航①。尽管史料记载中的唐代温州与域外的直接接触并不多见，然而东邻西域的僧侣、商贾的来华及其构成的显在或潜在的交流，对温州人而言，其意义则超越了宗教本身，打开和扩展了温州民众的视界，对温州社会产生了生活方式、行为方式和思维方式等领域的潜在影响。如乾隆《温州府志》记载，唐大中七年（853年），日本僧人圆珍随钦良晖商舶入唐，历访福州、温州、台州、越州诸名刹。又南宋温州诗人徐照有诗《江心寺》云："两寺今为一，僧多外国人"②，然未知其来何邦；徐照《移家雁池》又云："夜来游岳梦，重见日东人。"③ 诗人陈则翁《回回僧》诗中云："秋风响耳环，古怪聚人看……亦有西来意，相逢欲语难。"④

　　宋代，随着造船业的兴盛和航海技术的提高，手工业生产和商业的发展，温州海外贸易渐趋活跃。在此社会经济繁荣的基础上，加之南宋初期，温州一度成为官方指定的开放口岸，从而揭开了温州人走向海外的序幕。据《高丽史》记载，高丽穆宗元年（北宋真宗咸平元年，998年）有永嘉文士周伫放洋北上，到达高丽（今朝鲜、韩国）⑤。被当地人举荐到高丽王朝而重用，官至礼部尚书，并定居至1024年病逝。宋室南渡偏安江南后，商品贸易和对外交往大多依赖海上，海上丝绸之路兴起，温州遂成为重要的对外贸易港口。南宋高

---

① ［日］木宫泰彦：《日中文化交流史》，胡锡年译，商务印书馆1980年版，第109页。

② （清）厉鹗：《宋诗纪事》卷六十三，清文渊阁《四库全书》本。

③ （清）吴之振：《宋诗钞》卷八十六，清文渊阁《四库全书》本。

④ （宋）陈思：《两宋名贤小集》卷三百七十九《瑞州小集》，清文渊阁《四库全书》本。

⑤ 关于周伫移居高丽时间及身份，国内学者有不同观点，笔者亦对此展开过考证。详见拙文《周伫移居高丽考》，《八桂侨刊》2016年第1期。

宗绍兴元年（1131 年）温州设立了市舶务，用以管理海外贸易，并建"来远驿"以招待来温州的外国人。尽管由于福建泉州港的兴起和军事方面的原因，南宋宁宗庆元元年（1195 年）罢温州市舶务，对外贸易亦一度陷于停顿，但温州人的异域之行并未止步。如南宋理宗淳祐年间（1241—1252 年），永嘉人王德用"少请乡荐，累举不利"，遂与胞兄德明"尽卖其田庐，伪造禁物为国书，以奉交趾（今越南中部）"经商，后因其"才艺而敏①，受当地国王留用；又如南宋咸淳五年（1269 年），永嘉人正念东渡日本传授临济宗，居日本约二十年后圆寂。他博通佛法，又善儒、道之学，主张三教一致，并用佛教和儒家的思想来陶冶悟入禅道的日本武士的情操。遗著有大休和尚语录六卷，为日本镰仓禅宗的发展做出了巨大的贡献。元成宗元贞二年（1296 年），永嘉人周达观随团出使真腊（今柬埔寨），并在考察当地社会时遇一位薛姓温州同乡，而其已"居番三十五矣"，等等。与此同时，温州许多商人凭借旺盛的海上贸易，长期从事海上经商活动。如南宋洪迈在《夷坚支志》中称："温州巨商张愿，世为海贾，往来数十年，未尝失时。"② 由此可推断，宋元之际出洋、定居甚或与当地人共同生活繁衍的温州人渐多。元朝建立后，为发展海外经济文化交流，在元世祖至元十四年（1277 年）设立了温州等七处市舶司，使温州海外交通贸易重新获得发展。周达观著的《真腊风土记》就提到真腊人民喜爱的温州漆盘，从中可以窥见温州当时对外交往的状况。

　　元世祖至元三十年（1293 年），元政府撤销温州市舶司，并入庆元（今宁波），温州港对外开放由此停止。而明清两朝政府实行的"海禁"、"迁界"、闭关锁国政策，以及倭寇和海盗的长期骚扰，不仅使温州的海上交通贸易严重受挫，而且几乎中断了温州人移居海外的活动。但冒险经商于海外者，仍有。清代孙雨人的《永嘉闻见录》就曾记载了一个温州人贸利来往于日本而遇险的惊险事件。其文道：

---

　　① （宋）俞文豹：《吹剑录外集》，清知不足斋丛书本。
　　② （宋）洪迈：《夷坚支志》丁卷三，清影宋钞本。

"王谦光者，温州府诸生也。家贫不能自活，客于通洋经纪之家。习见从洋者利不赀（少），谦光亦累赀（资）数十金同往，初至日本，获利数十倍。……继又往，人众货多，飓风骤作，飘忽不知所之。见有山处，趋往泊之，触焦（礁）石，沉舟，溺死过半……缘岸而登者三十余人，山无生产，人迹绝至，虽不葬鱼腹中，难免为山中饿鬼。众皆长恸，昼行夜伏，拾草木之实，聊以充饥。及风雨晦冥，山妖木魅千奇百怪，来侮狎人，死者又十之七八……一日走入空谷，中有石窟如室，可蔽风雨。旁有草甚香，掘其根食之，饥渴顿已，神气清爽。识者曰：此人参也。如是者三月余。"① 经朝鲜巡拦船只相救方脱险，其过程非常惊心动魄。

二　跌宕起伏的近代百年移民

鸦片战争爆发后，中国国门洞开，正值资本主义发展上升阶段的西方各国又需要大量劳动力。于是，在国内落后贫穷的社会经济压力下和西方列强的"招募"诱使下，包括温州在内的极度贫困的近代中国乡村里的人们迫于生计而再度远涉重洋。如 1847—1866 年间，"有洋人到浙江温州府平阳县地方，招有十几人同到澳门"②，这些劳工经澳门被送到古巴哈瓦那种植园做苦力。

1876 年，英国以"马嘉理事件"为借口，胁迫清政府签订了《中英烟台条约》，增开温州为通商口岸，成为近代中国较早开埠的城市。温州开埠后，棉布、棉纱、金属、煤油、火柴、西药、肥皂、鸦片等洋货，基督教、天主教、西医等洋文化以及美孚火油公司、英瑞炼乳公司、日本东洋堂等洋公司接踵而来。外国商品的大量倾销，极大地破坏了温州传统的家庭手工业和农业结构，使得温州的社会经济格局发生了巨大变化。温州开埠及其导致的温州社会经济的剧变使得众多破产的农民或手工业者远走他乡或出国谋生，这样便出现了更多的温

---

① （清）孙雨人：《永嘉闻见录》，转引自金凡平、方立明等《温州文化：存在的记忆》，人民出版社 2013 年版，第 112 页。

② 陈翰笙主编：《华工出国史料汇编》（第一辑第二册），中华书局 1985 年版，第 583 页。

州人赴南洋或欧洲。如历来以土靛染布为业的文成县李林乡光明村村民因无力与外国染料业竞争，纷纷失业，以致向邻县青田的亲友求助，借助他们已有的海外关系而出洋，"这也就成了该地出国人数众多的一个原因"①。又如光绪年间，瑞安县华表村人张新栋随福建人赴南洋谋生②；光绪廿二年，永嘉人田合通及其父亲在德国经商并加入德国籍。伴随欧美资本主义而来的，不仅有物质化的"西洋镜"，也有先进的资本主义思想。维新、革命等思潮的兴起，以及中日甲午之战的爆发，促动着温州部分有识之士赴日求学，从而使19世纪末期的温州出现了留学生移民群体。1898—1911年的十三年间，温籍留日学生就多达135人，留学欧美者3人③。如乐清人黄解，回国后创办乐清第一所女子小学"造姆小学"，筹办沪杭铁路机械厂等；瑞安人洪彦远受维新思想影响，弃科举仕途，学新学文化，走"科学救国"道路。归国后，一直在高校和教育部门任教任职，毕生从事教育事业；平阳人黄庆澄回国创办了中国最早的史学专业杂志《史学报》和我国第一份数学刊物《算学报》，被称为"当代奇人"；平阳人林竞著有《西北丛编》，是"民国以来谈西北问题的第一人"，被称为"西北拓荒者"；等等。

　　进入20世纪后，国内局势动荡不安，民不聊生。资本主义国家则进入快速发展和瓜分世界的阶段，仍需大量劳动力以进行工业建设和殖民地开发。在这种巨大经济差距导致的"内推外拉"合力作用下，破产的山区农民、小手工业者和贫苦知识分子构成了温州海外移民主体，温州亦因此出现了两次移民高潮。其中，"一战"结束至20世纪20年代初为第一波移民潮。从1920年冬到1922年春为止，温州、处州两地赴日本卖伞、石货的人大概在3500人以上④。根据1922年春的统计，"新从浙省温处两州来日之劳工突然加至五千余人，散处各

　　①　周厚才编著：《温州港史》，人民交通出版社1990年版，第84页。
　　②　温州市教育局教研室编：《温州近代史资料》，内部刊印1957年版，第184页。
　　③　胡珠生：《温州近代史》，辽宁人民出版社2002年版，第199页。
　　④　谢介眉：《王希天君小史》，载温州市政协文史资料委员会、浙江省政协文史资料委员会编《东瀛沉冤——日本关东大地震惨杀华工案》，浙江人民出版社1995年版，第40页。

地"①。第二波移民潮发生在 20 世纪 30 年代。由于 20 世纪 20 年代中后期，中日民族危机加剧、国内革命处于低潮，以及 1929 年的温州自然灾害不断，一批出国谋生的温州人流向南洋群岛和欧洲。其中 1935—1936 年的出国人数达到高峰。如文成县（原属瑞安县的一部分）在 1929—1939 年的出国人数有 640 人，其中去东南亚 346 人，去欧洲 246 人，去日本锐减为 48 人②。瓯海丽岙乡在 1929—1937 年有 303 人出国，除一人去新加坡，其余全部奔赴欧洲各国。此外，还有少数人因"一战"华工、避抓壮丁、战争避难、救国留学等因素出国。然而，以欧洲为主战场的"二战"和中华民族的抗日战争不仅使温州出国人数骤减，甚至使得侨居海外的部分华侨因躲避欧洲战火或支援国内抗战而纷纷回国。

三　全球化时代的温州移民潮

1949—1978 年的 30 年间，由于受到冷战格局下的复杂中外关系、特殊的国内政治局势等因素影响，中国人整体出国数量明显减少。温州地区亦如此。据 1995 年温州市重点侨乡调查数据分析，该时期温州地区从中国大陆直接出国的人数仅有数千人。事实上，改革开放前的海外温州移民总数也仅约五万人③，大规模的海外移民行为应当说是在 1978 年实行对外开放之后才得以发生的。

在改革开放特别是 1984 年温州被国务院批准为沿海开放城市的大环境下，由于"经济发展的不平衡性和全球化"、"宽厚的移民链"和"欧美国家实行'大赦'，推行非法移民合法化措施"等原因④，温州掀起了第三波移民潮。温州人在中国大陆初现"出国潮"时，就凭借其前辈们在海外奠定的基础，捷足先登，以"家庭团聚""继承财产""劳工输出"乃至"旅游探亲"为由，成批地奔向海外。据温州市公

①　作者不详：《王希天被害始末——留日学生总会之报告》，《晨报》1923 年 12 月 7 日，第三版。报载原文误将处州（今丽水地区）刊印成"该"州。

②　章志诚主编：《温州华侨史》，今日中国出版社 1999 年版，第 63 页。

③　王崇倩：《温州人海外创业三十年》，《世界温州人》2008 年第 1 辑。

④　徐华炳：《温州海外移民形态及其演变》，《浙江社会科学》2010 年第 12 期。

安局数据显示，1982—1983 年受理申请出国人数就有 5469 人，批准发照为 4508 人。1984 年 4 月—1994 年 12 月间移居海外的人数迅速增至 71138 人。如今，从西欧到北美、从澳洲到非洲，几乎世界的每个角落都有温州人的足迹，都能听到难懂的温州话。截至 2014 年年底，温州海外移民人数已增至 68.8 万人（包括港澳同胞），分布在五大洲的 130 多个国家和地区①，温州是名副其实的全国重点侨乡（见表 1—2）。

表 1 - 1　　　　1991—2009 年的海外温州人增长趋势　　（单位：万人，个）

年份	人数	国家或地区	年份	人数	国家或地区
1991	22	60 +	2003	40	87
1995	25	–	2004	40.96	88
1998	30	65	2005	42.53	93
2001	38.3	87	2009	43.04	131

资料来源：温州市侨办历年年度工作总结。

表 1 - 2　　　　2014 年温州各县（市、区）涉侨人员统计　　（单位：万人）

县（市、区）	人数	县（市、区）	人数
鹿城区	12.076	苍南县	0.8336
龙湾区	1.1092	文成县	16.8598
瓯海区	11.9757	泰顺县	0.0576
洞头县	0.0903	瑞安市	15.9964
永嘉县	6.5808	乐清市	2.5890
平阳县	0.6767	合　计	68.8451

资料来源：温州市 2014 年侨情调查。

　　改革开放 30 多年来，温州海外移民不但人数规模扩大、地域分布扩展，而且在移民动因、经济状况和社会地位等方面也进入了一个

──────────

　　① 据温州市 2009 年侨情调查统计，海外温州人主要集中在欧美，其中意大利 14.2 万人、法国 9.1 万人、荷兰 4.1 万人、西班牙 2.9 万人、美国 3.9 万人。

新的阶段。之所以如此，既与全球化的加速推进、中国经济的快速增长和国际移民潮的涌动等宏观因素有关，也与温州海外移民的思想观念、生活方式、社会意识和心理品性等微观要素密切相关。可以说，"温州海外移民作为数千万海外华侨华人的一部分，不仅具有中华民族的共性，而且因为温州区域文化的独特属性，使其成为地缘性极强且具有自身生存发展模式的一个特殊移民群体"①。

---

① 徐华炳：《区域文化与温州海外移民》，《华侨华人历史研究》2012 年第 2 期。

第二章 近代开埠与温州海外移民[*]

温州偏隅于浙东南，控山带海，是个古老的港口，战国时期已具有一定的海上交通能力。唐初，温州海外贸易渐兴。宋代温州海外贸易继续发展，及至 999 年开始成为官方指定的对外贸易港口，1131 年设立了市舶务以管理海外贸易。元代温州设立市舶司，进一步增强与东南亚地区的贸易。正是在面向海洋的地理条件、造船业日益发展和港口开放度不断提高等因素的共同推动下，温州人具备了显著的海洋性[①]。温州人不仅具有灵活变通的海洋性格、开放包容的海洋心态、开拓创新的海洋精神[②]，而且流动着不安、迁徙、远行、追逐的海洋文化基因[③]。近代温州开埠更是诱发了温州人的海洋特性，他们以更强烈的冒险精神、重商意识和开放态度闯荡海外，从而掀起了多次移民海外的高潮。

第一节 《烟台条约》与温州开埠

鸦片战争之后，签订《中英南京条约》，广州、厦门、福州、宁波和上海五口通商。温州虽未被迫开放，但亦已遭到英国的觊觎，因为宁波和福州两地的进出口贸易并不能满足英国的市场需求。其中宁

---

[*] 本章内容曾刊载于《温州职业技术学院学报》2014 年第 4 期的"温州海洋经济与社会"专栏。

[①] 徐华炳：《区域文化与温州海外移民》，《华侨华人历史研究》2012 年第 2 期。

[②] 陈国灿：《略谈江南文化的海洋特性》，《史学月刊》2013 年第 2 期。

[③] 徐华炳：《区域文化与温州海外移民》，《华侨华人历史研究》2012 年第 2 期。

波因与舟山港很近，将来舟山有事，其会起很大作用，所以贸易价值虽不足，却仍保持通商口岸地位。而福州"开埠后九年，并无洋商经营合法贸易，洋船虽有驶至该埠者，然其任务或为私运鸦片，以戈取不法之利益，或为护送船只，以防海盗之翅掠而已"①。正是基于宁波和福州的上述情势，英国政府多次向清政府提出修约，要求开放温州等港口。

1876 年 9 月 13 日，英国政府以"马嘉理事件"为借口，强迫清政府签订了《中英烟台条约》，其中通商事务部分规定："随由中国议准在于湖北宜昌、安徽芜湖、浙江温州、广东北海四处添开通商口岸，作为领事官驻扎处所。"② 至此，温州的大门终被打开，成为近代中国较早开埠的城市。1877 年 4 月 1 日，温州建立洋关，先称"温海关"，后称"瓯海关"，由英国人好博逊（H. E. Hobson）任税务司，温州由此正式对外开放。

温州开埠以后，各国洋行纷纷在温州开业，传教士纷至沓来，尤其对近代温州的政治、经济、社会和文化等诸多方面产生了正反兼及的影响。一方面，它冲击了温州传统社会经济结构，导致家庭手工业和小农经济遭受严重破坏，乡村民众纷纷背井离乡谋求生存。其中一些从事手工业的山区村民"不得不通过亲友关系，离乡背井，长途跋涉前往国外谋生"③。另一方面，温州社会和民众对西方人的认知与态度并不像内地口岸或其他一些沿海口岸的人们那样具有对抗性、排斥性，"他们通常在码头碰到外国人也不会有荒谬的举动。欧洲人在大街走不会遭妇女和儿童可怕的围观，也听不到男人的粗话，甚至连那极无礼的话语'番鬼''洋鬼子''红毛人'在这儿也变为较文

---

① 刘辉主编：《中国旧海关稀见文献全编》（第十分册），中国海关出版社 2009 年版，第 311 页。

② 褚德新、梁德主编：《中外约章汇要：1689—1949》，黑龙江人民出版社 1991 年版，第 201 页。

③ 周厚才编著：《温州港史》，人民交通出版社 1990 年版，第 84 页。

雅的'番人'"①,"温州……其居民谦和友好"②。开埠后的温州社会
之所以会呈现如此与众不同的情景,相当程度上不能不归因于温州的
自然环境及其所塑造的人文氛围。其中,"瓯居海中"的海洋地貌既
因狂风恶浪和变幻莫测的恶劣环境而锤炼了人们顽强拼搏的精神,又
因海洋的可利用条件差而锻造了海民们娴熟的驾驭能力和协作抱团的
意识③。正因如此,面对开埠后的西方资本主义的强势逼迫,温州人
不畏艰辛,选择远涉重洋;面对开埠后的西洋人、西洋镜的蜂拥而
入,他们不盲目排外,选择理性应对。

第二节　开埠后的温州海外移民历程

"七山一水二分田"的地貌使得温州境内人多地少的矛盾很尖
锐,农民单纯依靠土地资源生存艰难,于是许多人被迫到异乡谋生甚
至闯荡异国做苦力。而1877年温州开埠,既为受教育程度本就不低
的温州民众提供了进一步认识域外的渠道④,也为具有移民意识的温
州社会孕育移民潮营造了良好的氛围。在此基础上,无论是招募途径
还是华工身份出国的温州人逐渐增多。温州开埠后的温州海外移民历
程主要分为四个阶段⑤。

一　第一阶段:1876—1919年

温州开埠初期,"形势非常乐观,人们对它像所有新口岸那样怀
有同样的预期,但是,后来的贸易规模很小,与开埠初3个月的交易

---

①　张永苏:《近代开埠史的难得史料》,《温州日报》2010年4月24日,第6版。

②　赵肖为编译:《近代温州社会经济发展概况:瓯海关贸易报告与十年报告译编》,
上海三联书店2014年版,第56页。

③　徐华炳:《区域文化与温州海外移民》,《华侨华人历史研究》2012年第2期。

④　据瓯海关十年报告(1882—1891年)记载,当时"温州城区及其近郊的人口估计
有87 000人;可以认为其中3/10有知识,5/10受过一定的商业教育,还有2/10完全愚
昧"。

⑤　关于近代温州海外移民阶段的划分,学术界尚无统一定论。本书的划分标准是在
参照胡珠生著的《温州近代史》、章志诚主编的《温州华侨史》和周厚才编著的《温州海
关志》等相关著作的基础上确立的。

量所引起的期望相去甚远"①。之所以如此，一个重要原因是，近代温州港河道多蜿蜒曲折且多狭浅泥滩，帆船来此，稍有不慎就会搁浅。从沿海邻近口岸来的大型帆船或汽船，载运量超过 90 担者就无法进港。另外一个重要因素是，温州所处的地理位置不利，夹在福州、宁波和上海三个大商埠中间，它们开埠都比温州早，早已有各自通商和商业利益的辐射网，温州受其左右夹攻，对外贸易并不占有优势②。加上温州的厘金较重、管理混乱，外国商船宁愿通过海运先到上海、宁波等地再转陆路到温州，也不愿意直航温州港。这势必影响到温州港口的顺利发展，使得温州对外贸易与人口往来在很长时期里都没有明显增多。此外，霍乱等多种流行疾病在温州地区的肆虐，以及温州社会存在以 1884 年"甲申教案"为代表的尖锐的民教矛盾，使得温州民众要有效、快捷地借助口岸和来华洋人实现移民海外的愿望，是难以短期奏效的。

尽管如此，"温州贸易起落跌宕着令人满意地逐渐前行。虽说步履可能有点蹒跚，进展还是相当显著……"③。伴随温州进出口贸易的逐年倍增，有利于温州人移民海外的条件也渐渐显露，尤其是海上航运业的兴盛，为温州人出洋提供了直接而便利的交通。如 1877 年温州开埠的当月，英国渣甸洋行的康克斯特轮从上海驶入温州港。次年 4 月，中国招商局永宁轮自沪首航抵温。此后，温州港又陆续开通与宁波、福州、厦门、汕头等沿海港口，南通、镇江等长江沿岸港口，以及日本、新加坡、苏门答腊、中国香港等国家和地区的航线。1884 年温州轮船招商分局在城区的朔门码头建成了第一座浮码头，增强了海运能力；1885 年英籍新加坡甲板船"特克里"号开辟了温州—香港—新加坡的国际航线。

在上述有利外部环境的催化作用下，在温州开埠后的 40 多年间，秉承移民基因的温州人不畏远途，以劳工身份到美洲种植园或南非金

---

① 赵肖为编译：《近代温州社会经济发展概况：瓯海关贸易报告与十年报告译编》，上海三联书店 2014 年版，第 1 页。

② 同上书，第 221 页。

③ 同上书，第 247 页。

矿等地谋生闯天下。"一战"爆发后，英、法、俄等协约国向中国招募华工。1919 年冬，青田县政府开展招募"一战华工"工作，当地青壮年争相报名，共计招募 2000 多人奔赴欧战。这些华工中的大多数在战后并未返回国内，而是选择定居欧洲，其中仅在法国的就有1000 多人①。这批因"一战"而滞留法国的温州青田人，就成了温州海外移民史上第一批真正的华侨华人。

二　第二阶段：1920—1928 年

虽然因"一战"而有不少温州、处州两地民众被招募至欧洲并长期侨居，但主动远赴欧洲的温州人仍然很少，温州民众依然惯性于到周边邻国谋生。1910 年一批具有革命思想的浙江籍知识分子掀起留日热潮，进一步引导了浙江农民或手工业者前往日本做工。"民国八年有陈某，带了些浙江处州青田特产的石货，到日本行商，大受欢迎。"② 这项生意也逐渐在毗邻青田的一些温州乡村传开。"民国九年有王某者也赴日本卖石货，带几把温州伞预备自己用的，在火车上被日人看中，给买了去。"③ 卖伞的生意也从此红火起来。"在 1919—1921 年间，许多青田人去日本制作女用纸伞或售卖冻石器皿。"④ "从 1920 年冬到 1922 年春为止，赴日卖伞、石货的，光是温、处两地的人大概在三千五百以上。"⑤ 这些行商在新旧货不接时，还可以在日本做工，收获的工资不菲。因而一传十、十传百，从温地到日本做工的工人数量暴涨。"根据 1922 年春的统计，新从浙江温州、处州两地来日之劳工突然增至五千余人，散处各地。"⑥ 这是温州历史上前所未有的出国热潮。

但好景不长，受世界资本主义经济危机影响，日本在 1920 年起

---

① 周望森、陈孟林主编：《青田华侨史》，浙江人民出版社 2011 年版，第 32 页。
② 胡珠生：《温州近代史》，辽宁人民出版社 2002 年版，第 298 页。
③ 同上书，第 298 页。
④ 赵肖为编译：《近代温州社会经济发展概况：瓯海关贸易报告与十年报告译编》，上海三联书店 2014 年版，第 287 页。
⑤ 胡珠生：《温州近代史》，辽宁人民出版社 2002 年版，第 298 页。
⑥ 同上书，第 229 页。

也发生了严重的经济危机，国内生产总值下降近 20%。与此同时，在日的华工因为勤劳、吃苦、雇佣工资低等原因，使其竞争优势远比日本当地人强，客观上给日本社会造成了就业压力。对此，1923 年 1 月开始，日本政府将来日从商、务工的外国人驱逐出境。而同年 9 月 1 日发生的关东大地震恰巧成为日本全面驱赶旅日华侨的主要借口。这场地震不仅造成当地居民伤亡 30 万人，也使温、处两地华工、商贩约 4000 人受灾。① 不但如此，受日本军国主义煽动的日本暴徒还残杀受灾华工，其中"以温属工人为多，总数约七八百人"②，制造了令人震惊的"东瀛沉冤"。面对如此凶险的处境，旅日华工为了自身安全，纷纷要求北洋政府及日本当局派船送其回国。经此事件，温州地区一度掀起的出国热潮逐渐平息下来。

此后数年，受国民革命兴起的政治大环境影响，温州人也响应"拒绝洋货"的号召，促使瓯海关对外贸易迅速下滑。1925 年温州港口的工人为了支持"五卅运动"，拒绝卸洋烟洋货，迫使外轮原货返还；1927 年 2 月以后，"排外渐烈，尤以排英为最，满街揭橥标语，举行市民大会以及各种示威运动，外侨舍日人有台湾驶来之日舰保护仍留外，余逐渐离埠，最后海关人员亦于 4 月 20 日去温之沪"③。在此情形之下，温州人出洋的踪迹自然难觅。

三　第三阶段：1929—1937 年

1929 年温州天灾不断。"始有飓风肆虐，继而洪水为灾，所有禾田，尽成泽国，其灾情之巨，殆为 50 年来所仅见。最惨者莫如禾田中发生之一螟虫，能于俄顷之间飞集成群，蚀稻立尽，其害比蝗虫尤烈"④。如此凶年，人民难求一饱，不得不再次铤而走险，出国谋生。如瑞安丽岙在 1929 年先后有 9 人出国⑤，乐清县 1930 年因饥荒而有

---

①　胡珠生：《温州近代史》，辽宁人民出版社 2002 年版，第 229 页。
②　同上书，第 300 页。
③　杭州海关译编：《近代浙江通商口岸经济社会概况》，浙江人民出版社 2002 年版，第 633 页。
④　同上书，第 640 页。
⑤　章志诚主编：《温州华侨史》，今日中国出版社 1999 年版，第 64 页。

79 人出洋谋生①。随着国共两党合作的破裂，南京国民政府因"剿共"、"内讧"和抵御日益进犯的日寇为名，到处抓壮丁，"兵祸"在温州地区亦尤为严重。"1936 年 12 月，国民党抓壮丁，胡益蒙虽是独子，也不能幸免。在穷途末路的时刻，他只得哭别亲人，拿了东拼西凑借的六块银元，跟着六位同乡一起到新加坡谋生"②。当时温州许多青壮年为了避抓壮丁而被迫逃亡出国。

与此同时，一些先期出国谋生的华侨在国外发财的消息反馈到家乡，引发了村民的羡慕，并很快传遍温州各地。"本世纪初叶，关于乡里亲朋在西欧靠'贩销青田石'致富的传奇故事，在温州人的津津乐道中，熏陶、美化了致富欧洲的移民幻想，诱发、刺激了当地的移民潮。"③ 这样，一批怀着出人头地和光宗耀祖心态的温州人又踏上了远赴海外之路。恰在此时，西方殖民主义者因"二战"爆发而又来华招工，于是，"（今）文成县的玉壶、瑞安县的丽岙、白门、桂峰，永嘉县的瓯北等地，在三十年代中期因此而先后形成了出国热潮"④。近代温州的第二次海外移民高潮就此出现。但在经历了 1934—1936 年的温州海外移民高潮后，又因为抗战爆发而锐减。

四 第四阶段：1938—1949 年

抗战初期，因温州战略地位并不十分重要，所以在头四年里只是遭受了日军的空袭，从而使得温州港成为连接敌后战场与敌占区经济的罕见中转口岸。1938 年外轮往来温州十分频繁，海上运输贸易兴旺，港口出现畸形繁荣局面。瓯海关全年税收达 301 万余元，直接对外贸易值达 8163425 元，创前所未有的最高纪录⑤。与此同时，当地民族工业迅速崛起。如温州鹿城布厂在 1939 年改名为富华染布公司

---

① 倪德西、叶品波主编：《乐清华侨志》，中国文史出版社 2007 年版，第 3 页。
② 李南星：《难忘的峥嵘岁月——记新加坡老归侨胡益蒙同志和"温工"战友》，《浙江华侨史料》1986 年第 1 期。
③ 李明欢：《"相对失落"与"连锁效应"：关于当代温州地区出国移民潮的分析与思考》，《社会学研究》1999 年第 5 期。
④ 胡珠生：《温州近代史》，辽宁人民出版社 2002 年版，第 391 页。
⑤ 周厚才编著：《温州港史》，人民交通出版社 1990 年版，第 127 页。

后，陆续添置动力织布机 45 台，提花机 90 台，手拉木机 90 台，工人 400 多人[1]。至 1941 年，永嘉县棉布工厂增至七八十家，织机数达 800 多台。制革厂、肥皂厂、造纸厂等企业迅速扩大规模，为穷困的温州人带来了劳动岗位[2]。

世界大战的危险、抗战初期的温州港的异常盛况及地方经济的繁荣，使温州出国人数骤减，甚至已侨居海外的部分华侨因躲避欧洲战火和支援国内抗战而纷纷回国。而随着日军的三次入侵[3]，温州地区的相对安全和经济繁荣随即终结。在温州三次沦陷期间，日军疯狂地杀戮和掠夺。在此乱局之下，出国谋生或创业无疑困难重重，温州人出国几乎中断。

抗战胜利后，停滞多年的温州港运输逐渐恢复。"沿海客运量 1946 年为 32020 人次，1947 年增至 61824 人次"[4]。然而，随即爆发的内战使出现短暂振兴气象的温州经济再次凋敝，瓯海关的航运船、船务行也纷纷撤离。原有的工厂企业纷纷陷入困境，工人大批失业，其中近代工业企业从 1946 年的 74 家减至 1948 年春的 29 家[5]，城乡手工业者也大多面临破产。面对温州经济的窘境，通货膨胀、物价飞涨和工商业不振，不安于现状的温州人开始通过侨居海外亲属的帮助，又踏上了出国谋生的道路。

1949 年 5 月 7 日，温州宣告解放。至此，温州作为近代通商口岸的历史结束。

第三节　近代温州的海外移民特征

纵观 1840—1949 年的近代温州史，温州人闯荡海外的执著跃然纸上，海外温州人的艰辛生活历历在目，温州人移民海外的特征可圈

---

[1]　胡珠生：《温州近代史》，辽宁人民出版社 2002 年版，第 450 页。

[2]　同上。

[3]　日军先后于 1941 年 4 月 18 日、1942 年 7 月 11 日和 1944 年 8 月三次入侵温州。

[4]　胡珠生：《温州近代史》，辽宁人民出版社 2002 年版，第 497 页。

[5]　同上书，第 500 页。

可点。

一　阶段性、缓慢式的增长趋势

近代温州开埠之后，其海外移民的发展并不如人们所预想地呈直线上升趋势，而是呈现一种缓慢式上升、阶段性高潮的整体攀升趋势。在温州开埠的前 40 年里，只有为数不多的"殖民华工""战争华工"和留日学生；但后 30 年里，海外移民数量明显扩大，以至形成两次海外移民高峰。第一次海外移民热潮发生在 1919—1923 年，温州出现了历史上前所未有的成规模海外移民现象。仅 1920 年冬至 1922 年春，温州、处州两地赴日本卖伞和石货的行商多达 3500 人以上，到日本做工的乡民更是暴涨。但这次海外移民热潮因关东大地震及其间的杀戮事件而未能持续。第二次海外移民热潮发生在 1929—1939 年。如文成县在此阶段的出国者达到 640 人，比 1920—1929 年出国谋生的 435 人增长了 47%①。尤以"1927—1936 年最多，占建国前 30 年移民欧洲华侨总数的 79.3%"②。仅 1936 年 1 月，在日本人控制的马来亚丁加奴龙铁矿公司当苦力的温州人就超过千人③。但第二次世界大战爆发后，国内外形势急剧恶化，温州人出国道路再度中断。

二　海运为移民主渠道

温州"艰山海阻"的地理条件限制了温州与其他地区的通畅联系，尤其是经陆路与其他地区的交流十分困难，加之陆上交通工具的限制，使海洋航路成为历代温州人走向周边乃至海外的主要途径。而温州开埠后，海上交通更是成为温州人域外之行的首选④。1877 年 4 月，英商怡和洋行"康克斯特"号客货轮开通了上海—温州—福州

---

① 朱礼主编：《文成华侨志》，中国华侨出版社 2002 年版，第 22—23 页。
② 胡珠生：《温州近代史》，辽宁人民出版社 2002 年版，第 391 页。
③ 同上书，第 392 页。
④ 常晓强：《新式交通与近代温州经济变迁》，《温州职业技术学院学报》2014 年第 3 期。

航线。这条航线不仅把温州与当时国内最大、最开放的城市——上海连接起来，而且还与海外移民传统深厚和出洋人数较多的福州港相连。这无疑大大增加了温州人出洋的可能性和移民渠道的辐射圈。除增加多条国内航线外，温州还开辟了远至香港、台湾、新加坡、马来亚和印尼的轮船，有些还直接由外籍轮船承担航运。同时，温州港的吞吐量和拥有的船舶数大大增加。这些良好的客观条件无疑为温州乡民出洋提供了更多选、更安全的机会。如旅波兰归侨王岩郎回忆，1919 年 9 月，他"到温州乘海轮去上海……下旬乘外轮从上海启程，途经 32 天抵达法国马赛，再从马赛到巴黎"；新加坡归侨胡有志则是在"1935 年古历正月二十日……从温州乘货轮经过两天两夜到达厦门，船费是 7 块银元。……从厦门出发坐了九天九夜的轮船到达新加坡"①。

三　农民、手工业者和知识分子成移民主群体

出国，对近代温州农村许多人来说，实为生活所迫而寻找的一条求生之路。温州"穷山恶水"的地理环境已使民众身处窘境，而资本主义经济的涌入更将其逼入绝境。于是，文成、瑞安、瓯海等山区的无地或失地农民，以土靛染布等手工业为生的山区村民，只得闯出山林，远赴异国他乡，出卖劳力，以开矿、做木器、种橡胶、种菜、养猪及从事小贩、行商为生。旅居印尼和新加坡等地的乐清籍华侨虽靠做木工之技获得较固定收入，却同样充满心酸。他们一天干活 12 个多小时，所得工资除去吃饭、住宿等费用所剩无几，晚上睡"料凳"，生活之艰苦，实属罕见②。甲午战争后，一批才识之士受富国强兵和实业救国思想的影响，或为追寻革命或为深造学术而赴日本和欧美留学，成为近代温州海外移民中的特殊群体。1902 年平阳的陈蔚和乐清的石铎考取官费留学日本，成为温州最早的出国留学生。此后，温州社会留日风潮兴盛。1898 年 10 月至 1904 年 10 月，温州留

---

① 章志诚主编：《温州华侨史》，今日中国出版社 1999 年版，第 73 页。

② 倪德西、叶品波主编：《乐清华侨志》，中国文史出版社 2007 年版，第 9 页。

日学生共有 63 人；至 1911 年，乐清籍留日学生有 41 人①。20 世纪二三十年代前后，留学足迹由日本一国扩展到德、法、英等欧洲数国及美国、澳洲。无论留日或旅欧，他们均偏重于学习制度、立法、技艺、师范、商科、工程等。温州人归国后兴学校办实业，或创办杂志报刊，介绍西方新知识新文化，或倡立新学，推动新文化运动，走科学救国之路，或投身于国内新政新法之建立，或工程建设者，不一而足，建树非凡。

四 日本、南洋及欧洲为移民主输入地

温州自宋、元以来，时有与日本贸易往来，两地海程亦相近，加之"明治维新"以来的日本经济快速发展，从而吸引了不少民众在温州开埠后循着历史惯性而前往日本行商做工。如瑞安桂峰乡于1915—1937 年移民日本 179 人，占全乡同期出国总人数的 69.65%②；20 世纪 20 年代文成县出国华侨共 455 人，分布在日本的有 261 人，占该时期全县华侨总数的 57.36%③。1920 年随着日本当局排华活动的加剧，特别是无辜华工惨遭杀害所导致的巨大心理阴影，赴日人数几乎为零，甚至改变了温州的出口贸易重心。"土制雨伞运往外洋数量日益增多，以新加坡、爪哇二埠行销最广"④。温州移民的目的地以"一边倒"态势而转向就业空间更大的东南亚和经济优势更显著的欧洲。如 1924—1949 年，乐清县出境人数总计 670 人，其中前往日本的仅 40 人，到达印尼、新加坡和马来西亚的有 408 人⑤；1923年由于旅居新加坡的温州人数量可观，为了联络乡情，第一个温籍海外侨团——新加坡温州会馆成立；1927—1936 年，移居欧洲的文成

---

① 王雄涛：《清末温州留日学生研究》，硕士学位论文，温州大学，2011 年，第 21 页。

② 王国伟主编：《瑞安市华侨志》，中华书局 2011 年版，第 9 页。

③ 朱礼主编：《文成华侨志》，中国华侨出版社 2002 年版，第 21 页。

④ 杭州海关译编：《近代浙江通商口岸经济社会概况》，浙江人民出版社 2002 年版，第 640 页。

⑤ 倪德西、叶品波主编：《乐清华侨志》，中国文史出版社 2007 年版，第 20—21 页。

人有 306 人，占该县 1949 年前旅欧华侨总数的 79.3%[①]；瑞安丽岙于 1929—1937 年出国的 303 人中，除 1 人去新加坡外，全部流向欧洲的法国、荷兰和意大利[②]。由此可见，欧洲业已成为当时和现在温州海外移民的聚集地。

温州开埠作为近代温州社会遭遇的一种剧烈的外部力量，有力地促进了具有移民习性的温州人较具规模地奔赴海外，而且使出国谋生的观念深入温州乡村社会，以至于中国实行改革开放政策后，温州人移民海外呈现井喷情势[③]。时至今日，温州成为全国著名侨乡，已有近 70 万华侨华人和港澳同胞遍及世界五大洲的 131 个国家和地区。同时，比较发现，同为通商口岸的北方沿海城市如烟台、天津等地，在近现代却没有出现连锁性、群体性的海外移民现象。事实证明，这其中缘由并不在于开埠这一共同外部环境的出现，而在于温州地域文化的海洋性浸染了温州人，直至成为他们自主移民海外的强大动力。

---

① 朱礼主编：《文成华侨志》，中国华侨出版社 2002 年版，第 22—23 页。
② 王国伟主编：《瑞安市华侨志》，中华书局 2011 年版，第 13 页。
③ 徐华炳：《中国海外移民个体行动抉择分析：以旅欧温州人为例》，《社会科学战线》2015 年第 10 期。

第三章 温州海外移民形态及
其演变*

　　先秦至近代的中国人移居海外活动基本属于自主性行为。但随着19世纪起自由资本主义向垄断资本主义过渡，特别是鸦片战争后，华人的移民被卷入世界资本主义体系当中，华人出国的形式较之早期侨民也有了显著的不同。近代中国的海外移民虽也是当时世界大移民的一部分，但在移民的原因、性质、类型等诸多方面，都有其自身的独特性。当前，在改革开放和国际政治经济变化的背景下，中国移民方式再次发生巨大变革并由此日益受到国际移民界的重视。关于世界上的中国移民类型，著名的华侨问题研究专家王赓武教授从历史透视法分析而提出主要有四种[①]。那么，温州海外移民作为海外华侨华人的一分子，其移民模式是怎么演进的？作为国内乃至世界范围都有强烈地缘概念的温州，其海外移民又是如何呈现独特地缘性的？

---

　　* 本章部分内容曾刊载于《浙江社会科学》2010 年第 12 期。

　　① 第一种类型为经商类型，即华商，包括商人和技工、煤矿工人和其他技术工人，他们的活动范围曾遍布中国本土，进而发展到世界各地，这一现象可追溯到宋朝。他们中的一些人还在中国或其他地方发展，甚至建有庞大的公司，主要集中在东南亚国家，如印度尼西亚、菲律宾、泰国、马来西亚和新加坡。第二种类型为苦力类型，即华工，这源于大量苦力劳动者的外移。他们通常是农民出身的男子、无地的劳动者和城市里的无业穷人以及衣不蔽体的工人，最典型的代表是修建贯穿美国大陆铁路的华工。第三种类型为旅居者类型，即华侨。在本质上这与其他两个术语——华商和华工极为不同，它不是对移民职业的描述，而是广泛地涉及所有海外华侨华人。第四种类型为有中国血统但持有当地移民国护照的华侨华人后裔，即华裔。参见 Wang Gungwu, "Patterns of Chinese Migration in Historical Perspective", in R. J. May and W. J. O Malley, ed., *Observing Change in Asia：Essays in Honour of J. A. C. Mackie*, Bathurst：Crawford House Press, 1989, pp. 33 – 48。

第一节 温州海外移民的基本形态

温州人移民海外的历史虽有千年之久，但早期的海外移民基本上是孤立行为，像周伫、王德用等人出国后并没有带动大批的温州人移民海外，移居区域也较分散。加之受"父母在，不远游"的传统思想以及当时妇女被排除在移民队伍之外以保证男子能够返回等因素的影响，早期的温州海外移民并没有呈现连锁性、群体性现象。移民在那时并非一种很自由的选择，只有官方派遣下的侨居和经商才是被允许的。任何形式的出国都会遭到家族的反对，人们害怕离乡背井、流离失所，大多数人还是不愿到别的地方去建造新的家园。而移民形态主要是指大范围移民背景下的移民特征，包括移民自身素质、移民在居住地所处的社会地位及生活境况等。"真正意义上的大规模移民却是进入近代以来，特别是鸦片战争之后才出现的。……也就是自那时起，华人的移民已经处于在国际移民大潮的挟裹之下，其移民的流向、规模、时间和目的等都受世界政治经济大环境的影响"[1]。因此，我们所探讨的温州海外移民形态是从温州出现大量移民的近现代为时限的。当然，温州作为一个区域，其海外移民的形态同中国整个移民形态既有一致性，也存在某些方面的差异性。

一 华工形态

温州华工形态的移民大量来源于农民和手工业者。它是鸦片战争后温州人出国的主要形态。纵观鸦片战争后的世界，一方面是资本主义国家出于建立殖民经济体系的需要而大量从殖民地掠取廉价劳动力，甚至订立条款以保证他们的劳力。如《天津条约》就规定"准许华工出国"。这就意味着很多中国人最适合也最容易以契约华工的方式被强制运送出国。如光绪三十年（1904 年），平阳县有十多人被洋人"招募"到南非德兰士瓦金矿做苦力；另一方面，近代温州的

---

[1] 陈传仁：《海外华人的力量》，世界知识出版社 2007 年版，第 38 页。

农村封建经济日趋衰落，而又地处东南沿海，迫使许多人通过出国做苦力来谋生。考察温州几个重点侨乡的出国史亦表明，当地的温州人正是由于十分恶劣的自然环境才被迫外出打工活命的。同时，由于这些侨乡大多是在温州的瓯江沿岸和塘河流域，如永嘉的七都镇、瑞安的丽岙镇等，这种地理条件使"靠山吃山，靠水吃水"的温州人自然就会利用起这条母亲河去与外界打通联系。如光绪三十四年（1908 年），乐清虹桥人刘道法先随温州木工前往新加坡做木工，后转赴印尼首创"中国木器公司"，因木器业生意兴旺，刘又捎信嘱乡人续赴印尼从事木器业①。此外，中国作为"一战"参战国，曾有大量的华工作为后勤人员派赴欧洲战场。如 1916—1918 年，法国招募了 14 万名华工，其中就有大量温州人。但无论是早期的"殖民华工"，还是晚期的"战争华工"，到了国外的温州华工在初入他国时，大多只想赚点钱，衣锦还乡购置田地，圆当地主的梦。因而，这些华工把赚钱作为出国惟一的目的，他们一心想着在仅有的那点留居时间里赚到尽可能多的钱，然后就回国团聚，几乎少有长期定居国外的兴趣或念头。同时，他们在国外的生活条件仍十分恶劣，基本上睡在棚窝里或与他人挤住以节省开支，工作时间也很长，基本上没有什么社会活动。所以，这些华工中的大多数在契约结束后即返回国内家乡，只有少部分人因当地社会仍需留用而续留下来，甚至最终定居后经数年努力而逐渐转为华侨华商。

二　华商形态

华商形态一般是指从事商业或手工业的海外中国人。这种类型的海外温州人不同于浙江籍北股侨商，也有别于南股的青田籍侨商②，而是由留居当地国的华工产生发展起来的。他们一般在国外经过几年

---

①　倪德西、叶品波主编：《乐清华侨志》，中国文史出版社 2007 年版，第 8 页。

②　近代浙江人出国大部分是自由移民，外贸商人、农民、手工业者出国经商，形成了浙江籍海外侨商群体。但有南北两股，区别很大，是两个不同的类型。其中北股以宁波、绍兴和湖州为多，他们本身就是商人，出国后继续进行国际贸易；而南股主要是青田和温州各县的农民、手工艺人，在国外以小商小贩业谋生。其中青田籍华侨又借助了叶腊石这一特殊资源而比海外温州人更早步入华商行列。

的艰苦创业，在积累了一定的资本后，会开设商店、餐馆、办厂等。一旦获得成功，他们必然会拓展经营规模，从而需要更多更可靠的人来帮助。而这些久居国外的温州人的生活价值观又已发生转变，对亲属、家族等传统社会关系淡化了，对职业、企业等现代社会关系强化了。受此理念影响，"亲戚"也成为一种廉价劳动力，并将他们带入移民行列，这既能增强自己的经济实力又易控制内部社会秩序。于是，海外温州人首先把自己的妻儿迁到国外，其中一些人的子女结婚后又把自己的亲属带往国外，如此不断延展，温州农村地区自然形成了以亲属关系为纽带的"移民网络"。除基于血缘关系的迁移模式，劳务输出也是一种比较常见的移民途径。国外的餐馆业、皮革业等华侨华人企业因行业发展需要，会不定期地向侨居国移民局和中国大使馆提出从中国引进劳工的申请。毫无疑问，华侨华人的朋友、同乡是首选对象。就这样，借助姻亲关系和雇主关系，海外温州人不断编织起一张巨大的社会关系网，并借此保证自身获得更大成功。以巴黎的温州人为例，起初，他们开办的商店、餐馆、皮革加工厂一般是集中在巴黎3区这个范围内。但随着越来越多的温州人加入法国社会，巴黎3区的温州商业街已经无法容纳更多的温州人进行经济活动。20世纪90年代开始，温州人把经济活动区域向巴黎的东北角延伸，在巴黎20区的美丽城大街（Rue de Belleville）开辟了新的经济活动区。最终，巴黎3区成为温州人聚居的服装皮件加工区，美丽城则成为温州人商业社会的集中区①。到法国的温州人一般都是生活在这几个地区，很难脱离这个群体而到法国其他城市独立生活。② 由此可见，海外华商是"二战"结束特别是20世纪70年代以来的温州海外移民的一种重要形态，现在还在持续着。当然，这也是与"善贾"的温

---

① 笔者曾于2008年10月前往巴黎粗略考察了巴黎3区，即庙街，那里有很多瑞安丽岙人开皮包店，做批发皮包生意，首饰店也很多。而位于10区、11区和19区交汇处的美丽城则是典型的华人区尤其是温州人的聚居地，饮食业占据主流行业，其中又以温州风味居多，另有很多超市。此外，伏尔泰大街附近的11区也是20世纪90年代以来新集聚成的一个服装批发零售场所，店主基本上来自温州瑞安。93区则几乎又是温州人开辟的一个新商业区，但经营项目比较广，衣服、皮带、包、杂货等都有。

② 王春光：《巴黎的温州人》，江西人民出版社2000年版，第167—187页。

州人特性相吻合的。

第二节　温州海外移民的新情势

自 20 世纪 70 年代以来，由于国内外诸多因素的综合影响，中国持续出现移民新高潮。温州人的移民步伐是紧跟全国的，有时甚至还要快一步，因为他们能利用、敢利用、会利用的海外亲缘关系很多。因而，温州海外移民出现了一些新变化。

一　温州新移民的出现及其特点

（一）新移民潮的成因

改革开放以来，温州的出国热潮持续不断，究其原委，自然是多重因素所致。首先，经济发展的不平衡性和全球化是主导背景和重要原因。近 30 余年来，温州经济总体上获得快速发展，但较之西方发达国家，仍有较大差距，特别在生活质量、社会环境等方面更是悬殊。至于一些山区农村，人们的经济收入更是微薄[1]。而全球化则把广大乡村的劳动力纷纷吸引了出来，加速、加大了温州这样的沿海地区农村劳动力沿袭传统渠道和历史惯性自发地进入国际劳动力市场。其次，宽厚的移民链是移民新高潮的基本载体。千年的移民脉络，传统的地缘、亲缘观念，以及近现代的两次大移民根基，不仅使温州地区移居海外习俗旺盛，而且构筑起强大的侨乡网络侨乡资本，从而推动温州移民高速运行，生生不息。最后，欧美国家实行"大赦"，推行非法移民合法化措施，对温州人出国潮涌现"起到推波助澜的作用"[2]。一些发达国家在非法移民达到一定数量或经过若干年，就宣

---

① 王春光在巴黎的调查证明，"大多数移民都是经济移民，也就是他们希望通过移民行动，来提高收入、改善生活。"（王春光：《巴黎的温州人》，江西人民出版社 2000 年版，第 168 页）。而李明欢在温州的调查也说明了这一点："在温州侨乡，当问及当地人对于欧洲的认识时，被访者首先提及的往往是欧洲的高工资。""为什么要去欧洲？很简单，为了赚钱，为了发财。"（李明欢：《"相对失落"与"连锁效应"：关于当代温州地区出国移民潮的分析与思考》，《社会学研究》1999 年第 5 期。）

② 章志诚主编：《温州华侨史》，今日中国出版社 1999 年版，第 110 页。

布对他们实行"大赦",给予定居权,发给居留证。如法国最初实行劳工输入、家庭团聚移民准入政策。侨居国的这些举措,应当说是较合时令或比较人性化的。但 20 世纪 80 年代以来的三次"合法化运动",使得许多偷渡客获取了合法身份。这种移民政策的前后不一势必诱致大量非正常移民,且扰乱国际移民秩序;此外,由改革开放政策所带来的宽松的"海外关系"氛围,以及温州人面向海洋、走向世界观念的更新,也是形成新移民潮不可或缺的因素。

(二)新移民潮的特点

改革开放 30 多年来,温州海外移民进入了一个新阶段,温籍华侨华人的人数规模、地域分布、出国途径、经济发展、社会地位等也进入了一个新的历史时期。

第一,在移居地选择上,由集聚西欧趋向世界各地。改革开放以后,温州人的海外流动不仅范围变大,而且区域分布也有新动向。由于受温州传统出国习惯、宗亲关系的影响,以前温州人首选的出国目的地基本集中在西欧和北美,但现在的新移民目标已经突破原先区域,将范围扩展到整个欧洲和美洲,甚至非洲地区。以至于有人说,哪里有太阳哪里就有温州人。

表 3 - 1　　　2009 年温州海外移民在世界各国和地区的分布　(单位:万人)

国家或地区	人数	国家或地区	人数
意大利	14.1731	俄罗斯	0.5128
法国	9.1003	奥地利	0.3987
荷兰	4.1006	葡萄牙	0.288
美国	3.9151	巴西等南美国家	0.4289
西班牙	2.8886	比利时	0.2192
香港	1.3125	北欧	0.0694
新加坡	1.3417	其他地区	3.2887
德国	1.0043	合计	43.0419

资料来源:温州市 2009 年侨情统计。

第二，在移民方式上，由单一趋向多样化。第一代老华侨和第二代华侨一般以继承财产、协助经商、家庭团聚、劳务输出等理由向侨居国移民局申请，把自己的直系亲属迁居国外。有些则以探亲、旅游的名义，由所在国华侨出具生活担保书，获得入境签证和居留。而近些年，投资移民、商务移民、留学移民等类型的新移民人数明显增多。统计2006—2008年数据显示，温州商务出国人数达15933人，留学出国2985人①。

第三，在就业范围上，突破传统行业，积极拓展新领域。温州的前两次移民潮的主体人员是来自农村的贫苦农民和手工业者，他们迫于生计而远走他乡。这批海外移民既没有资金又没有技术，因此只能从事体力劳动或餐饮业等低档服务行业。而改革开放后向海外迁移的温州人以创业者居多，文化素质普遍较高②，因此开始出现企业家、专业技术人员等。他们凭借积累的资金或专业技能，到达移入地后不仅把父辈的传统产业办得有声有色，而且不断扩大经营范围，投资实业或者从事专业性的工作。创业、办公司、进入主流社会成为他们移民的目的和追求的目标（见表3—2）。

表3-2   2005年温籍海外侨胞（不含留学生）职业结构统计 （单位：人）

地区＼行业	商贸	餐饮	加工制造业	科教文卫	金融保险	从政	其他
亚洲	4415	10606	2092	902	182	31	6176
欧洲	72634	70286	73105	2263	1663	182	90800
美洲	8151	10055	3377	1702	488	166	12242
非洲	350	1260	77	8	3	3	254
大洋洲	291	1035	112	39	11	－	318

① 王崇倩：《温州人海外创业三十年》，《世界温州人》2008年第1期。
② 据2009年温州市侨情调查显示，重点侨乡鹿城区七都镇早在1995年时，大专以上文化学历就有406人，占全镇海外华侨华人总数的7.18%，其中硕士、博士23人，博士后4人；瓯海区仅在美国的华侨华人中，大学以上文化程度的有127人，其中获博士、硕士学位，担任教授、工程师的有19人。

续表

行业 地区	商贸	餐饮	加工制造业	科教文卫	金融保险	从政	其他
港澳	4449	3862	1461	416	209	92	7497
合计	90290	97104	80224	5330	2556	474	117287

资料来源：依据温州市侨办 2005 年工作总结统计。

二 温州的非法移民及其治理

非正常渠道的移民问题向来是国际移民中最棘手的问题。由于特殊的地理、历史和社会等原因，与海外侨胞有着千丝万缕联系的温州，20 世纪 90 年代也成为偷渡活动的高发地区，也是浙江省乃至全国打击偷渡活动的重点地区[①]。而西欧尤其是法国成为大多数温州非法移民的首选地。据有关学者统计，温州市 1980—1994 年移居欧洲的非法移民平均每年就有 1.1 万人[②]，而非法移民到法国的人数是最多的。据法国内政部官员介绍，在 1997 年 6 月开始的第三次合法化运动中，"有 1.2 万华人提出申请，大约有 8000 多人获得合法身份，其中 90% 以上的是温州人。还有比这数量更多的没有合法身份的温州人（据法国内政部的估计，大约还有 6 万—8 万人）等待着合法化"[③]。尽管温州偷渡客所占比例没有福州那么高，但温州地区事实上"已变成中国人向美国非法移民的第二大来源"[④]。如 1993 年"黄金冒险号"偷渡事件就是实例，在 298 名偷渡者中，温州人就有 40 名，跳海溺死的 8 人中也有 1 人是温州人[⑤]。

偷渡不绝，非法移民治理效果不理想，已成为国际移民管理的热点和难点，已引起了很大的忧虑和严重关注。对此，欧美等移民输入国及国际组织纷纷出台相关法律法规，跨国合作，力图遏止非法移民

① 范利祥：《温州偷渡故事》，2003 年 4 月 21 日，新华网浙江频道，http：//www. zj. xinhuanet. com/tail/2003 - 04/21/content_ 417853. htm。

② 黄润龙：《海外移民和美籍华人》，南京师范大学出版社 2003 年版，第 270 页。

③ 王春光：《巴黎的温州人》，江西人民出版社 2000 年版，第 104 页。

④ 陆忠伟：《非传统安全论》，时事出版社 2003 年版，第 492 页。

⑤ 夏凤珍：《从世界看浙南非法移民》，南开大学出版社 2008 年版，开篇第 3 页。

潮。中国等移民输出国及温州地方政府，则应在正视非法移民产生的客观原因的基础上，从多方面来综合治理。第一，加强国际间合作，共同打击非法移民组织者，创建全球良性劳动力市场；加强移民管理机构的建设，进一步修正或制定有关工作规程，以更好地发挥它的职能。第二，从源头上遏制非法移民的产生。现在的发达国家对非法移民采取的政策基本上是把偷渡者引渡回其原籍国，这不足以阻止温州偷渡的势头。在温州，由于素有出外谋生的历史，旅居国外的华侨众多，侨乡外汇集中，使得一些人认为到了国外就是绝对走上了发财致富的道路。因此，针对温州地区移民的这种社会经济动机，出入境管理部门既要从执法上加大打击力度，还要从思想上加强正面宣传与引导，以遏制和防范群众性集体下海偷渡。第三，应重视开展正常的劳务交往活动，支持和帮助一些劳动力过剩地区的人员通过合法的途径到海外进行开发性和服务性建设等。此外，要把打击重点放在偷渡犯罪的组织者或运送者；要注意打击官员腐败，防止其与"蛇头"里应外合，为非法移民提供合法外衣而增大非法移民的治理难度。

第二编

温州海外移民群体特征

温州不仅土地资源不均衡，"七山一水二分田"，而且因地处东南沿海，时常遭遇台风袭击。但"穷山恶水"的自然环境既锤炼了山民们的顽强拼搏精神，也锻造了海民们的协作抱团意识。强烈的族群意识和抱团精神不但在温州民众的日常生活生产中处处体现，而且在异国他乡的海外温州人中同样传承和表现得淋漓尽致。他们成群出国、家族移民，联手创业、共进商海，群体性成为海外温州人生存的最大特征，团结互助成为温州海外移民发展的最强力量源。

第四章　温州新移民的出国与择业特征[*]

　　纵观千年余来的温州海外移民史，温州人闯荡海外的执着跃然纸上，海外温州人的艰辛生活历历在目，温州人移民海外的特征可圈可点，温州人走世界的精神可歌可泣。无论是偷渡客还是合法移民，他们都"敢于抗命、乐于吃苦、富于经商、善于抱团"[①]，怀着梦想、制造传奇，在国外累积资本与资源，建立自己的事业王国。温州人在海外成功创业的事迹在国内外尤其是祖籍地温州广为宣传，地方报刊杂志更是进行了持续关注和多重报道。2008 年，由《温州侨乡报》演变而来的《温州都市报》推出了"海外专栏"，并迅速成为国内掌握海外动态和侨胞了解家乡信息的重要渠道。其中，每周二刊载的鲁娃[②]专栏"温州人走世界"受到了海内外温州人和众多媒体的广泛关注。三年间，该专栏共记录了 101 位在欧洲闯荡打拼的温州人。百余篇人物事迹素描不仅记录了一群性格鲜明的移民者，而且以纪实的方式保留了一部温州人创业守业史，由此成为实证研究海外华人华侨的一份鲜活素材。

---

　　[*]　本章与卜泽丹（浙江省建德市航头初级中学教师）合作撰写。
　　[①]　徐华炳：《区域文化与温州海外移民》，《华侨华人历史研究》2012 年第 2 期。
　　[②]　鲁娃原为《温州都市报》记者，20 世纪 90 年代初移居海外，现旅居法国等欧洲国家。2011 年 7 月，《鲁娃大视野——101 温州人走世界》由文汇出版社出版。

第一节 改革开放后的温州移民特点

一 出国时间和输出输入地分布

在温州第一、二次移民高潮中出国的老华侨中，至今健在者可谓寥若晨星。因此，"温州人走世界"栏目择取的 101 位人物绝大部分都是在第三波出国潮中移居海外的新移民。其中 1984—1994 年的十年是改革开放以来的温州人出国的鼎盛时期（见图 4-1）。在这"走世界"的百余位温州新移民中，90% 由国内移居海外，仅有 5 位出生在国外。

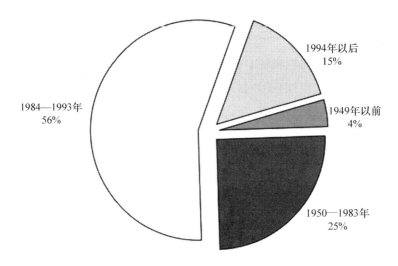

图 4-1　1949—2008 年温州人出国时间分布

在输出地的分布上，"温州人走世界"栏目的 101 位新老移民多数来自温州城区的鹿城区和瓯海区，尤其是七都和丽岙两镇，而来自传统型的山区侨乡文成的人数相对较少。在侨居地上，呈现出"广分布、小集聚"的特点，他们的足迹遍布世界 130 多个国家和地区，又显著地集中在西欧。"温州人走世界"栏目的参访对象中，除旅居北美的 10 位外，其余均散居欧洲，特别是法国、荷兰、意大利、西班牙和奥地利等国（见图 4 - 2）。

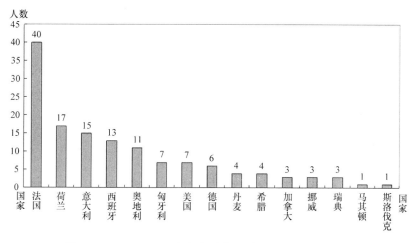

图 4 - 2　1949—2008 年温州人侨居地分布（单位：人）

二　出国方式和移民动因

对于老一代华侨来说，出国谋生是无奈之举，实在艰辛。对于改革开放后旅居海外的新移民而言，出国虽成为一种时髦、潮流，但亦非一帆风顺。他们移居国外的方式五花八门，其中以劳务输出、旅游、探亲和留学等理由申请签证而合法出国者居多。这些第三、四代移民一般都有一定的海外关系或者具有较好的文化水平、知识技术，他们一般借助海外熟人的担保等名义出国，到了国外，又往往在签证过期后以滞留方式等待时机来获得合法身份。当然，他们能利用的海外关系也不仅仅局限在自身家族，邻里关系、同学关系甚至是师生关系等都是他们可以利用的一张巨大的社会关系网。可以说，任何一点"沾亲带故"的关系都可能被需要出国的温州人加以充分利用。

不过，限于 20 世纪 80 年代的温州交通条件和中国的开放程度，温州人出国并没有形成点线面相结合的高度开放格局，他们出国不能直接从温州到达国外目的地。出国者大部分都是辗转北京出境，或是南下香港再前往目的地，有的甚至要中转多趟航班才能抵达国外（见图4-3）。

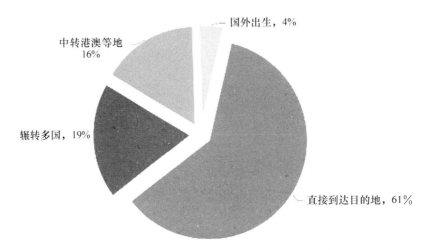

图4-3 1949—2008年温州人出国渠道情况

　　然而，那些内心强烈向往国外而合法渠道出国又无望者，往往会冒险行动，选择一些非正常途径以抵达第三国。于是，偷渡便成为20世纪八九十年代的不少温州人出国的最有效、最直接途径。但偷渡不仅危险性极高，而且往往会使偷渡客及其家庭背负巨大债务。现旅居西班牙的张旭光回想当年的偷渡经历，仍心有余悸：1991年，他到北京申请签证无望后，经人介绍而辗转到新疆等待出国时机，后来又奔赴云南，寄希望于通过云南的"蛇头"① 带路出境。最终，他们一帮偷渡客在"蛇头"的带领下，闯过茂密的原始森林进入缅甸境内，再转至东欧南下西班牙②。张旭光只是难以计数的偷渡者之一。笔者熟悉的一位朋友及其亲戚也是偷渡出境，但在经济生活上至今仍未"翻身"。他是在2003年初中毕业后偷渡到意大利米兰的，直到2012年才取得合法居留。整整十年，全是以"黑工"的身份在

---

① "蛇头"一般指带领人们偷渡出国而从中获取暴利的人。
② 鲁娃：《鲁娃大视野——101温州人走世界》，文汇出版社2011年版，第576页。

皮革作坊打工。由于不是很懂得省钱，2013 年第一次回国时，居然身无分文。而他在西班牙开工厂的表姐由于遭遇 2008 年以来的经济危机，被迫停工一年多，最后还是关了工厂回国。回国后，她竟然连孩子的学费都拿不出来。其余的表哥表姐也都处在餐馆打工的阶段。据统计，温州市公安机关在 1989—2000 年，共破获类似偷渡案件 400 起，打击"蛇头"478 名，查获参与偷渡人员 3200 余人[①]。

　　改革开放以来，温州人出国风潮的出现是多种因素综合所致的。首先，经济发展的不平衡性和世界经济全球化是其中的主导背景和重要原因。20 世纪 80 年代，原属永嘉县的七都乡地处瓯江口，是一个江心小岛，与温州城区之间的交通只能靠摆渡，全岛的生产生活很落后。但在 1984 年温州成为沿海开放城市后，当地民众在其他县市出国创业成风的背景之下，也迸发了强烈的发家致富愿望。于是，他们想方设法地背井离乡、远走海外，以寻求更好的生活质量和更高的社会地位。其次，期望子女获得更好教育的温州人纷纷送孩子出国或举家迁徙海外。随着 20 世纪 90 年代海外留学的兴起，充满"望子成龙，望女成凤"念头的家长们或为改变孩子的教育现状或为子女的事业前程，以及为摆脱中国应试教育体制和当时温州教育资源的匮乏，而选择让子女自费到国外接受更好的教育。现在旅居奥地利的徐维维[②]和移居法国的朱晓阳[③]等人，都是在几岁或十几岁时便被送到国外学习的。他们学有所成后，或当律师或做医师。再次，海外市场及华侨商业的发展客观地诱致国内劳动力大量输出。一些在国外站稳脚的老华侨在有了一定的社会地位和财富后，为了扩大事业往往急需各种当地工人无法代替的劳动力。而祖籍地的亲朋好友成为他们的首选对象，温州侨乡社会也就自然形成劳务输出移民。荷兰华裔张新建曾代表荷兰中国饮食业公会与荷兰劳工部和移民局协商并达成协议，引进中国专业厨师以缓解荷兰中餐业的用人缺口，这不仅使得"大

[①]　庄志坚：《温州市偷渡活动透析》，《浙江公安高等专科学校学报》2001 年第 4 期。

[②]　鲁娃：《鲁娃大视野——101 温州人走世界》，文汇出版社 2011 年版，第 175—180 页。

[③]　同上书，第 265—270 页。

批温州餐厨界的后起之秀以合法渠道输入荷兰"①，而且在一定程度上降低了中国餐馆的"黑工"指数。又次，海外优越的生活环境以及多种商机吸引着温州人。随着国内改革开放的深入和中外交流的日益频繁，不少人选择招商出国之路，从而也可在异国他乡展现自己的商业才华。瑞安的周建波在出国前已通过荷兰招商积累了相当的财富，去荷兰更是拓展了他的商业之路②。最后，家庭团聚和继承财产的主观愿望也促使一批温州人移居海外。早期出国的老华侨们经过多年积累，不仅有了物质生活保障，而且创业有成。借此，他们陆续将自己的子女和妻子接往国外团聚，以便在生活和事业上相互照应，共同守护基业，共享天伦之乐。

此外，一些从未想过出国的人只是迫于当时的形势或因跟风随大流的心理而出国。20 世纪八九十年代的温州，在几乎每家每户都有人出国的情形下，无人出国的家庭也会半逼迫地让自己的小孩出去闯荡。胡飞达就是被他父亲及其朋友推搡着出国的。他在 1986 年高考落榜后，做过救生员、电影播放员。面对周围蜂拥出国人群，他却安之若素。然而，当父亲的朋友从国外回来后，喝了一顿酒就把他的前程定了。父亲的朋友很快寄来了护照和签证，他就这么被推上了去西班牙的路程③。甚至还有像汪洪浩这样迫于中国的计划生育政策，而不得不选择远走海外以为家庭添丁的温州新移民④。

第二节　温州新移民的海外职业选择

伴随移民目的地的变化和移民整体素质的提高，温州海外移民的职业结构也发生了明显变化。第一次移民高潮中的出国者多以农民、手工业者为主，他们出国谋生，离开了自己的一亩三分地，身无所长，生活得不到保障。他们只能处于一种初级的、温饱的水平，再加

---

① 鲁娃：《鲁娃大视野——101 温州人走世界》，文汇出版社 2011 年版，第 458 页。
② 鲁娃：《柳暗花明是荷兰》，《温州都市报》2011 年 6 月 14 日，第 A14 版。
③ 鲁娃：《驾着汽车飞翔》，《温州都市报》2009 年 3 月 31 日，第 A22 版。
④ 鲁娃：《蛇的艺术在柏林》，《温州都市报》2009 年 11 月 24 日，第 A22 版。

上语言的隔阂，只能从事一些体力活或者索性挑着扁担叫卖青田石雕或温州油伞等。极个别的华侨能够积蓄一些资本，并逐渐演变为小商小贩。第二次移民高潮中的温籍华侨则从事比较固定的餐饮、皮革、服装等传统的"三把刀"行业，"少数积累了资本的旅欧浙南移民，则率先与他人合股或独资创办了小商店、小餐馆、小公司或小工场等实业，但能够长期良好发展的只占少数"①。改革开放后的新移民则文化素质明显高于前两代，初高中毕业者占有很大比例，大学毕业后出国创业的也不在少数。在"走世界"栏目中的 101 位人物中，初高中文化程度的占 95% 以上，其中 10 人还是以留学名义出国的，另有 10 多人则属于投资或商务移民。所以，20 世纪 90 年代以来，温籍华侨虽仍以从事餐饮、皮革、服装三大传统行业为主，但已开始向大型百货、零售商场、旅馆、批发贸易、制造等其他行业迅速发展，经营领域不断开拓，行业形式逐渐多元化。其中一批工商业界经营者，一改以往老华侨多从事餐馆业的现象，出现农工商并存局面。如意大利米兰温籍侨胞合资开办的"中意有限公司""契达国际贸易有限公司"等，具有一定的规模和经济实力。

纵观海外温州人从事职业的发展历程，可以看到，温州新移民基本上是从开中餐馆、皮包公司、服装贸易或百货商店起步的。他们初到国外的生活往往处于无保障状态，尤其是"黑"身份更是逼迫其接受"不要工资只要管饭"的职业状态。大部分温州人出国的第一份工作都是在餐馆帮厨或是在又臭又脏的皮革作坊打工，像西班牙的温州人大多数都有在四虎批发市场练摊儿的经历。然而，温州人特有的"当老板才算成功"的理念一直激励着他们，在没钱没身份和异国他乡的囧途，硬是凭着一股子不服输的劲儿，从打工开始慢慢还债和积累创业资金。之后，再从一间小餐馆或一间小皮具加工厂做起，有的甚至是长期住在工厂里开始自己的创业之路。他们身上除了有敏锐的商业气息，更多的是靠一种不服输的精神和吃苦耐劳的品质。可

---

①　徐华炳：《中国海外移民个体行动抉择分析：以旅欧温州人为例》，《社会科学战线》2015 年第 7 期。

以说，他们的财富是"苦"出来的，他们的事业是"拼"出来的。著名的西班牙 3E 国际集团董事局主席王绍基就是典型个案，他几乎把最底层最困苦的滋味都轮番咀嚼了。在国内时，他学过裁缝，当过音乐教师。到国外后，在中餐馆洗过盘子，到地铁通道拉小提琴卖艺，也曾满怀希望地向演艺圈发展，当过半个月的室内音乐人，最后还是被生活所打败。直到 20 世纪 80 年代末，他才应聘进入西班牙萨伊士公司并被总裁赏识，进行淬火取经。最终，借助巴塞罗那奥运会的东风，成功地使 3E 国际商标进入人们视野，从而开始了事业的真正涅槃①。

众多的事例证明，"草根出身"的温州新移民将传统的吃苦耐劳精神、强烈的事业心和大胆敏锐的商业意识融会贯通后，不断地"打造"出成功老板。他们"无论在哪个国度哪个地区，都显得很有个性，被视为独特的、能干的一群，往往成为各地众多族群中的明星族"②，成为堪与犹太人媲美的成功创业者、国际商海和世界市场的明星。

第三节　海外温州人产业的转型升级

温州人受区域文化及观念意识的限制而形成的"自恋情结""普遍的'鸡头'情结"和"强烈的'投机'意识"在海外温州人身上也得以充分渗透与体现③，而这些势必对他们的经济成长和事业发展产生负效应，加之在欧洲的同乡移民人数与日俱增，使他们感到生意越来越难做。

进入 21 世纪，中国不断走向世界，中国人加速移民海外，这不仅让海外华人意识到中国与世界的差异，也增加了华侨华人当地民众

---

① 鲁娃：《天籁与生命的交响》，《温州都市报》2009 年 1 月 13 日，第 A22 版。

② 周望森主编：《华侨华人研究论丛》（第 6 辑），中国华侨出版社 2003 年版，第 129 页。

③ 徐华炳：《中国海外移民个体行动抉择分析：以旅欧温州人为例》，《社会科学战线》2015 年第 7 期。

在经济、社会和文化等诸多方面的摩擦。2001 年中国加入世贸组织后，全世界范围的华侨华人企业成为中国商品打入国际市场的重要桥梁，尤其是华人较为集中的欧洲，国际贸易往来更是频繁。而借助这种有利的大背景，不少温州新移民在老一辈华侨的帮助或者自己的努力下，逐渐实现产业转型升级。旅居挪威的詹云林就是其中的成功案例。当别人都觉得他的中餐馆生意风生水起时，他却毅然决定将钱投向船舶配件工厂，最后又以当初投资近十倍的价格被世界知名造船企业并购，接着又进行房地产和其他商业投资，都获得了不错的收益。① 同时，这也使人们意识到维权的重要性，激励和促发着有知识与能力的新一代华侨开始突破从商，出现多元化和高层次性的择业趋向。替华侨维权的律师和会计师职业就是很好的明证。在维护侨权方面，林宇算是其中的佼佼者。他 7 岁前往德国，小时候亲眼见到父母与房东发生租赁纠纷，因不懂法律而吃亏。他由此对在法治社会掌握法律武器的重要性有了清楚的认识，也因此努力考取了律师执照。如今的他已在欧洲第二大港口汉堡开办了自己的律师事务所，专做国际商务领域的法律事务，站在中国人的立场为华裔充当护花使者②。当然，也有像蒂安娜一样因在小时候目睹华人生病却不懂语言而无处就医的窘态，由此励志当一名医生去为迁徙在意大利的温州人问诊治病③。总之，近一二十年来的温州新移民在国外的就业方向越来越多，道路也越走越宽。

旅欧的温籍华侨在个人事业有所突破的基础上，同时也懂得了利用团体的力量来扩展业务。目前以温籍侨胞为主，或冠温州名，或与温州市联系密切，或由温籍侨胞担任主要负责人的海外侨团有 400 余个④。侨团因是依托地缘、血缘和业缘形成的一种社会关系网，同乡同宗是其中最基本的关系，这就方便了华侨华人之间的人际交往，进而有利于在这个范围内获得和共享社会关系、货流网络和各种商业信

---

① 鲁娃：《小岛空降兵》，《温州都市报》2011 年 6 月 28 日，第 A22 版。
② 鲁娃：《汉堡法庭上的温州律师》，《温州都市报》2010 年 1 月 12 日，第 A22 版。
③ 鲁娃：《天使之梦》，《温州都市报》2009 年 7 月 28 日，第 A22 版。
④ 唯敏：《温州侨情详细数据新鲜出炉》，《温州日报》2015 年 1 月 8 日，第 11 版。

息等资源。赵青作为法国华商的翘楚，不仅凭借自身奋斗，使法国的中国鞋业批发厂家在短短几年之内发展到上百家，而且他还成立法国华人鞋业协会，让上百位华商会员团结同道，维护权益。该协会通过建立客户与咨询表，任何商家遭遇空账、死账客户立即通报全体会员机制，以免再度蒙受欺骗；聘请法律顾问，联手催款公司，协助会员就商业纠纷打官司或庭外和解，催讨欠款，甚至圈地盖楼，开辟"前店后仓"的欧洲第一鞋城，让分散的鞋商集体进驻新批发市场，从而完成专业整合①。

2008 年世界经济危机的发生，让原本生意红红火火的华商企业面临入不敷出的局面。随着经济危机的加剧和"欧盟及其成员国紧缩财政，国民消费水平降低，对华侨华人经济相对集中的餐饮、服装、旅游等消费型市场带来较大冲击"②，华侨华人经济受到不同程度的影响，大多数温州海外移民所从事的餐饮、皮革和服装三大传统产业更是遭遇沉重打击。

为了不断适应经济全球化，变当前经济危机为发展机遇，温州新移民必须加快企业发展，进行产业的转型升级。同时，随着新一代华人华侨知识结构的转变以及文化素质的不断提高，三大传统产业后继乏人，这也推动着海外温州人寻求经济发展的新路子。那么，如何实现产业的转型升级？西班牙西菲娜国际集团董事长张甲林的成功经验颇具参考价值。他认为"首先要给经营的商品做市场定位……确定以小搏大的经营战术……我们首先把资金集中到劳动保护与安全行业的几个职业板块中，如建筑、机械制造等，以强势的服务，行业产品多样化、品质的最优化、价位的最低化，迅速进入市场；其次，在行业产品多样化的过程中，我们又把商品分为'创利润的商品'与'创造市场的商品'"③。与此同时，他也认为加大创新与开发力度，

---

① 鲁娃：《生活本是狩猎》，《温州都市报》2011 年 1 月 4 日，第 A22 版。

② 文峰：《欧洲主权债务危机对华侨华人经济的影响及其对策研究》，《东南亚研究》2012 年第 2 期。

③ 张甲林：《我的转型升级之路》，《人民日报》（海外版）2007 年 6 月 15 日，第1 版。

努力做到"人无我有、人有我变"也是转型成功的关键。中国餐饮业的专家也认为："华人经济要转型升级，要突破瓶颈，必须走规模化、连锁化、标准化、品牌化的道路。"① 近年来，温州华侨华人在这方面进行了有益的尝试。叶震宇老先生就是一位先行者，他在荷兰首先是开餐馆，通过不断地推出迎合荷兰口味的新颖菜肴，把门可罗雀变成了车水马龙，并且火了整整 20 多年。由于他先前是学医的，因而在烹饪菜肴时，总会很恰当地运用各种滋补药材。之后，叶震宇卖了酒楼，投身到中西烹饪结合的实验中。最终，他以西餐理性分析、搭配营养、规范制作、科技设备等精华比照中国美食的历史渊源文化内涵，总结出"衷中参西"的现代烹饪理念。这样，他从餐馆的老板摇身一变成了中式分子餐的先行者，树立了品牌理念。② 而号称"草根大亨"的胡鹏飞则在追求产业多样化发展过程中，实现了皮革业的转型升级。正当他在匈牙利做鞋业进出口贸易有声有色之时，匈牙利关税值膨胀，进出口贸易受到很大影响。于是他就把挣到的钱圈地做房地产，先是购置 8000 多平方米的商业区，然后再以每平方米万元的价格出售土地，接着再回国内圈地盖商品房。这个转型不仅使他的生意做得出人意料的好，而且使其企业逐渐走上了多产业化的国际经营道路③。

① 杨凯：《华人经济转型升级达成共识——第七届"中国经济论坛"侧记》，《人民日报》（海外版）2007 年 6 月 25 日，第 4 版。
② 鲁娃：《鲁娃大视野——101 温州人走世界》，文汇出版社 2011 年版，第 355—360 页。
③ 鲁娃：《草根大亨》，《温州都市报》2010 年 5 月 25 日，第 A22 版。

第五章　温州海外留学移民的
特点与贡献

　　清朝末年，列强辱华，国运飘摇，越来越多的国人开始将目光投向海外，到异国留学取经日益成为国民共识。从 1898 年开始，王鸿年、石铎、陈蔚等温籍学子相继考取官费留学生，成为近代温州第一批留日学生。至 1911 年，温州地区出国留学者已有 130 多人。20 世纪二三十年代，温州才识之士足迹负笈德法英等欧洲国家以及美国、澳洲。他们的留学目的已从清末的"实业救国"转向"学术救国"，学习专业亦从师范、军事、法政等扩展至商科、生物、地理、航空、测绘、土木等诸多领域，学成归国者大多成为学术界的专家骨干。20世纪 50 年代，留学苏联成为必然。20 世纪 80 年代以来，自费留学成为温州人海外留学的最大特点，回报故里的方式趋向多样化。至 2014 年，温籍归国留学人员已达 5.67 万人，海外留学人员 8.96 万人。

第一节　留日学生与温州教育近代化[①]

　　甲午战争惨败不仅让众多留欧的北洋舰队将士永葬海底，也打破了洋务运动意图以西方先进技术来挽救大清统治的美梦。面对如此内忧外患，有识之士猛然觉悟，日本的强盛与其派遣留学生出国学习有很大关系。而较之西洋，东洋更适于国人留学。由此，国人对日本的

---

① 　本节由谢佳静（温州市龙湾区瑶溪第六小学教师）撰写，徐华炳略作修改，部分内容曾发表在《温州日报》2012 年 10 月 29 日，第 10 版。

态度发生了转变，把向外国学习的重心开始从西洋转向东洋，把留学日本看作国家富强的捷径，旋即掀起了一股留学日本的新热潮。地处浙南的温州有志青年亦不甘落后，纷纷远渡重洋，到日本学习新知识，接受新思想。众生学成归国后，将先进的学识反哺家乡，对温州清末民初的教育、文化、政治、思想等方面均产生较大影响，尤其推动了温州教育的近代化。

一　温州学生留日潮兴起背景

温州人负笈东渡如同所有赴日学生一般，必定都受到清末新政①，国人日本观的改变②，日本接受中国留学生政策③和留日的客观便利性④等因素影响。而最直接的动力无疑来自温州地方官员与乡绅的积极倡导与大力支持。

时任温处道员童兆蓉⑤积极响应政府新政，大力推进温州地区的社会改革。温州府衙根据温州地区大量新式中学堂、小学堂出现，师资力量缺乏的实际发展需要，积极鼓励本地学子出洋留学，学成归来并给予工作等合理的照顾政策。"每名捐给津贴洋一百元……从事师

---

① 1903 年，清政府颁布了《奖励游学毕业生章程》，规定根据留学生的学历，授予拔贡、举人、进士、翰林等科举等级及相应官职的奖励标准。1904 年 12 月，清政府又制定了《考验出洋毕业生章程》，对留学生考试的内容、手续、奖励办法做了具体规定。1905 年，持续了 1300 多年的科举制被废除。

② 1903 年第 7 号《大陆》杂志道出了国人留日的心声，"日本学习欧美，故其强同于欧美，吾若学习欧美如日本，则其强亦必如日本然。吾文学风习去欧美甚远，势难直接为之，不若间接以学习日本之为便"。

③ 时任日本驻华公使矢野文雄等一些日本官员极力赞成中国学子留学日本，日本政府则创办弘（宏）文学院、成城学校（振武学校）、东斌学堂等许多新学校以为中国培养师范生和军事人才，法政大学、早稻田大学等日本一些名牌学校则为中国培养政法、财经等方面的人才，山口高商、千叶医专等学校为中国培养高等专业人才。

④ 张之洞在比较留学日本和留学欧美的利弊时，总结出留学日本有四大便利："至游学之国，西洋不如东洋。一、路近省费，可多遣。二、去华近，易考察。三、东文近于中文，易通晓。四、西书甚繁，凡西学不切要者，东人已删节而酌改之。中、东情势风俗相近，易仿行，事半功倍，无过于此。"

⑤ 童兆蓉（1836—1905 年），字绍甫，湖南宁乡人。光绪廿六年（1900 年）就任温处道。任职期间，奉行新政，推行新学，选拔资助留学生，开办蚕桑学堂，赈灾备荒，为民筹谋，清理积年教案，主持正义，打击教会嚣张气焰。

范卒业后，即在该县学堂任事。"① 在此鼓励下，各县请求赴日游学学生共 22 名，留日风气日开。

与此同时，开明乡绅孙诒让等人也大力倡导温州学生出国留学，"好学之士，不能餍其所望，遂相率褰裳远引，求学于国外"②。孙诒让在清末新政期间积极主张学习国外的先进科技。他自己甚至在 55 岁时还跟从瑞安普通学堂西文教习学习英文，后因事繁多及体力不支历三个月而终。1903 年 9 月，孙诒让在瑞安普通学堂学生家长茶话会上鼓励家长送孩子留日，"以今日吾国之学堂，教育之无方，懵尔国民，于普通之知识尚缺焉其未逮，其施教也，恒扞格而不通，其受教也，若茫乎其无畔岸，于此而遂侈然自足，相与终古，则其效仍虚悬而不可期。然则博观精考，采异域之长，以裨我之缺，其必不可以己矣"③。当场申请者就有 20 多人。

二　温州留日学生阵容与规模分析

（一）清末温州留日学生总况

清政府派遣留日学生始于 1896 年 5 月，首批 13 人。浙江最早派遣学生赴日可以追溯到 1898 年 4 月，浙江求是书院选派高材生何燏时、陈榥、陆世芬和钱承志赴日留学④。而温州人东渡者，以平阳黄庆澄为最先。1893 年 5 月至 7 月，他游览了东京、西京、奈良、长崎、神户、大阪、横滨七大城市，接触了七八十位中日名流，参观了各种设施，考察了当地民情。回国后，将游历整理成《东游日记》。其后，宋恕、黄绍箕等也赴日考察学习，王鸿年、石铎、陈蔚等相继考取官费留学生，温州掀起留学日本的热潮。1903 年 3 月，浙江籍在日学生人数已达 119 人，其中温州 17 名，在省内排名仅次于杭州、绍兴（见表 5 - 1）。

---

① 胡珠生：《温州近代史》，辽宁人民出版社 2000 年版，第 173 页。
② 李海英：《朴学大师——孙诒让》，浙江人民出版社 2007 年版，第 208 页。
③ 同上。
④ 浙江教育简志编委会编：《浙江教育简志》，浙江人民出版社 1988 年版，第 188 页。

表 5 - 1　　　　　　　　　　1903 年 3 月温州留日学生名册

姓名（字）	年龄（岁）	籍贯	抵日时间（光绪年）	费别	学校及科目
王鸿年（鲁璠）	29	永嘉①	24 年 10 月	使馆费用	帝国大学校法科
吴钟镕（璧华）	27	平阳②	28 年 11 月	自费	早稻田大学校
游寿宸（越凡）	31	平阳	28 年 3 月	南洋官费	成城学校陆军
陈蔚（竞立）	27	平阳	28 年 3 月	南洋官费	成城学校陆军
林调元（赞侯）	27	瑞安③	28 年 3 月	南洋官费	成城学校陆军
黄瓒（仲玉）	24	瑞安	28 年 3 月	南洋官费	成城学校陆军
石铎（宗索）	24	乐清	28 年 8 月	本省官费	成城学校陆军
黄曾锴（暾顾）	22	瑞安	29 年 2 月	自费	同文书院
黄曾延（劲斋）	18	瑞安	29 年 2 月	自费	同文书院
黄曾铭（述西）	17	瑞安	29 年 2 月	自费	同文书院
林大闾（剑秋）	20	瑞安	29 年 2 月	自费	同文书院
张正邦（彦士）	17	永嘉	28 年 12 月	自费	预备入校
陈华（竞生）		平阳	28 年 12 月	自费	预备入校
孙任（公侠）	24	瑞安	29 年 2 月	自费	预备入校
林大同（同庄）	24	瑞安	29 年 3 月	自费	预备入校
林潜（筑髓）	26	瑞安	29 年 3 月	自费	预备入校
许燊（铁夫）	25	瑞安	29 年 3 月	自费	预备入校

　　资料来源：浙江省辛亥革命研究会编《辛亥革命浙江史料选辑》，浙江人民出版社 1981 年版，第 40—51 页。

（二）清末温州留日潮的特点

　　和留欧美生不同，留日学生的学习时间比较自由灵活，短至数月，长达约十年，有专攻一科者，有学习数科者。温州留日生最集中于宏（弘）文学院、成城学校（振武学校）等，但这些学校的教育

---

　　① 此处所指永嘉包括现今的永嘉县、瓯海区、鹿城区、龙湾区。
　　② 此处所指平阳包括现今的平阳县、苍南县。
　　③ 此处所指瑞安包括现今的瑞安市、文成县。

层次相当于初中或高中。如此学制和学历的结果，使大部分留日生仅
为中等水平的人才，学问较深的专业型人才寥寥无几。1905—1911
年，清政府每年举行留学生考试，其中留日学生占绝大多数，但考中
的几乎全是留美生。1909—1911 年，瑞安籍归国留学生林大间、项
骧、林大同和黄曾铭高中进士，项骧在殿试中又金榜题名，得一等第
一名，俗称洋进士、洋状元，一时在温州、瑞安传为佳话。[①] 根据清
国留学生会馆的历次报告，1902 年 3 月至 1904 年 10 月，温州留日毕
业生名录见表 5 - 2。

表 5 - 2　　　1902 年 3 月至 1904 年 10 月温州留日毕业生名录

姓名（字）	年龄（岁）	籍贯	抵日时间（光绪年）	卒业年月（光绪年）	学校及科目
程勉（云生）	23	永嘉	25 年 9 月	28 年 3 月	东京炮兵工厂
朱鼎彝（慈夫）	21	永嘉	25 年 9 月	28 年 3 月	大阪炮兵工厂
姚广福（泽甫）	41	永嘉	28 年 5 月	28 年 9 月	弘文学院速成师范科
钱振壎（普庵）	37	乐清	28 年 5 月	28 年 9 月	弘文学院速成师范科
项承椿（叔庄）	34	永嘉	28 年 5 月	28 年 9 月	弘文学院速成师范科
汤国琛（献延）	28	平阳	28 年 5 月	28 年 9 月	弘文学院速成师范科
王鏊（远知）	21	平阳	28 年 5 月	28 年 11 月	弘文学院速成师范科
陈华（竞生）	20	平阳	28 年 12 月	29 年 11 月	速成师范
张正邦（彦士）	18	永嘉	28 年 12 月	29 年 11 月	造纸所
陈蔚（仲林）	29	平阳	28 年 3 月	30 年 9 月	士官学校
游寿宸（越凡）	33	平阳	28 年 3 月	30 年 9 月	士官学校
林调元（赞侯）	29	瑞安	28 年 3 月	30 年 9 月	士官学校
黄瓒（仲玉）	26	瑞安	28 年 3 月	30 年 9 月	士官学校
石铎（宗索）	26	乐清	28 年 7 月	30 年 6 月	振武学校陆军预备入联队

　　资料来源：浙江省辛亥革命研究会编《辛亥革命浙江史料选辑》，浙江人民出版社
1981 年版，第 52—94 页。

　　[①]　俞光：《晚清瑞安留学生独领风骚》，《瑞安日报》2011 年 11 月 14 日，第 12 版。

温州的"留日潮"，是清末留日运动的一个缩影，从中可窥见晚清留日的共同性。就所习内容来看，分析上述两表可知，留日学生所涉学科十分广泛，专业极多，有师范、实业（农、工、商、矿、铁路、造纸等）、军事（步兵、骑兵、炮兵等）、法政、医学、理化等，反映了社会变革对人才的多方面需求。在诸多专业中，尤以学习师范、法政和军事者居多，影响也最大。

在"教育救国论"思想指导下，赴日学习师范者络绎不绝。当时温州留日师范生所入学校主要是宏（弘）文学院，分设普通师范科（三年）和速成师范科（有六个月、八个月、一年三种）。而1901年清政府宣布实行新政后，"一切新政，如路况、商标、税务等事，办法稍歧，诘难立至，无一不赖有法律以维持之"。① 赴日学习法政成为一种潮流。"在一般情况下，留日学生中法政和军事的人要占一半。"② 表5-2显示，军事专业毕业生占同期温州留学毕业生总人数的50%。因为中国人赴日学习军事主要就为抵御外侮、改变落后挨打的局面。

另外需注意的是，在温州留日学生中，自费生占相当比重。从表5-1可知，自费生占到了65%，这也符合当时留日学生的总情况。根据梁启超在1902年的统计，自费生几乎占了一半之多。其中1905年七月、八月两个月中，仅自费生就新增加了2000多人。

（三）晚清温州留日学生人数

虽然中日两国关于清末留日学生的档案资料很多，但多为某校某年的个例统计且不连贯，而研究者对晚清留日学生人数的统计存在出入。总体来看，留日人数的发展犹如一条抛物线，顶点在1906年。此后，清政府规定凡通日语并具有中等以上学历者方许留学。继而又停止派遣速成留学生，造成留学生锐减，加上返国未归者，使得1907—1911年的留日运动出现回落。辛亥革命爆发后，为支援国内革命，留学生们几乎全部回国。

① 谢长法：《中国留学教育史》，山西教育出版社2006年版，第46页。
② 李喜所：《近代中国的留学生》，人民出版社1987年版，第147页。

根据《浙江潮》所刊《浙江同乡会东京题名》和清国留学生会馆多次编辑的《报告》，温州自 1898 年永嘉县王鸿年由使馆官费派遣留日而开启留日之风，至 1911 年辛亥革命爆发，留日学生总数为 135 人，其中瑞安 51 人，乐清 34 人，平阳 26 人，永嘉 23 人，未明县籍 1 人①。而根据《清代留学生名录》所记，清末温州赴日留学生共计 126 人。其中，瑞安 52 人，乐清 33 人，平阳 24 人，永嘉 13 人，未明县籍 4 人②。另据《乐清华侨志》统计，乐清留学日本 42 人，进高等专门学校和大学就读的有 28 人，占 67%。其中，进名校早稻田大学的就有 14 人，占 33%③。虽然无法精确统计晚清温州留日学生人数，但不难看出，瑞安籍留学生在这场留日运动中独领风骚。其人数占温州留日学生总数的 2/5，成为温州留日学生主力军。

三　温州留日学生推动地方教育近代化

"不论怎么说，20 世纪以后中国的历史是和留日教育息息相关，有不可分割的关系。"④ 温州晚清留日运动的确极大地推动了温州教育近代化的进程，尤以在新教育方案的实施、师资队伍的建设、教育机构的完善，促进女子教育发展和开通社会风气等方面作用明显。

（一）完善温州教育机构，推动温处学务分处建立

1904 年 9 月，平阳刘绍宽和陈子蕃到日本考察学务。11 月 13 日，乐清籍留日学生许燊、石铎趁刘绍宽即将回国，"集同乡温处诸君于神田锦辉馆内地教育事，拟开温处两处师范学堂"⑤。许燊认为如今的教育务必像日本、西方那样进行改革。但派遣留学生出国，经费高，一次只能培养较少人数，并且需要学习八年至十年才能成才回国。因此，在内地广开师范学堂，培植中小学普通教员成为迫切之事。然而，开设师范需要筹备大量资金，还要招募一批优秀教员，如

---

①　胡珠生：《温州近代史》，辽宁人民出版社 2000 年版，第 192—199 页。

②　温州市教育志编纂委员会编《温州教育志》，中华书局 1997 年版，第 610—614 页。

③　倪德西、叶品波主编：《乐清华侨志》，中国文史出版社 2007 年版，第 13 页。

④　汪向荣：《中国的近代化与日本》，湖南人民出版社 1987 年版，第 52 页。

⑤　胡珠生：《温州近代史》，辽宁人民出版社 2000 年版，第 205 页。

果温、处两府能成立一个学务处，容易筹得经费，便能快速推动温州地区的教育发展。1905 年 7 月，处州人湖南陆师学堂总办在籍候补知府陈琪和温州永嘉籍留日学生吴钟镕、平阳籍留日学生黄群等，向温处道童兆蓉提出设立两府学务机构。温处学务分处于 11 月 28 日正式成立，筹得学务经费每年 7000 余元。

在留日学生积极倡导下建立的温处学务分处，对于推动温州教育事业的发展起到了巨大的作用。

首先，奠定了师范教育的基础。1905 年暑假，集合各科学员 80 人在温州府学堂开办讲习会，学习 6 个星期，培养初小教师。1907 年，在温州师范学堂开办博物馆讲习班，招生 75 名。之后，又开办理化讲习所，招生 100 名，均以半年速成卒业。

其次，各县成立劝学所，发动社会各界赞助办学。1906 年 12 月，乐清劝学所率先成立。其后，各县纷纷成立劝学所。温处学务分处成立近三年，共筹集教育经费 50 余万元。除了拨给温州府中学堂、乐清县高等小学堂外，其余款额作为温州师范学堂建筑费及开办设备费。

再次，小学教育得到全面发展。从 1906 年正月开始，各县纷纷创立各种初等小学。"至初级小学，则平阳最多，乐清次之，瑞安又次之。瑞安城内，公私所办有五六区，乡间有廿余区。平阳江南乡有三十余区，南北港有数十区。乐清则东西乡各有数十区。永嘉旧无蒙学，自前年城内外始有数区，然皆未甚合法，乡间尤少。去年下河乡始有三区，上河乡有一区，永场有一区……"①。

最后，多方面整顿温州教育。温处学务分处成立之初，即将温州蚕桑学堂归入分处管理。1906 年 6 月，整顿温州府中学堂，遴选刘绍宽兼任监督，甄别学生，招收新生，厘定班级，整理教课，使学堂面貌焕然一新。加强对小学视察、推广妇女教育，发布《暂定学堂管理法》，振兴地方农工商实业教育，编印初等小学教科书，举办幼稚教育、温州通俗教育社等。凡此种种，说明学务处创办以来多有革

---

① 转引自胡珠生《温州近代史》，辽宁人民出版社 2000 年版，第 208—209 页。

新，学习风气极为高涨，温州教育一时间突飞猛进，处于全省最前列。

（二）开办新式学堂，实施新的教学方案

清政府实行"新政"后，传谕各省，所有书院改设学堂，温州各县办学之风随之兴起。众多学成归国的留日学生也直接参与创办各级各类学堂。1902 年 5 月，永嘉籍留日学生姚广福、项承椿入弘文学院速成师范科，同年 9 月卒业。归国后在城区信河街曾宅花园创办公益学堂。另有瑞安籍留日学生林文潜发起师范研究会、词曲改良会等。

瑞安县城内新式学校创办极早，对当时全国各省而言，亦名列前茅。在诸乡贤的积极策划下，在城内四隅各成立一所蒙学堂及一所速成公塾。其中，瑞安籍留日学生黄曾锴作为发起人之一建立了东北隅蒙学堂，教习有项廷珍、彭镜明等。速成公塾由瑞安籍留日学生林文潜发起，教习有林猸、李公亮等 6 人。留日学生也办了一些补习学校，例如 1903 年瑞安县城内的实用学塾聘请了洪彦远、洪彦亮、许壬、陈恺等留日归国学生充当教员。

平阳籍留日学生黄群（字溯初）为温州近代化做了许多好事、实事，建议筹办学务分处、瓯海实业银行、瓯海医院、引进优良作物品种、刊印《敬乡楼丛书》等。1921 年，在平阳郑楼创办两级小学，辟地 40 亩，建筑校舍百余间，规模宏大，设备完善，堪称东南各省小学之冠。1933 年，他将郑楼小学全部校产捐赠归公，由浙江省教育厅接收，改为省立温州师范学校，并划定温、台、处三属为该校的师范学区，担负着改进浙南地区小学教育的重大使命。

（三）积极兴办女学，推动温州女子教育

据《清代留学生名录》记载，晚清时期有两名温州女学生赴日留学。永嘉籍张志俊入实践女学校学习，瑞安籍陈伟心入东洋医科医疗专科学习。尽管留日女学生人数极少，但她们的活动同样产生了很大的社会影响。首先，温州女子留学日本的举动，对传统的教育制度、教育思想造成巨大冲击，使女子有机会享受与男子同等的受教育权利。其次，温州女子在日本受到新教育新思想的熏陶后，充分认识

到自身的价值以及女子教育的必要性与重要性。最后，温州留日女生
对女子教育的宣传和实践，有力地促进了温州地区女子学堂的发展。

1903 年，瑞安城区萧侃创办了女学蒙塾①，招生十余名，科目为
国文、历史、地理，教习为萧侃之女。1905 年，姜会明和黄益谦在
平阳昆阳雅湖创办毓秀女子学堂。1906 年，永嘉金伯钊创办爱群女
子学堂于府学巷周氏宗祠，自任堂长，设施新颖，颇受社会注目。瑞
安创办毅武女子初等小学堂于仓巷卫房宫，宣文女子初等小学堂于长
春道院，德象女子初等小学堂于小沙堤玉尺书院等。乐清创办造姆女
子初等小学堂于前五宅，平阳创办金乡女学堂。瑞安宋任觉建议成立
飞云女学校。1907 年 3 月 8 日，清廷颁布了学部奏定的《女子小学
堂奏章》和《女子师范学堂章程》，女子教育被正式列入学制，使得
各地兴办女学蔚然成风。

温州晚清留日学生在开通社会风气，推动社会改革，解放妇女的
思想上亦做出了贡献。1902 年 2 月 1 日，清廷下诏劝禁妇女缠足。
主张解放妇女缠足和开办女学的瑞安孙锵鸣逝世后，夫人念及其遗
志，命留日归国的儿子孙任成立劝解妇女缠足会，以长春道院为会
所，男女会员 20 多人。该会订定会章九条，规定：凡人家幼女尚未
缠足，而能向本会声称从此决不缠足者，予以表扬，并赠送鞋面布料
每人一双。本办法在城内及近郊试行，候有成效，逐渐推广。同时，
孙任请求宋恕撰写《解缠公文》，与孙衡到各寺庙演说解缠，并附上
《放脚法门》《做鞋法门》。由于提倡有力，措施得当，"于是旬月之
间，本城士绅家解者几半。"②

温州留日女子虽在清末留日潮流中仅为极小部分，但其在清末社
会中却异常耀眼。尽管女子留日人数远少于男子，但这不失为一种良
好的开端，是温州留日运动中的一朵奇葩。得力于此的清末温州女子
教育，虽整体发展不迅速，却为之后的各级各类女子教育勃兴奠定了
扎实基础。

---

① 后来发展成为女子小学。
② 胡珠生：《温州近代史》，辽宁人民出版社 2000 年版，第 201 页。

（四）培养优秀教师，推动基础教育发展

1902 年，张百熙奏定学堂章程，将小学教育分为高等小学堂、寻常小学堂及蒙学堂等三级[①]。蒙学堂收容五岁学龄的儿童，三年毕业。升寻常小学堂三年毕业，再升高等小学堂则为四年毕业，共计十年。各类学校由州县设立，分官立、民立两种。依据《浙江潮》1903 年第 4 期所刊《温州瑞安县城内教育区所表》，其"学校之部"统计有中学校一所，"发起人兼校长"为孙诒让，国文教习蔡念萱、伦理政法教习杨绍廉、历史地理教习池虹、英文体操教习李驹儒、物理数学教习陈恺、东文[②]教习许璇、监督为郭凤鸣，生徒 50 人[③]。其中，陈恺、许璇均为瑞安籍官派留日学生，他们回国后担任专门教习五年，以尽留学生的义务。

1907 年 5 月，清政府由学部奏准："官费留学生回国后，皆令充当专门教资五年，以尽义务。其义务年限未满之前，不得调用派充其他差使。"[④] 在此政策驱动下，一方面使师范专业成为留日学生的热门选择，另一方面，不仅就读师范专业的留日学生回国后从事教育职业，而且很多非师范专业的留日学生归国后也担任了教职。至辛亥革命前夕，温处学务分处办事人员和各省学堂所聘人员均以留日学生为主。

温州师范学校是晚清时期培养温州地区师资的最主要机构，其社会地位的提升得益于永嘉籍留日学生王绍志出任校长期间的改革。王绍志于 1904 年入日本早稻田大学师范部博物科学习，1908 年毕业回国。次年任温州师范学校教员，学识渊博、思想开明、为人正直，于校务多所改革，为时所重。辛亥革命爆发，温州师范学校暂时停课。翌年春，经过郡人推举，就任校长，随即着手一系列有意义的改革。当时报考该校的学生多处寒门，学校学杂费之高常使他们徘徊门外而

---

① 朱杞华：《晚清瑞安县发展教育概况》，温州同乡会印发 1990 年版，第 44 页。

② 指日文。

③ 朱杞华：《晚清瑞安县发展教育概况》，温州同乡会印发 1990 年版，第 44 页。

④ 董军成：《清末留日教育的发展及其对中国教育近代化的影响》，硕士学位论文，陕西师范大学，2008 年，第 25 页。

不得进。王绍志想方设法控制各种费用以节省开支，实行减费招生，结果学生踊跃报名，数量倍增。此举既大大地扩展了该校的规模，也使教员的数量质量得到明显提高。学校不仅为地方基础教育输送了大量师资，而且培养出夏承焘、潘廷光、陈修人等一批著名人才。1914年，温州师范学校改升省立，时任浙江省教育厅厅长沈钧儒聘王绍志继任校长。他在职期间，兼教植物课程，很受学生欢迎。同时，因当时国内鲜有植物课教材，他独立编写成具有较高水平的教材，其他院校亦采用其教材授课。

史实证明，大批温州留日学生学成回乡，为温州教育事业的发展注入了一股新鲜血液，不但有效地充实了温州地区师资队伍，缓和了师资紧缺的矛盾，而且为近代温州培养了一大批新型知识人才，继而催生近代温州社会新阶层，从而成为推进温州走向近代化的先锋和主力军。

第二节　乐清海外留学移民特点解析[①]

乐清市是温州模式的重要发源地，经过 20 多年的发展，已由一个农业县升级为以工贸为主的现代化格局的县级市[②]。乐清取得如此举世瞩目的成就，与海内外乐清人民的艰苦创业密不可分，其中乐清籍海外赤子对祖籍地的贡献不可低估。在海外乐清人中，乐清留学人员又是一个有别于谋生型侨民、以智力方式支持家乡建设的特殊群体。

一　乐清海外移民与留学史略

乐清位于温州市东北角，瓯江口北岸，现有人口 120 多万人。据史料记载，光绪二十四年（1898 年）就有乡民移居海外。自此始，乐清掀起了 20 世纪的三次移民浪潮。

---

① 本节与张婷共同撰写，内容曾刊载于《八桂侨刊》2013 年第 2 期。
② 1993 年 9 月 18 日，经国务院批准，民政部复浙江省人民政府，同意撤销乐清县，设立乐清市（县级）。

　　清朝末年，政府无能、列强肆行、民不聊生，又遇连年自然灾害。光绪二十七年（1901 年），乐清县内飓风相继为害。次年又旱灾83 天，岁大饥。光绪二十九年（1903 年）又二次飓风迭至，引发大水灾①。天灾连连，自给自足小农经济遭受破坏，农村凋敝。于是，一批迫于生计的农民和手工业者为摆脱贫困而走出乡村，闯荡到上海、南京、杭州、温州等大中城市做手工业或经商，甚者则经上海、广东、福建等港口，远赴海外谋生。在这批早期的出国人员中，亦不乏求学之士，构成乐清早期华侨。进入民国时期，社会依然动荡不安，灾害频发。民国十八年（1929 年），乐清境内流行"脑膜炎"，死亡达 3000 余人。是年自春至秋，又遇水、旱、风、虫四灾，晚稻颗粒无收，乡民苦不堪言。民国十九年（1930 年）春，饥荒再现，饥民出逃。是年，全县有 79 人出洋谋生。其中，移居香港的有 2 人、印度尼西亚有 41 人、新加坡有 20 人、马来西亚有 13 人，还有人长途跋涉到欧洲的荷兰（1 人）和法国（2 人）②。1978 年之后，伴随着改革开放的逐步展开和侨务政策的正确贯彻，广大归侨、侨眷和海外华侨关注侨情的热情逐渐高涨，加之一些西欧国家也放松了对中国移民入境的限制，尤其是"非法移民合法化"的措施无疑加剧了原本就有海外亲缘关系的乐清人移居国外。据乐清市 2014 年侨情统计，全市现有海外华侨华人、港澳同胞 2.589 万人，分布在 59 个国家和地区，国内侨眷 2 万多人。其中，亚洲 3000 多人，欧洲 12000 多人，美洲 9000 多人，非洲 1000 多人。

　　考察乐清人移居海外的史实可以发现，广大的留学人员是海外乐清人的重要组成部分，出国留学与海外谋生并存是乐清海外移民的一大亮点。

　　众所周知，道光二十七年（1847 年）容闳留学美国，开启了中国留学教育之航。此后，中国人留学经历了晚清、民国、改革开放三个发展阶段，其中 20 世纪的中国出现了三次留学高潮。而纵观乐清

---

　　①　倪德西、叶品波编：《乐清华侨志》，中国文史出版社 2007 年版，第 8 页。

　　②　同上书，第 3 页。

海外留学史，其发展历程与中国社会的整体留学状况相应。

自光绪二十八年（1902 年）象阳乡的石铎赴日本留学开始，到宣统三年（1911 年）辛亥革命爆发为第一波留学热潮。十年间，共有 42 位乐清学子留洋海外①，其中光绪三十一年（1905 年）至宣统三年（1911 年）间，温州出国的留学生有 72 人，乐清有 31 人，占到 43%，而同时期的瑞安出国留学生为 21 人②，乐清出国留学人数高居温州各县市之首。晚清时期的乐清留学活动不仅在时间上主要集中在光绪二十八年（1902 年）至宣统元年（1909 年），尤其是光绪三十二年（1906 年）前后，而且在留学者的籍贯上也较为集中，以象阳乡、虹桥镇、北白象镇和茗屿乡为主。同时，这一时期的乐清留学生学业优良。留日的 42 人中进入高等专门学校和大学就读的有 28 人，占 67%，其中进早稻田大学等名校的就有 14 人，占 33%③。

民国初年，受国内外时局的影响，出国留学一度沉寂。"一战"结束后，留学活动又很快活跃起来，民国政府出于自身建设的需要也鼓励学生出国留学，在各种因素的影响下，乐清市迎来了第二次留学高潮。据《乐清华侨志》统计，1912—1949 年，乐清籍海外留学人员已达 52 人，遍布 4 大洲 10 个国家④。磐石镇南门村的朱昊飞成为此时期的第一位留学生。他前往德国柏林大学就读化学专业并获博士学位，后回国历任北京大学、中山大学、武汉大学、浙江大学等大学教授，1933 年后任世界书局编辑，编著有关物理、化学方面专著和中等学校教科书多种⑤。1920 年前后，受国内广为传播的马克思主义和勤工俭学思潮的引导，赴法勤工俭学成为此时期的留学主流。其中

---

① 　这一时期出国的人数有多种说法，《乐清市当代留学人员风采》中统计为 34 人，《乐清华侨志》则统计为 42 人，本书以此为依据。《乐清华侨志》第 3 页统计 1902 年至 1911 年乐清留日学生为 39 人，1912 年至 1949 年留学生人数为 52 人，但是在其附录中统计的人数却是 1902 年至 1911 年乐清留日学生为 41 人，1912 年至 1949 年留学生人数为 51 人，本书均采用《乐清华侨志》附录中的统计人数。

② 　王国伟主编：《瑞安市华侨志》，中华书局 2011 年版，第 7 页。

③ 　倪德西、叶品波编：《乐清华侨志》，中国文史出版社 2007 年版，第 14 页。

④ 　同上书，第 3 页。

⑤ 　同上书，第 15 页。

乐清赴法的有陈齐、周文照、吴圣昌、陈季平、张成震、倪文亚等 7人①。这一时期的留学者不仅在籍贯分布上较之上一阶段更为广泛，由 16 个乡镇扩展到 23 个，其中乐成镇出国留学增速明显，而且不少留学者因曾受过良好的基础教育，所以攀登的学业更高，学术成就更大。如 1937 年赴美国耶鲁大学求学的陈旭研习古生物化石专业，回国后为微体古生物研究做了大量工作。

1949—1976 年期间，因在高度集中的计划经济下，出外留学也完全按计划派遣。初期仅派往苏联，20 世纪 60 年代初期派往东欧和西欧。在 20 世纪 50 年代的 1.6 万余名留苏学生中，就有倪士澄、陈成杰、仇醒亚、张邦德等乐清籍留学生②。除公派留学生外，在改革开放以前，只有旅居港台或国外的乐清人才有机会送子女出国留学，如王昭藩、王昭和等。改革开放的实行，使中国的广大学子重新获得出国深造的大好机会。这一时期的乐清留学生素质较高，他们基本都是大学毕业后再出国继续深造，而且事业成就斐然。如磐石镇的林建海在 20 世纪 70 年代北京外贸学院（现为对外经济贸易大学）毕业后，被派往美国加州大学伯克莱分校深造并成为金融学博士。1989年进入国际货币基金组织，2009 年被提升为高级顾问，2012 年 4 月升任秘书长，成为该组织成立以来首位获任此重要职位的中国籍雇员③。又如著名的基因测序专家杨焕明教授、地质专家陈正祥教授、世贸大厦的设计者王昭藩都是乐清籍海外留学生。不仅如此，20 世纪 80 年代以来的乐清第三次留学潮，无论留学人数还是留学国家，都急剧增加。截至 2005 年年底，乐清市高中以上出国留学人员共计602 人。以国别（地区）统计（一个人到多国深造的，只计起始

---

① 倪德西、叶品波编：《乐清华侨志》，中国文史出版社 2007 年版，第 221—225 页。1919—1920 年间，在蔡元培等人的努力下，国内先后共 20 批 1600 多人到达法国，其中浙江 85 人。当时正从温州艺文中学毕业的陈齐怀抱爱国理想，远赴法国里昂大学就读。同时，在他的积极带动和组织下，乐清青年周文照、吴圣昌、张成震、倪文等也一起赴法勤工俭学。

② 同上书，第 15 页。

③ 朱琼洁：《乐清籍留美博士林建海出任 IMF 秘书长》，乐清外侨网·侨商网，ht-tp：//www. yqwqw. com/disnews. asp？id = MzMyOA = = &btype_ id = 86。

国），分别是：美国 142 人，加拿大 49 人，日本 51 人，澳大利亚 56
人，英国 124 人，法国 26 人，德国 34 人，新加坡 22 人，瑞士 8 人，
奥地利 3 人，俄罗斯 12 人，新西兰 31 人，马来西亚 7 人，荷兰 10
人，南非 2 人，比利时 1 人，丹麦 2 人，乌克兰 9 人，西班牙 2 人，
爱尔兰 2 人，韩国 3 人，芬兰、葡萄牙、挪威、泰国、阿联酋、香港
地区各 1 人[①]。此时的留学生祖籍地几乎遍及所有乡镇，其中以县城
乐成镇居首，经济重镇的柳市镇和虹桥镇次之，留学生已成为乐清海
外移民的重要组成部分。

二　海外留学人员特点分析

乐清人留学海外已有 110 年的历史，至今有 800 多名或公派或自
费的留学人员分布在 24 个国家和地区，从事领域涉及化学、医药、
计算机等。当然，乐清籍海外留学人员的专业与国家选择并非一成不
变，其留学格局也不是一蹴而就的，是伴随着整个中国的时代背景和
地区内的社会需要等因素而逐渐形成的。

（一）性别比例在不同阶段呈现不平衡性

受中国传统的男尊女卑封建思想的影响，在晚清和民国时期出国
的乐清籍留学生 100% 都为男性。新中国成立之后，随着时代的进步
和人们传统思想的改变，男女获得平等权利，出国留学的女性人数有
所增加。如 1983 年出生于乐成镇的马沙丽，出国之前就读于北京私
立汇德学校，2003 年赴加拿大约克大学工商管理专业深造。但是，
1980—2005 年出国的 179 名留学生中，女性约占 32.4%，男性占
67.6%，男女比例依然悬殊[②]。

（二）留学专业随社会发展而日益多样化

统计光绪二十八年（1902 年）至宣统三年（1911 年）的第一波
留学潮中的 41 位人员发现，在有专业信息资料的 30 位留学生中，选
择与军事相关的专业（包括测量、道路、测绘、工学、地理、轮机、

---

① 倪德西、叶品波编：《乐清华侨志》，中国文史出版社 2007 年版，第 17 页。
② 同上书，第 227—263 页。

海军、河海工程）约占 26.6%，师范类专业约占 23%，法律类专业约占 20%①。

这一时期的乐清籍留洋学生所学专业之所以会呈现如此情景，是与晚清中国政治密切相关的。具体原因包括：

第一，富国强兵的时代需要是促发他们聚集军事专业的根本原因。

面对道光二十年（1840 年）以来的西方入侵及不平等条约的签订，有识之士开始放眼世界，学习西方。洋务派自 19 世纪 60 年代开始，以"自强""求富"为宗旨，开展洋务运动，兴办军事工业和民用工业。这种富国强兵思想势必对当时的留学生产生专业选择上的诱导，军事专业自然成为他们的首选之一。而清政府在光绪二十一年（1895 年）甲午战争中的惨败，使得国人更加深刻地认识到中国军事落后的状况。因此，在光绪二十二年（1896 年）留日热潮兴起后，去日本学习军事技术成为包括乐清籍在内的留学生的主要选择。如乐清出国留学第一人石铎在光绪二十八年（1902 年）考取官费留学日本，就先后就读于日本测量学校和士官学校，回国后也一直在军界工作②。

第二，外交事务以及立宪政治的需要是造成他们选择法律专业的重要原因。

随着道光二十年（1840 年）以来一系列战争的爆发和一系列不平等条约的签订，中外联系日益增多，而能处理各种国际关系特别是有关法律条文领域的人才却异常匮乏。与此同时，光绪二十七年（1901 年）至光绪三十一年（1905 年），实行"新政"的清政府迫切需要与法律、行政、理财、外交等与政治相关的各类法政服务人才，"一切新政，如路矿、商标、税务等事，办法稍歧，诘难立至，无一不赖有法律以维持之"③。在这两个时代人才需求的社会背景下，甲

---

① 倪德西、叶品波编：《乐清华侨志》，中国文史出版社 2007 年版，第 215—219 页。
② 陈华荣：《乐清海外赤子》，人民日报出版社 2005 年版，第 47 页。
③ 朱有瓛主编：《中国近代学制史料》第二辑（下册），华东师范大学出版社 1989 年版，第 469 页。

午战争后的留日运动中，专门赴日学习法政者陆续增多，温州地区的法政留学人数也随即增加。特别是在清廷的鼓励和指导下，不少人更是把赴日学习法政视为日后升官发财的终南捷径，纷纷自费负笈东渡，学习法政。

第三，新式学堂的师资需求促使他们选择师范类专业。

光绪二十七年（1901 年）八月，清末新政关于办学上谕的颁布，不仅使温州地区在维新变法期间创办的学堂得以恢复和发展，同时兴起新一轮的办学堂高潮。兴办新式学堂首先必须解决中小学师资匮乏问题，而在广大有识之士的倡导和清廷留学政策的鼓励下，赴日学习速成师范专业成为时下的首要解决办法。

分析民国时期的乐清籍留学生资料，发现其出国所学专业与晚清时期留学者并无太大差别，选择师范与法律专业的比例依旧很高。但同时出现了一些与时代接轨、较偏重于理工科的新兴专业，如纺织工业、市政学和社会学等。

这一阶段之所以形成如此务实性的留学专业倾向是有深层次社会原因的，其中与"实业救国"思想和民国时期的政府建设密不可分。如 20 世纪初浙江地区的民族资本主义企业主要是以轻工业为主，比如棉纺织业和面粉业。为适应这种经济发展需要，纺织工业也成为当时留学专业中一个比较特殊的专业。何雄杰就因此于 1921 年赴日本东京工业大学纺织工业专业留学，学成回国后在上海华丰纱厂、申新二厂任职，一直从事与纺织工业有关的工作，为中国的实业建设做出了不朽的贡献[①]。北洋政府和南京国民政府统治初期，教育部都曾制定过一系列支持留学的政策。1933 年，国民政府教育部制订了《国外留学规程》，对学习理、农、工、医四科的留学生在政策上予以倾斜，不仅公费的机会多，而且可以优先补官费[②]。受此政策影响，留学生出国学习理工科的人数大幅上升。

改革开放之初，党和国家领导人对留学生工作做出了不少指示。

---

① 倪德西、叶品波编：《乐清华侨志》，中国文史出版社 2007 年版，第 221 页。

② 李喜所：《中国留学通史》（民国卷），广东教育出版社 2010 年版，第 3 页。

邓小平在 1979 年 6 月 23 日听取教育部工作汇报时就扩大派遣留学人员指示：“我赞成留学生数量的增大，主要搞自然科学。”① 这对留学生专业的选择无疑产生了重要影响，甚至成为一种风向标。乐清市的留学生工作也积极响应国家需要而做出调整。在 1978 年至今的 30 多年间，乐清留学人员所学专业主要集中在自然科学领域，社会科学的相对较少，如教育、金融、电子、计算机、医药、生物等领域。如乐成镇的孙启乐在温州师范学院毕业后，分配到乐成二中担任美术老师，他在任职期间坚持学习数学并最终考取杭州大学数学系研究生。1991 年又通过托福考试赴加拿大西安大略大学攻读数学博士学位②。

由上可见，乐清海外留学人员的专业选择是依照时局变化、社会需求，以及个人发展需要而不断地做出适应性的调整。

（三）留学国别分布随时代变迁而日趋广泛

不同时期的乐清留学者在留学国家的选择上也有着鲜明的变化：20 世纪初和民国时期主要集中在日本，新中国成立以来尤其是改革开放以来的留学地则遍及世界各国。

1. 20 世纪初期，乐清留学生全部留学日本。

其实这一时期不单单是乐清地区而是全中国的留学生都将日本作为首选留学国家。究其原因，首要因素在于中日之间特殊的历史渊源。其次在于甲午中日战争和日俄战争结局的影响。中国在甲午中日战争中的惨败，不仅使得晚清朝野震惊，而且这场战争使得国人的眼光逐渐由西方转向日本，研习日本成为当时中国知识界的重要课题。同时，日俄战争的爆发及日本的胜利更使国人看到了黄种人战胜白种人的希望，使中国人真正意识到学习日本富国强兵之成功经验的重要意义。此外，日本方面的鼓励是造成留日热潮的重要拉力。一方面是日本民间希望中日友好，呼吁接纳中国留学生，另一方面是日本政府出于培植殖民势力的需要也表示赞同。日本驻华公使矢野文雄在其与日本外务大臣西德二郎的机密信件中毫不掩饰地说，通过吸引中国留

---

① 李喜所：《中国留学通史》（民国卷），广东教育出版社 2010 年版，第 247 页。

② 郑逊华：《乐清市当代留学人员风采》，新星出版社 2003 年版，第 210 页。

学生，"斯时清之官民对我信赖之情，亦必胜于今日十倍。由于此辈学生与日本之关系，将来清政府必陆续不断自派学生来我国，如是则我国之势将悄然驾于东亚大陆。故而无论从何方考虑，望我政府适应时机，接受清之留学生"①。在上述内外作用力下，清政府于光绪二十二年（1896 年）正式启动留学日本活动，1898 年的浙江求是书院选派出第一批留日学生，乐清籍的石铎就位列其中。

2. 民国 38 年间，乐清留学生的留学地仍以日本为主，同时呈现出选择欧美国家的趋向，范围覆盖亚、欧、北美和澳洲等四大洲的 9 个国家。

1912—1949 年出国的 51 位乐清籍留学生中，留日的约占 45%，留法和留美的各占 27.5% 左右，留学苏联和德国的各占 4% 左右②。其中留学日本仍居多的主要理由还是出于地缘等因素的考虑，而蔡元培等在这一时期推行的以"勤于工作，俭以求学，以进劳动者之智识"为宗旨的留法勤工俭学活动则促成了留法热潮的兴起；留美热潮的掀起除得益于庚子借款的推动外，还在于此时期出现了中央部费留美生、省费留美生、津贴生以及大量的留美自费生；1917 年俄国十月革命的爆发及其中国社会"以俄为师"的思潮转向，成为部分乐清籍留学生选择留苏的强大政治动因；而"一战"时期的中德关系的改善、《中德协约》中关于德国政府愿意接受中国留学生并且提供奖学金附加换文，以及德国因战争所致的通货膨胀等因素，刺激了中国学生留学德国。

3. 新中国成立以来的 60 多年里，随着中国与世界诸多国家建立外交关系，国人有了更多的出国深造的目的地选择。而随着通讯技术、交通工具的日趋先进，以及 1984 年温州成为首批沿海开放城市，乐清与各国间的往来更加便捷，这为乐清籍留学人员提供有利的外部条件，从而促成如今的乐清籍留学生遍布世界的格局。据 2014 年侨情调查显示，乐清全市共有 2100 多位莘莘学子通过公派、自费、研

---

① 吴霓：《中国人留学史话》，商务印书馆 1997 年版，第 74 页。
② 倪德西、叶品波编：《乐清华侨志》，中国文史出版社 2007 年版，第 220—227 页。

修等途径前往美国、加拿大、英国等 24 个国家和地区留学，其中获得博士学位 209 人，硕士学位 307 人①。

三　多元化方式报效桑梓

广大海外侨胞和归侨侨眷是推进现代化建设、实现祖国统一和中华民族复兴的重要力量②。作为华侨重要组成部分的广大留学生不负众望，对家乡做出了不可忽视的贡献③，乐清海外留学生同样如此。

乐清的海外赤子，不管是哪一个时期出国的，他们爱国爱乡的热情不减，都为家乡、为祖国做出了自己的贡献。当然，他们在不同时期对家乡的回馈方式有所不同，晚清时期由于清政府的腐败无能，他们纷纷投身于革命事业；到了民国时期，政局动乱，他们除了献身革命之外又投身于教育、科研等领域；改革开放以来，他们积极吸取、利用海外先进的科学技术与家乡对接，回馈家乡的方式更为多样化。纵观三次留学高潮，乐清海外留学人员主要有以下几种方式报效祖国：

（一）投身革命，救国救民

"华侨是革命之母"，乐清海外留学人员在民族危亡之时，顺应时代潮流，挺身而出，为救国救民奉献自己的热血。如就读于早稻田大学的易锐侯与黄兴、宋教仁、章太炎等均为密友，初入光华会，后为同盟会会员，积极反清，回国后仍坚持反清斗争。从光绪三十一年（1905 年）至光绪三十三年（1907 年），全国有据可查的同盟会会员为 379 人，其中留日学生中有 354 人，而乐清籍留日学生会员就有 4 人，说明他们把救国引为己任，勇敢地站在反清革命斗争的前沿④。又如 1929 年赴法国南锡大学留学的仇岳希，1945 年在上海参加中国民主同盟和中国工农民主党；王良俭 1937 年回国后投身抗日救亡工作，参加

---

① 数据由乐清市人民政府侨务办公室提供。

② 王国伟主编：《瑞安市华侨志》，中华书局 2011 年版，第 9 页。

③ 从清朝末年开始，海外华侨对于"家乡"的概念开始逐步发生变化，已经不再局限于自己家庭世代居住的地方，而是扩展到整个中国。

④ 郑逊华：《乐清市当代留学人员风采》，新星出版社 2003 年版，第 264 页。

乐清青年服务团及其所属的民众剧团，在各地演出，唤起民众。

（二）兴教办学，培养人才

华侨对教育的捐助由来已久，乐清的留学生对于家乡的教育事业也十分重视。在晚清民国时期，他们学成归来报效祖国，其中晚清时期从事教育的占到留学生总数的27％，民国时期约48％。而改革开放以来，乐清留学人员关注家乡教育的方式有所改变，除了传统的归国从事教育事业之外，出现了培养人才的新方式，比如回国办讲座、国外培养研究生等。留学美国的吴少海在2000年第一次将非赢利性的爱因斯特项目（国际大学生实习交流协会中国项目）引进中国，投入大量金钱和精力，使得每年有近50个高校的学生获得爱因斯特中国项目的海外实习机会，从而使学生受益①。

（三）科技创新，海外对接

随着世界经济的迅速发展，科学技术不断取得突破。中国作为一个发展中国家要想推进国民经济又好又快发展，引进国外先进技术成为一条必由之路。乐清留学人员深感家乡与国外的差距，他们出国学习世界领先技术后，尽力将自身所学与国内企业、相关机构对接，促进家乡经济、技术的发展，推进国家科技创新。2011年8月，全美温州博士协会会长黄乐建组织了13人的留美"博士团"对乐清进行了为期三天的访问，其中有四位博士还直接带来了光学肾功能检测仪等最新科研项目。通过座谈等活动，既推进了海外高层次人才与家乡互动，增进彼此感情，同时也帮助了温州企业与海外高层次人才科研项目、智力、技术等方面的对接②。

（四）热心公益，为民排忧

为改变侨乡旧貌和创建侨乡新貌，乐清的海外留学人员通过修桥铺路、捐建自来水厂、积极赈灾等方式热心公益事业。如晚清留日学生张烈回乡后，在虹桥捐田31亩创办居士林，内设救济院、孤儿院、

---

① 陈华荣：《乐清海外赤子》，人民日报出版社2005年版，第120页。

② 叶萌、郑益和：《本地企业与海外高层次人才对接——留美"博士团"访家乡》，乐清外侨网·侨商网，http：//www. yqwqw. com/disnews. asp? id＝MzE4Mw＝＝&btype_ id ＝86。

国学讲习所。1929 年全县遇特大灾害，他又赈施自家存粮，还从上海济生会等处筹募粮款救灾。有机金属化学博士万岩坚 1992 年在美国衣阿华州立大学学习期间，捐资一万元扩建母校天成乡中心小学，1999 年又捐资 2 万元在家乡修建了"长春亭"①。

　　不难看出，海外留学人员桑梓情深，回馈家乡的方式既丰富多彩又交叉并举。在兴办教学培养人才的同时热心公益事业，在对接高新技术产业的同时关心教育事业。他们学以致用，参与国内各项事业，为祖国的繁荣做出了不懈努力，为乐清发展成为温州乃至全国著名的工贸城市做出了不可低估的贡献。

---

① 陈华荣：《乐清海外赤子》，人民日报出版社 2005 年版，第 7 页。

第六章　温州海外移民家族的分布与影响*

温州海外移民家族是温州家族的重要成员，是温州族群的海外拓展与建构。此群体的形成有世界经济发展不平衡和全球化的大因素，也有温州地域文化和移民意识等主观原因。他们的祖籍地以文成、瑞安和瓯海等重点侨乡为主，侨居地则集中于西欧各大中城市。他们既讲究祖训，聚和、重教、务实，也注重发挥家族家庭力量，善贾、乐助、抱团，以贡献海内外而赢得声誉。

第一节　温州海外移民家族的迁徙分布

20世纪80年代以来，以家庭化、家族化的组团移民方式出国的温州人越来越多，甚至"在有些地区成了华侨出国的最基本、最主要渠道"①。其中仅改革开放后的一二十年里，"浙南各市县移居海外的家族集团少说也有上千个"②。

一　文成、瑞安、瓯海和鹿城是核心输出地

改革开放以来，温州11个县（市、区）都有人走出国门，其中文成、瑞安、鹿城、瓯海和永嘉等为重点侨乡。这些地区出国的民众不仅总数多，而且几乎都为同宗同族。已刊印的六部"温州侨谱"

---

* 本章内容曾刊载于《浙江学刊》2015年第4期。
① 周望森：《浙江省华侨史》，中国华侨出版社2010年版，第104页。
② 周望森主编：《浙江省华侨志》，浙江古籍出版社2010年版，第77页。

所涉及的海外移民家族①，来自瑞安、鹿城的各有 2 家，文成和瓯海的各 1 家。而统计《华侨望族》一书所收录的温州移民家族和《世界温州人》杂志"华侨世家"所报道的温州海外移民家族的籍贯②，同样可以得出上述结论。

不仅如此，分析已刊印的各类温州海外名人录资料发现，文成的胡氏、周氏和余氏家族，瑞安的杨氏、郑氏家族，瓯海的潘氏、林氏家族，鹿城的程氏、黄氏家族，以及平阳的梅氏家族也是温州海外移民家族的典型代表。

二　欧美地区是主要侨居地

宋至晚清，都有零星的温州人走向域外，虽限于文献残缺，无法证实这些华侨先驱是否携带亲戚出国。但是，鉴于中国古代社会"父母在，不远游"的传统思想以及当时妇女被排除在移民队伍之外以保证男子能够返回等因素的影响，以及"移民在那时并非一种很自由的选择，只有官方派遣下的侨居和经商才是被允许的。任何形式的出国都会遭到家族的反对，人们害怕离乡背井、流离失所，大多数人还是不愿到别的地方去建造新的家园"③。因此，早期的温州海外移民基本上是孤立行为，像周伫、王德用等人出国后并没有带动大批的温州人移民海外，这也就意味着温州海外移民家族在此时段出现的可能性几乎为零。1840—1919 年的 80 年间，的确有不少的温州民众以"契约华工"或"战争华工"的形式被招募到南洋、南美的殖民地做苦力或欧洲战场担任后勤任务。然而，"到了国外的温州华工在初入他国时，大多只想赚点钱，衣锦还乡购置田地，圆当地主的梦。因而，这些华工把赚钱作为出国唯一的目的，他们一心想着在仅有的

---

① 1995 年起，温州市华侨华人研究所历时十年，完成了《郑（岩银）氏家族侨谱》《胡允迪家族侨谱》《林松昌家族侨谱》《罗周美家族侨谱》《董云飞家族侨谱》和《周荆侯家族侨谱》六部侨谱。

② 胡方松主编：《华侨望族》，中国对外翻译出版有限公司 2013 年版。《世界温州人》杂志创刊于 2004 年，自 2008 年第 1 期开始设立"华侨世家"和"侨领传奇"两个栏目，至 2014 年 12 月已经报道了 31 个温籍海外移民世家。

③ 徐华炳：《温州海外移民形态及其演变》，《浙江社会科学》2010 年第 12 期。

那点留居时间里赚到尽可能多的钱，然后就回国团聚，几乎少有长期定居国外的兴趣或念头"①。即便是清季留学东洋、美国的温籍留学生，也在晚清的申令下回国。直至 20 世纪 20 年代以后，随着人们思想观念的转变和温州第一波出国潮的出现，在前往日本、南洋的温州人中，才产生了温州移民家族的第一代。如瓯海的潘岩法、杨德法、林恒吉等就是在 20 世纪二三十年代赴日本谋生的第一代华侨，他们的家族现在已形成"四世同堂""五世其昌"的繁荣景象。而在 1929—1939 年的温州第二波出国潮中，温州人的出洋地转向欧洲，相应地也产生了旅居欧洲的温州海外移民家族的第一代。

如今，温州海外移民在世界五大洲都有分布，但具备"家族"条件的仍以旅居欧美者居多，少量留居亚洲，非洲仅有个别，澳洲几乎没有。温州海外移民家族的这种分布格局，是与海外温州人的整体分布现状相匹配的。若按照影响力来划分，全球性温州海外移民家族相当有限，仅有几个。分析现有的可查阅资料，"只有旅居加蓬的程·让平家族，旅居美国的黄建南家族、徐修贤家族，旅居巴西的林训明家族等，可以说已得到世界华人社会的认可"②。一国性的家族略多些，但也在百户之内；地区性的家族相对较多，估计有几百个，但不会逾千个。

第二节　温州海外移民家族的社会作用

一个家族要赢得口碑，不能停留在"修身齐家"；一个家族要立于社会，当需追求"治国平天下"。温州海外移民家族是海外温州人的核心代表，是其中最有影响力的群体。他们用口袋、用脑袋，凭财力、凭智力，服务侨社、贡献侨居国，心系祖国、奉献祖籍地，在中外经济、公共外交、社会公益等诸多领域，发挥着不可小觑的作用。

---

① 徐华炳：《温州海外移民形态及其演变》，《浙江社会科学》2010 年第 12 期。
② 胡方松主编：《华侨望族》，中国对外翻译出版有限公司 2013 年版，第 144 页。

一　商行天下的示范作用

温州人善贾是闻名海内外的。同样，无论是形成于 1949 年前的华侨家族，还是产生于改革开放后的移民新族，绝大多数的温州海外移民家族都是以商起步的，几代人都是成功创业者，是国际商海和世界市场的明星。这些实业移民家族带家人、乡人、温州人乃至中国人，走向欧美老牌市场，开拓非洲新兴市场；他们满脑子的生意经，满世界地做生意；他们既将中国制造推向世界各地，也将海外商道引入国内行业；他们既坚守传统领域，也进军高新产业。他们商行天下的行为不仅引领温州人走向世界，而且引导中国与世界接轨。如旅意的蒋贵恩家族带领几百亲友坐贾意大利，旅丹的徐定元家族带出数百村民行商欧洲。又如林秋兰 1991 年放下国内企业，闯荡西非，占领贝宁、尼日利亚市场，成为"第一个在西非创立国际贸易公司的温州人，也是把温州产品全面打入西非市场的第一人，她被誉为温州货的国际推销员"①。不仅如此，在她的影响下，前往西非经商的中国人特别是温州人不断增多，使西非成为温州外贸出口的一个新增长点。温州海外移民实业家们不仅搏击商海，而且投资国内外，为温州人经济拓展新阵地。如王伟胜收购中东阿拉伯电视台，王建平投资近 8000 万美元建设尼日利亚哈杉非洲自贸区，孙华凯投资 2980 万美元建设温州大西洋购物中心等。

二　善行天下的带头作用

温州自古以来民风淳朴，好善成风，现代温州人更是"富而有义""富而好礼""达则兼善天下"。身居海外的温州移民家族不仅传承行善美德，而且以自身较强的经济实力和较高的社会地位，在赈灾、助学、扶弱，以及各类社会公益活动中，模范带头，号召广大海外温州人情系桑梓，回馈社会。他们既是行商富人，也是行善贵人。

---

① 温州市人民政府侨务办公室、世界华文出版社编：《海外温州人》（下），世界华文出版社 2006 年版，第 20 页。

如余心畴、任岩松、胡志澍、胡志光、韩天进、杨益盈、杨明、冯定献、叶康松等家族，都是热心慈善事业的大楷模。在 1957 年兴办华侨中学、1984 年新建温州大学，1994 年 17 号超强台风、1998 年特大洪灾、2003 年"非典"、2006 年"桑美"台风、2008 年汶川大地震等重大事件中，都留下了这些海外移民家族的善意之举。在他们的带领下，至 2013 年年底，海外温州人累计向温州捐赠金额高达 6.25亿元。他们不仅积德故里，也行善全国，以至善行天下。从为家乡修桥铺路，发展到为全国捐赠希望工程，再扩展到乐善于侨居地社会和以世界温州人微笑联盟模式彰显善举。2008 年，温州市评选改革开放 30 年"十大慈善家"，其中有 4 位温州海外移民家族成员入选和入围，再次佐证了温州海外移民家族为慈善事业所做出的贡献。2010年，又在这些家族的倡导、参与下，全国第一家华侨慈善团体——"温州市慈善总会侨爱分会"成立，从而让海外温州人有了更直接、有效和持续的行善平台。

三 团行天下的凝聚作用

从典型移民社会和艰山海阻环境中成长起来，又身处异域他乡的海外温州人，为了联络乡情、互帮互助，纷纷组建侨团以联手创业、维护侨益。海外温州人自 1923 年创立最早的社团——新加坡温州同乡会开始，90 多年来，300 多个温籍侨团遍及天下。可以说，到目前为止，但凡温州人聚居较多的城市都会有自发组织的温州商会、联谊会或同乡会。而在这些侨团的成立、发展和转型过程，无不见温州海外移民家族的身影。尤其是在侨团的筹备阶段和消除分歧时刻，以及组建跨行业、跨地区、跨国度的侨团过程中，移民家族以其成员数量、社会信誉、经济实力等优势而往往起到振臂一呼、群起拥之的效应。如胡允迪家族不仅事业成功，而且热心侨团工作，多位成员担任侨领。在处理侨团矛盾时，他常对人说，"我们都是炎黄子孙，侨居异域，搞个面包吃吃，何必分个你我高低"[1]。又如旅荷的王寿松为

---

① 温州市华侨华人研究所编：《温州海外名人录》，内部刊印 2000 年版，第 225 页。

了成立欧洲温州华人华侨联合会，更是不惜放下生意，用两年时间，自费 100 多万元人民币，跑遍欧洲 21 个国家；而为了团结各个侨团，实现用一个声音与侨居国对话，旅欧的林德华、胡志光和梅旭华等多个家族的侨领，历时数年，奔波全欧，协调华社、争取欧盟，最终成功组建欧洲最大的、全球唯一的一个跨国洲际华人社团组织——欧洲华侨华人社团联合会。

四　义行天下的领军作用

"生猛海鲜式"的海洋饮食生活使温州人具有豪放性和无畏性，受浓郁家族文化熏陶和良好家风训导的温州海外移民家族更是重情崇义。他们在世界各地，为同乡敢于仗义，为华人敢于豪情，为祖国敢于见义，在海外华人中起到了出色的领军作用。他们在侨胞、侨团和祖国需要之时，往往会毫无保留地以己身之社会地位和影响，挺身而出，拍案而起，主持正义，以法维权，为海外中国人争取合理诉求，保护祖国名誉。不管是为维护华侨个人利益，争取华社合法权益，还是声援祖国统一，一旦有旅居当地的温州海外移民家族及其参与的侨团的组织与领导，维权行动往往会更加有序、有力和有效。如 2008 年 "10·18" 特大凶杀案发生后，西班牙温州同乡会负责人吴镇忠和刘亚平召集当地华人华侨社团，成立 "保障生存权" 集会委员会，制定了示威集会的行动纲领，通过合法途径向政府、向社会发出华人正义呼声。正是在他们的共同努力和得力措施下，16 个侨团 3800 余人汇聚一起，参加哀悼集会和倡议维护生存权的示威活动。2010 年 6 月，在陈胜武等人担任会长的 5 个温籍侨团的组织领导下，3 万华侨华人开展上街游行反对暴力，成为法国和欧美华侨史上规模最大的一次维权大游行；旅匈温籍侨族张曼新则是一位高举 "反独促统" 旗帜，令民族景仰和百姓歌颂的民族斗士。1999 年他发起创立海外第一个中国和平统一促进会——欧洲中国和平统一促进会，次年 8 月又以个人声望和力量在柏林召开 "全球华侨华人推进中国和平统一大会"，打响了全球华侨华人反独促统第一枪。最难能可贵的是，他还放弃自己的实业，专职担任欧洲中国和平统一促进会主席，并在北京设立办事处，费用全部由个人支付，成为全球唯一的一个专职反独促统斗士。

此外，温州海外移民家族积极融入侨居国主流社会，跻身当地上层社会，通过参政议政来提升海外温州人和中国人形象。同时，利用自身资源搭建民间外交平台，在中外交流和扩大中国国际影响力等方面扮演了极为特殊和重要的角色。

第三编

温州海外移民的侨乡善举

　　海外温州人虽旅居不同国家、从事不同职业，生活水平不等、文化宗教差异，但随其经济实力的增强和社会地位的提高，对亲人眷属和祖籍地的感情却越来越浓厚。他们通过投资兴业、捐资助学、参与城市建设、兴办社会公益、助推新农村建设和扶助弱势群体等方式，表达赤子情怀。1978—2014 年，温籍侨胞共向温州市无偿捐赠款物折合人民币已超过 6 亿元。其中近五年来共捐赠 600 多个项目，善款额近 3 亿元。2010 年 5 月，温州市慈善总会侨爱分会成立，让海外温州人的慈善捐赠更趋便捷、更加规范、更具影响力。温州华侨华人的善行不仅传播了正能量，而且扶危助困、达济天下；他们的义举不仅使其跻身爱乡楷模，而且促进了社会的和谐与平等。

第七章　浙江省爱乡楷模的
特点分析[*]

　　浙江省是全国的重点侨乡，据 2014 年侨情调查显示，旅居在海外的华人华侨和港澳台同胞有 202.04 万人，分布在世界 180 多个国家和地区[①]。浙江籍海外人士虽在外艰苦创业多年，却不论事业大小都情系桑梓，积极地为浙江建设做出贡献。为了表彰这些海外侨胞和港澳台同胞爱国爱乡、无偿捐赠浙江省社会公益事业的盛德义举，自 1994 年以来，浙江省政府先后分九批授予 70 位向本省社会公益福利事业捐赠 1000 万元以上的海外侨胞和港澳台同胞以"浙江省爱乡楷模"荣誉称号。不但如此，浙江省人民政府侨务办公室还专门主编了《爱乡楷模》画册，并由其主办的《浙江侨声报》[②] 遴选其中的 39 位进行连续报道。

第一节　爱乡楷模的人口学特征

　　被授予浙江省"爱乡楷模"荣誉称号的海外侨胞和港澳台同胞是各界精英，他们经过一生的奋斗，或积累了大量财富，或积淀了宝贵经验。他们绝大部分属于商界成功人士，或担任公司要职，或拥有雄厚资产。

---

　　[*] 本章与彭眹柔合作撰写，内容曾刊载于《八桂侨刊》2013 年第 4 期。

　　[①] 作者不详：《我省基本侨情调查工作圆满结束》，《浙江日报》2014 年 10 月 29 日，第 11 版。

　　[②] 《浙江侨声报》是浙江省人民政府侨务办公室主办的一份官方报纸，创刊于 1985 年 6 月 28 日，1986 年 8 月开始向国内外公开发行。该报每半月出刊，读者对象主要为海外侨胞、港澳同胞和国内侨务部门及涉侨工作者。

其中包括拥有 10 亿美元以上资产的 12 位华人富豪之一的包玉刚，香港亿万富豪陈廷骅、香港十大最具影响力华人富豪之一邵逸夫等，他们当中亦不乏政坛风云人物。如曾两任香港特别行政区行政长官的董建华，全国政协常委、香港特别行政区基本法咨询委员会执行委员会副主任委员王宽诚，以及曾担任过国家或地方行政职务的林百欣、蒋敏德、周亦卿、李达三、查济民、闻儒根、包陪庆等。此外，"爱乡楷模"中还有不少是在其他社会各界里拥有极高声誉的人才，如小说界的奇葩查良镛，医学界声名鹊起的汤于翰等。为了更准确地了解爱乡楷模群体成长与成功的路径，有必要对他们进行基本的人口学统计分析（见表 7-1）。

表 7-1 浙江省爱乡楷模基本信息

姓名	性别	出生时间	籍贯	侨居地	出境（国）时间	授予"爱乡楷模"时间
包玉刚	男	1918 年	宁波	香港	1949 年	1994 年
邵逸夫	男	1907 年	宁波	香港	1957 年	1994 年
曹光彪	男	1920 年	宁波	香港	1950 年	1997 年
叶泰海	男	1953 年	宁波	香港	1953 年	2001 年
李达三	男	1921 年	宁波	香港	1949 年	2003 年
赵安中	男	1918 年	宁波	香港	1949 年	1994 年
陈廷骅	男	1920 年	宁波	香港	1949 年	1994 年
王宽诚	男	1907 年	宁波	香港	1947 年	2000 年
傅在源	男	1920 年	宁波	日本	1950 年	2000 年
包玉书	男	1915 年	宁波	香港	1962 年	1994 年
包素菊	女	1928 年	宁波	香港	1980 年	1994 年
包丽泰	女	1930 年	宁波	香港	1950 年代	1994 年
张爱芳	女	1930 年	宁波	香港	1950 年	1997 年
应立人	男	1942 年	宁波	美国	1947 年	2007 年
包景表	男	1924 年	宁波	香港	1948 年	2003 年
闻根儒	男	1920 年	宁波	香港	1950 年	1997 年
包陪庆	女	1945 年	宁波	香港	1948 年	2006 年

续表

姓名	性别	出生时间	籍贯	侨居地	出境（国）时间	授予"爱乡楷模"时间
汤于翰	男	1913 年	宁波	香港	1951 年	2007 年
汤永谦	男	1916 年	宁波	美国	1945 年	2001 年
章传信	男	1932 年	绍兴	香港	1949 年	2004 年
陈元钜	男	1929 年	绍兴	香港	1948 年	1994 年
倪铁成	男	1926 年	绍兴	香港	1952 年	2000 年
高月明	男	1941 年	绍兴	香港	1957 年	2000 年
车越乔	男	1932 年	绍兴	香港	1950 年	2001 年
陈宜昌	男	1927 年	台州	台湾	1948 年	1997 年
廖春荣	男	1964 年	台州	澳门	1999 年	2007 年
詹耀良	男	1946 年	台州	香港	1950 年	2006 年
郭玉桓	男	1926 年	青田	圭亚那	1960 年代	2006 年
郭胜华	男	1955 年	青田	圭亚那	1976 年	2006 年
黄长顺	**男**	**1962 年**	**温州**	**加拿大**	**2003 年**	**2009 年**
周天玲	**女**	**1962 年**	**温州**	**加拿大**	**2003 年**	**2009 年**
陆增镛	男	1925 年	湖州	香港	1949 年	2003 年
陆增祺	男	1927 年	湖州	香港	1949 年	2003 年
沈炳麟	男	1913 年	湖州	香港	1948 年	1994 年
查良镛	男	1924 年	嘉兴	香港	1948 年	1997 年
查济民	男	1914 年	嘉兴	香港	1947 年	1997 年
姚文琴	女	1916 年	杭州	美国	1946 年	2003 年
张杰	男	1929 年	上虞	香港	1959 年	1997 年
魏绍相	男	1925 年	余姚	香港	1948 年	2007 年

资料来源：浙江省人民政府侨务办公室编《浙江省爱乡楷模（1994—2009）》，内部刊印 2010 年版。

一　年龄特征分析

分析爱乡楷模群体的出生年份发现，他们的年龄跨度很大，最早出生于 1907 年，最晚生于 1968 年，两者相差半个多世纪。从年龄段来看，1949 年前出生的人数居多，尤其集中在 1910—1940 年，1949 年以后出生的仅占总数的 15%（见表 7-2）。由此可见，他们大部分出生和成长在社会动荡时期甚至战争年代，早年所处的时代环境与他们日后的发展路径不无关联。

表7-2 　　　　浙江省爱乡楷模出生年代分布及比重 　　（单位：人,%）

出生年代	人数	所占比例
1900—1910 年	2	3
1910 年代	11	16
1920 年代	23	33
1930 年代	12	17
1940 年代	11	16
1950 年代	4	6
1960 年代	6	9

二 籍贯特征分析

从下列的爱乡楷模籍贯分布图可看出，宁波籍（含宁波市、余姚市、舟山市）爱乡楷模占绝对优势，超过一半，其他地区则甚少（见图7-1）。

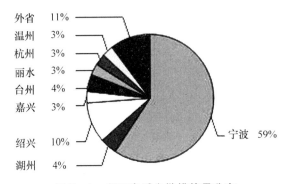

图7-1 浙江省爱乡楷模籍贯分布

宁波籍爱乡楷模独占半壁江山的格局首先是与其所属的"地缘集团"[①]——"宁波帮"的发展是密不可分的。"宁波帮"至今已经

---

① 吴潮在《浙江籍海外人士研究》中认为，浙江人自近代在经济活动和向外移民过程中，由于地缘文化和地缘心态的影响，根据地域的分布，逐渐形成了地缘集团。参见吴潮《浙江籍海外人士研究》，学林出版社2003年版。

历四个发展时期①，爱乡楷模中的"宁波帮"属于第四时期的代表，即20世纪四五十年代以后开始起步，经数十年海外发展而成功的群体。其中，包玉刚、邵逸夫、陈廷骅等都是这一时期的杰出代表。"宁波帮"形成的历史性、群体性使得宁波籍的爱乡楷模在贡献家乡时，更易相互影响、集体行动。这种整体力量甚至连邓小平都不由自主地主张要"把全世界的'宁波帮'都动员起来建设宁波"。如在宁波大学的创建及发展过程中，就曾有16位宁波籍爱乡楷模参与捐资办学。其次，这与"宁波帮"的侨居地比较集中相关。20世纪四五十年代以后的"宁波帮"工商业人士大多以香港这一国际贸易港为首选发展地。据统计，所有侨居香港的浙江省爱乡楷模中，宁波籍就占了70%②。这种同乡聚集的状态使得他们在为家乡出力时更易统一步调，能带动更多成员参与爱国爱乡活动。同时，相对于以旅居欧美等国为主的温州、青田籍的爱乡楷模，旅港的宁波籍爱乡楷模又占有空间优势，从而使得他们在交通与信息方面获得便利，进而更易关注家乡、服务家乡。宁波籍港胞的上述客观条件促使他们更加容易组织和团结起来造福桑梓，由此也促成爱乡楷模以宁波籍人士居多的状况。

除了宁波籍的海外人士占绝对优势外，外省的爱乡楷模相对而言也占有一定比例，主要为广东、福建、江苏、江西、陕西5省份的慈善人士。这7位外省籍海外人士更多关注浙江教育事业，尤其倾心于浙江大学。林百欣、陈曾涛和黄鸿年皆捐资浙江大学，添置硬件设施。周若云、段永平刘昕夫妇更是与浙江大学有着不解之缘：浙江大学是周若云父母一生的牵挂，也是段永平夫妇的母校。

三　侨居地分析

港澳台地区自古以来就是中国的领土，虽因历史与政治原因而一度不在中央政府管辖范围，但它们拥有的发达的现代化社会、良好的经济发展环境，以及与浙江、广东的便利交通对善于经商的人来说，是打拼

---

① "宁波帮"形成后的四个发展时期分别为乾嘉时期，鸦片战争后的数十年，19世纪80年代以后，20世纪四五十年代以后的数十年。

② 41位宁波籍的浙江省爱乡楷模中有34位旅居香港。

事业的首选之地。基于此，前往港澳台地区的浙江籍人士众多，从上述的分析中亦证明，爱乡楷模的侨居地主要集中在这些地区。另有约 1/3 的楷模则侨居在美国、日本、加拿大、印尼、新加坡和圭亚那等国家。

第二节　爱乡楷模的创业活动特点

创业是爱乡楷模们走上成功的起点，而要打拼出一番事业绝非易事。分析爱乡楷模的创业历程，可以发现，他们不仅要学会吃苦耐劳，要具备一定的商业头脑和敏锐的商业眼光，而且还要果断地把握住发展事业的各种机会。具体而言，他们的创业具有以下特点。

一　创业基础不一，但创业精神相同

由上述人口学统计可知，爱乡楷模生活的时代背景大致相同，大多数出生在 1949 年以前。经受如此动荡社会环境，往往促使他们中的大部分人早早就走上谋生之路，开始打拼生涯。分析 69 位楷模的创业经历发现，白手起家的楷模占近一半（见图 7-2）。

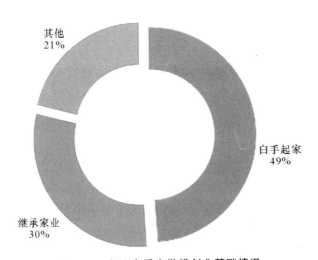

图 7-2　浙江省爱乡楷模创业基础情况

他们几乎都是从底层的工作做起，为今后创业打下基础。例如，

世界船王包玉刚起初只是重庆一家银行的小职员，1938年前往上海开始在中央信托局保险部工作，凭着自己的努力和在银行里积累的经验，在短短7年时间里，从普通职员升到了衡阳银行经理、重庆分行经理，直至上海市银行副总经理①。而后，他辞掉工作，带着多年积蓄开始把注意力放到香港的进出口贸易，进而转向航运事业。陆章铨1948年赴台湾，先后从事过照相馆、礼品店、西餐厅和咖啡店等工作，陈廷骅小学毕业后就去上海学做生意，高月明16岁时往香港打工，陈宜昌12岁外出谋生，车越乔辍学至香港当练习生，廖春荣不满20岁就到宁波打拼。沈炳麟、赵安中、王宽诚、倪铁成、章传信、李惠利、黄庆苗等都是在青年甚至少年时期从学徒做起，一步一步向前发展的。这些人基本都是从零做起，只身闯荡。还有少部分楷模起初担任他人公司的高级职员，相对于从事底层工作的人来说，其状况稍微优越，但同样是为了后来的创业而进行资本和工作经验的积累。例如，查济民在第三中山大学附设工业学校学习染织业，于20世纪30年代毕业之后历任常州、重庆、上海等地纺织染厂的工程师、厂长、经理，最终才创办其属于自己的"中国染厂"。20世纪60年代毕业于美国路易斯安那大学机电专业的应明浩，于此后近20年里在美国太空总署担任了工程师、MEASUX公司任生产部经理，后来才创办了自己的公司。以家族财富作为事业发展坚强后盾的爱乡楷模约占1/3。他们或直接继承庞大的家业，精心打理；或借助家业资本独自创业；或接手祖上小规模的家业，凭借自身努力逐渐将其做大做强。例如，曹光彪17岁时因家庭变故而辍学回家，接手的是家里生意不景气的"鸿祥"布店。此后，他努力经营、管理有方，使"鸿祥"蒸蒸日上，短短数年就在南京、重庆、台北等地设立分店②。他们或跟随父亲学习经商，协助家族企业。陈经纶17岁就随父亲做生意，并继承祖业。他自己回忆"父亲为了培养我成才，把当时因战争影响，被迫中断中学学业的我，叫到他身边，让我协助经营米业、

①　沈雨梧：《走向世界的宁波帮企业家》，上海三联书店1990年版，第33页。
②　同上书，第265页。

房地产和建筑业"。陈经纶经常风里来雨里去，和砖、泥、沙等打交道，还经常奔走于澳洲、加拿大、新加坡、越南、温哥华等地。他不辞劳苦，边干边学，在实践中努力增长知识，掌握本领，很快成了建筑业的行家[①]。有的通过专业学习、实习后参与家族事业，例如，毕业于美国宾夕法尼亚大学航海系的顾国华早期在香港主要协助父亲顾宗瑞拓展航运事业。当然，也有少数人士是凭借自己的专业知识与技能来开拓事业的。如文坛大家查良镛，从事幼儿教育研究的姚文琴，精通医学的汤于翰，善于摄影的刘昕等。

由上可见，虽然每位楷模的起点不一，但他们起步之初基本上都是通过个人拼搏的方式来创业的，即使与人合作，也都是从小规模做起。总之，爱乡楷模们历经的年代不同，受教育的程度不同，他们具体起家方式不完全相同，但他们都有着肯吃苦和敢闯荡的共同精神。

二　起家行业基本为传统行业，发展都呈现多元化

统计爱乡楷模们最初涉足的行业发现，他们在创业初期基本上从事纺织、服装、印染、副食品、电器、五金、手套加工等传统的轻工行业，或开设布行、面粉行、杂货店等店铺，或从事教育、医疗等服务业，而且其行业规模都属于中小型。之所以会形成这种经营格局，首先是与他们创业之时所处的中国时代背景相关。大多数楷模创业初期都处在 20 世纪 30 年代至 50 年代之间，创业根据地大多在内地和港台地区，此时的国内经济不稳定，民族工业还不发达，工业底子相当薄弱，基本上私人企业只能从中小型轻工业起步。其次是由于中小型企业自身的资金和设备容易掌握，利润回笼比重工业要快。最后是与爱乡楷模们的经历经验有关。例如，包玉刚在上海吴淞商船专科学校学的是船舶专业，"钟表大王"李惠利早年即是在钟表店学艺，这些学习经历无疑影响到他们后来从事的行业。又如"毛纺大王"曹光彪的产业就是在父辈经营的毛纺织小厂上发展起来的，父辈的经验为他发展纺织业提供了先决条件。随着事业的蒸蒸日上，爱乡楷模们

---

① 成勇、陈经纶：《情怀乡邦，泽被乡里》，《源流》2010 年第 22 期。

凭借前期积累的各类资本，以大胆的魄力和敏锐的眼光，逐渐突破相对集中、比较传统的经营领域，从单一的经营模式转向多元化的投资，甚至涉及金融、电讯、航空、精密仪器等前沿和高端领域。如陈廷骅、陈元钜、查济民、黄鸿年、王宽诚等都果敢向金融业进军，林百欣在纺织事业全盛时期又扩展到房地产和电讯等行业，曹光彪还将其事业拓展至航空、精密仪器等领域，范鸿龄在航空和电讯方面都有投资。

对大多数爱乡楷模而言，国内是他们创业的起点，也是改革开放后事业发展的新平台，亦是他们心系情牵的终点。不少爱乡楷模是通过投资建设家乡的渠道来拓展新行业的。例如，黄长顺、周天玲夫妇长期从事房地产和小水电开发，先后在杭州、温州、台州等地区开发建设了多个大型房地产项目；高月明也先后在家乡合资创办了鉴湖房地产开发有限公司、港越房地产开发有限公司等房地产业；陆章铨在家乡余姚投资 20 多亿元开发房地产、工业小区，投资兴建余姚太平洋大酒店等，将行业范围延伸到服务业。

第三节　爱乡楷模报效家乡的方式及特点

浙江省爱乡楷模中既有实力雄厚的商业巨子，也有为民服务的政治家，还有靠做小生意谋生的普通侨胞，但他们都尽其所能地为祖国、为家乡做着贡献。爱国爱乡形式、途径、渠道和时间可以多样，但爱国之情无轻重之别，爱乡之心无高低之分，他们以最恰当、最真诚的方式表达着对祖（国）籍地的眷顾之情。

一　爱乡楷模报效家乡的具体表现

（一）向多领域捐助高额善款，惠及民生，首重教育

爱乡楷模捐款的范围十分广泛，涉及多个社会公益事业，如教育、科技、文化、医疗、卫生、社会福利等，其中以捐助教育事业为主。如邵逸夫捐助内地的资金，80% 以上都是教育项目。正如李达三所感慨："一个国家要富强，人才很重要，而人才的培养，教育是根

本，教育是千秋万代的大业，振教兴邦，匹夫有责。"詹耀良也因意识到教育的重要性而时常表示："我喜欢把捐助重点放在教育领域，这样对社会的影响更大，毕竟，教育是千秋大计。"他们或捐资创建包括中小学和高校在内的各类学校，如包玉刚等创建宁波大学、陈元钜捐资创办绍兴大学、倪铁成捐款创建长城中学等。他们或为学校捐款以改善学校的教育环境，为学校增添必要的教学设施和设备，如修建图书馆、宿舍、建造教学楼等。他们或创立基金会或通过慈善机构捐款以帮助贫困学生完成学业，如王宽诚成立"王宽诚教育基金会"，资助中国留学生到海外攻读博士和学者参加国际会议，进行内地和海外学术交流等；沈炳麟设立"应善良"的账户，帮助贫寒学生完成学业；赵安中则是资助贫穷学子的"希望工程"的功臣。他们或设立奖（教）学金，以奖励优秀学子和资助有贡献的教育工作者。如叶杰全设立的"叶杰全奖助金"，詹耀良成立的"詹氏奖励教学基金""金秀奖学金"，陆增祺、陆增镛两兄弟在浙江大学设立的陆增镛 CAD&CG 高科技奖励基金及陆增祺 FPTC 高科技奖励基金等。黄长顺在 2000 年设立"长顺教育专项基金"，每年向温州市人民教育基金会捐资 100 万元，向品学兼优的温籍贫困生提供帮助①。

这些被授予"爱乡楷模"称号的海外侨胞和港澳同胞对家乡各项公益事业的捐赠不胜枚举（见表 7-3），而且捐助的款项多、金额不菲。按照浙江省评定"爱乡楷模"的标准，称号获得者对本省的捐款数额需达 1000 万元以上，然而事实上，这些爱乡楷模的捐助金额大多数都超过此标准额，甚至对某一项目的捐款数额就已达到捐赠要求（见表 7-4）。毋庸置疑，他们对家乡的如此大额捐赠是真情实意的，宁波籍港胞张爱芳女士曾深情地说："只要百姓满意，铜钿出得再多也值。"此外，他（她）们对捐赠的项目倾注了大量精力，如包景表先生对其捐建的镇海区职教中心项目就亲力亲为。

---

① 王冰、张永坝：《黄长顺再捐百万育桃李》，《温州侨乡报》2001 年 3 月 3 日，第 1 版。

表 7 - 3　　　　　　　　浙江省爱乡楷模捐助公益项目一览

捐助领域	捐助项目
科技	"逸夫"科技馆；查济民创立求是科技基金会；陆增镛与陆增祺兄俩在浙江大学设立高科技奖励基金；曹光彪向浙江大学捐款设立"高科技人才基金"
医疗	李惠利捐资 3000 万港币助建宁波"李惠利医院"；陈廷骅向宁波市诸多医院赠送大量医疗仪器设备，助建宁波第三医院住院大楼；高月明为绍兴第二医院赠送医疗设备；包氏三兄妹建设龙赛医院；吴剑鸣助建宁波"吴剑鸣医院"
福利	高月明建造绍兴老年活动中心；廖春荣以父亲名义设立"廖岳松先生助困基金"；陈宜昌创办"惠民福利基金会"；姚云龙捐助建鸣鹤敬老院
文化	陈元钜支持设立绍兴县小百花越剧基金；倪铁成支持建造绍兴博物馆等；高月明资助建设绍兴新昌大佛寺；查良镛向杭州市捐赠"金庸藏书楼—云松书舍"

　　资料来源：浙江省人民政府侨务办公室编《浙江省爱乡楷模（1994—2009）》，内部刊印 2010 年版。

表 7 - 4　　　　　　浙江省爱乡楷模捐赠项目金额统计　　　　（单位：亿元）

捐赠人	捐赠项目	捐赠金额
邵逸夫	科教文卫事业	25
沈炳麟	公益福利项目	2 +
赵安中	希望工程	1.3
陈元钜	绍兴县建设	0.42 +
黄鸿年	浙江大学科技综合大楼	0.1
张爱芳	学校建筑	0.125
包玉书	宁波大学科学楼	0.22
陆章铨	太平洋慈善基金	0.1
陈宜昌	教育事业	0.3 +
汤于翰	医疗中心大楼	0.1
黄长顺	鹿城区七都镇基础设施、卫生教育公益	0.176

　　资料来源：浙江省人民政府侨务办公室编《浙江省爱乡楷模（1994—2009）》，内部刊印 2010 年版。

　　（二）以投资建厂来支持家乡经济建设，为家乡营造良好的商业环境

　　改革开放以来，中国进入经济建设快速发展期和社会转型时期，

为吸引与鼓励华侨华人回大陆投资，发挥他们在国家经济建设中的特殊力量和中外交流中的独特作用，党和政府对他们给予了高度重视并制定了相关政策以营造良好的投资环境。为此，不少海外企业家适时地抓住这一时机来到中国内地投资。如曹光彪在中国内地建立了中国改革开放后的第一家外资企业——珠海香洲毛纺厂，30多年来，他的投资遍布全国各地，投资项目近百个，投资数额数十亿元，为祖国内地的经济建设做出了巨大贡献；纺织大王查济民通过把香港企业和内地企业联合起来，促进内地传统纺织业向现代化转型，并在家乡海宁市催生了"中国皮革之都"；温州籍加拿大华侨黄长顺在永嘉投资建设了金溪一级水电站，解决了当地的就业问题；吴剑鸣在家乡镇海投资建设镇海热电厂、中轻包装材料厂、亚太国际工贸公司等近20个项目，涉及多个领域，直接促进当地经济发展。不仅如此，她还积极向海外宣传宁波，要求有关部门提供外宣资料，由她带到香港和国外发给亲友，多次出资邀他们来宁波考察、投资设厂①，为宁波经济发展广开渠道，营造良好的商业环境，间接上为宁波经济发展做出贡献。

（三）积极参政议政，为祖国和家乡的发展建言献策

邓小平曾说："我们欢迎海外华侨华人都回来走走，一是为了了解我们国家，二是看看有什么事情可以参与，可以尽力。"②除支持家乡经济建设外，参政议政是爱乡楷模们服务祖籍地的又一渠道。如包玉刚曾为香港问题的顺利解决而经常奔走于香港、北京和伦敦之间，并参与了香港问题的谈判和相关文件签署。爱乡楷模中身为政协委员的为数不少，他们时刻关注中国和家乡的发展动态，积极参政议政，尽职尽责地服务地方。如青田籍侨胞郭胜华作为浙江省政协委员，向浙江省提交了许多提案并有不少建议被政府采纳，人称"提案大王"；绍兴市政协常委、市政协港澳台侨委员副主任章传信为推动港越两地经济和社会的发展积极建言献策；绍兴市政协委员车越乔

---

① 作者不详：《中国心·桑梓情——记吴剑鸣女士》，中国宁波网，http://www.cnnb.com.cn/gb/node2/channel/node13890/node14011/userobject7ai647714.html。

② 《邓小平文选》（第三卷），人民出版社2002年版，第162页。

与其他旅港委员们联名提交了重量级提案《建造绍兴博物馆，提高绍兴知名度》①。又如航运专家顾国和十分关注家乡北仑港这一优良港湾，1992 年时就向家乡政府提出建议，在北仑建设一座 25 万吨级的修、造船厂，得到了浙江省宁波市人民政府的重视；在北仑港建设中，他又提出了许多合理化建议，并积极参与北仑港江海联运事业等②。

（四）建立社团或协会组织，搭建家乡与海外交流的平台

广大的海外侨胞和港澳台胞，以地缘、亲缘、业缘等创设各类侨团等民间组织，为侨居国与祖（国）籍地的经贸、文化交流、人员往来，以及向家乡捐款赠物等提供诸多便利。据统计，45% 的爱乡楷模都曾经或正担任着同乡会、联合会或协会等民间组织的会长或名誉会长，他们借助这些联谊平台为祖籍地与侨居地牵线搭桥，积极推动两地的经济与文化交流。如李达三在 1967 年精心筹划成立了宁波旅港同乡会，宁波籍旅港同乡会以此为平台，联络众多宁波籍海外人士，将他们关注家乡的胸臆凝聚起来，共创家乡新貌；陆增镛在担任湖州旅港同乡会会长和浙江联合同乡会会长期间，多次组织旅港乡亲及香港知名人士访问家乡，并与其兄弟陆增祺在香港力促苏、浙、沪籍社团的团结；章传信作为绍兴海外联谊会常务副会长常常为家乡的黄酒节、艺术节等重大节会赴港举办展览、展销、展演等活动而奔波；周亦卿还专门设立了"其士文教基金会"，通过参与社会服务、文化推广、艺术交流、学术研讨活动，促进内地和港澳台等地在文化、教育、艺术等方面的交流。

除上述回馈家乡的方式外，有些爱乡楷模还利用自身的影响力推动家乡经济发展，促进祖籍地和侨居地的文化交往。如车越乔先生在经商之余从事越文化研究，编撰《越文化实勘研究论文集》将越文

　　①　章建坤：《创业创新 30 年·百名风云越商系列报道（13）品著书香，一身越文化的气息》，绍兴网，http：//www. shaoxing. com. cn/30years/content/2007 - 11/21/content_323321. htm。

　　②　孙善根：《大碶头顾氏：从北仑走出来的航海世家》，北仑新闻网，http：//old. blnews. com. cn/gb/node2/node342/node559/node561/userobject7ai72735. html。

化发扬海内外；王宽诚在新中国成立之初到内地考察访问，回港后立即发表文章介绍此行感受，让广大港胞能够进一步了解新中国的情况；查良镛曾在香港回归之际，在报纸上撰文论述香港回归的前景，为增强香港市民对回归的乐观心态做出了榜样等。

二　爱乡楷模报效家乡的特点

（一）捐资主体的目光都比较长远，开始倾向于支持家乡福利事业的发展

近年来，社会福利事业已成为中国政府所重点关注的民生工程，但其发展的速度并不尽如人意，政府与社会对其投资的力度也不够，整个福利制度也不完善。对此，身处社会福利较高国家的海外侨胞和港澳同胞及时洞察到这一热点，不仅把海外的社会福利保障经验介绍到国内，而且主动带头将捐助对象扩大到该领域，为中国福利事业的发展做出了难得的贡献。如温岭籍爱乡楷模陈宜昌早在 1990 年就在家乡创办了"惠民福利基金会"；任中国残疾人福利基金会第二届理事的包陪庆则一直致力于推动中国残疾人事业的发展。

（二）捐资助学形式不再是单一地购置硬件设施，越来越注重于人才培养等软件支助

爱乡楷模们除继续为家乡学校和教育事业捐赠捐建传统的基础设施项目外，也开始通过资助贫困学生和品学兼优的学子、支持各类各级人才出国深造或参加国际性会议等新途径来反哺家乡，或向高校捐赠软件设施，培训掌握软件的人才。此外，一些知识型的爱乡楷模还积极促进内地学校尤其是浙江省高校与港澳台地区或国外学校开展学术交流和项目合作，或者引荐国外知名教授来内地教学，甚至直接受聘于内地高校。如查良镛曾亲自出任浙江大学人文学院院长，以提升浙大的文学研究地位。

（三）投资大陆方式灵活，营造了双赢局面

改革开放政策的实行，吸引了不少的爱乡楷模回乡投资，特别是21 世纪以来的中国经济的转型升级给他们提供了回国创业的佳机。他们或直接出资建厂或与内地企业合资办企业，这不仅推动了当地经

济的发展，解决了地方就业压力，也给投资者本身带来了丰厚的利润，从而招徕更多的海外侨胞和港澳台同胞投资内地。

综上，爱乡楷模们的出身不尽相同，但奋斗之路都令人钦佩；他们的职业各式各样，但赤子之情都令人赞颂；他们的地位高低不一，但爱乡之举都值得表彰。70 位海外侨胞和港澳台胞当选浙江省"爱乡楷模"是受之无愧的，他们的高尚情操应当得以宣扬。

第八章　温州华侨慈善捐赠的
文本解读

作为首批沿海开放城市的温州，不仅因改革开放和市场经济而具有很强的经济发展内驱力，而且又因是全国著名侨乡，拥有丰厚侨务资源，从而具有进一步开放和建设所需要的外在拉力。凭借开放的"天时"和沿海的"地利"，旅居海外的温州华侨华人积极投身到家乡的建设事业中来，而后被温州社会发现具有"人和"的内聚力。由此，关注华侨、掌握侨情、研究侨史，成为20世纪80年代以来温州社会的常态与共识。其中，《温州侨乡报》是当时涉侨内容最多、报道侨事最持久的一份温州地方报纸。

第一节　发行海外的《温州侨乡报》

《温州侨乡报》作为温州地区"侨色"最鲜明的报纸，是温州在改革开放后，适应沿海开放城市和经济快速发展的需要，为满足本地市民了解世界，尤其顺应温籍侨胞了解国内改革开放和家乡经济社会发展需要而催生的一份地方性侨报。因而，其读者主要是温籍海外华侨和港澳同胞以及温州居民。该报1985年4月22日创刊①，到2001年7月1日正式改名为《温州都市报》，前后17年共出刊2001期。具体可分为五个发展阶段：

----

① 就试刊时间来看，《温州侨乡报》应该是浙江省最早的一份地方侨报。

一 1985年4月至1987年1月为草创期

1985年4月，在温州市人民政府侨务办公室和海外华侨华人的共同努力下，温州开始试办《温州侨乡报》。报纸版面为4开4版，其内容主要为温州地方新闻。其中涉侨栏目没有作具体划分和设置，但内容已涉及海外华侨华人专访、捐资助教和兴办公益事业、国家及本地侨乡涉侨政策的实施和侨务工作的落实等方面。在此期间，该报共试刊29期，不定期出刊。由温州市侨务部门内部发行，主要面向海外侨胞赠送，温州地区读者需要自行订阅。

二 1987年1月至1991年1月为奠基期

1987年1月1日开始，正式向国内外发行，发行范围已经扩展到美国、苏联、日本、意大利、荷兰、法国、西班牙、巴西、阿根廷、香港等64个国家与地区，成为当时温州发行范围最广的一份报纸。每两周出刊一次，为双周报，但仍为一刊4版。1990年开始，设有《海外华声》《为您服务》《乡土风情》①《鹿衔花》②《瓯江半月》③ 等涉侨栏目，这便为后来涉侨专栏的兴起和板块化奠定了基础。

三 1991年1月至1996年1月为兴盛期

1991年1月1日起改为周报。1992年1月1日开始，版面进行了"更新换代"。此时，涉侨专栏已初具模型，4个版面中的第2版含有《侨属企业之光》《侨乡掠影》《为您服务》《侨报集锦》《三资企业花絮》等涉侨专栏，第3版含有《洋埠商经》《海外侨声》《月是故乡明》等涉侨专栏。这些栏目中包含有关于侨情、侨界人物、侨企、乡音等一系列涉侨内容。1993年开始，报纸版面由4版扩展至8版，并将涉侨专栏固定化，设立"从了解外国文化，到参与外

---

① 大多是关于温州本地侨乡的历史沿革、风俗习惯等内容。
② 除温州本地特色文学外，刊登有海外华侨华人的诗稿、散文等作品。
③ 主要报道侨乡建设和海外华侨华人捐资事项。

国社会"的涉侨专版——"国门内外",刊载了众多温州侨胞在海外开拓事业和反哺家乡的先进事迹①。至此,《温州侨乡报》的"侨"之特色已经凸显出来。

四　1996 年 1 月至 1999 年 1 月为跨越期

1996 年 1 月 1 日开始,报纸出刊周期由每周一期改为每周五期(包括星期五《休闲周末》增刊)。版面一般为 8 版,但后来调整为 8 版与 16 版不定版出刊。该阶段的最大变化就是出刊周期缩短,即从周报改为周五报。版面内容也在原来的基础上不断丰富,开辟了"社会·经济""国门内外""国内·国际消息""连载·文摘""生活·健康""分类信息""广告"等专版。其中,"国门内外"专版仍以周刊的形式被刊载出来,而非一期一栏,这从中可以想见当时侨务侨情信息更新已显困难。1996 年,该报发行量为 2.5 万份。1998 年开始,该报发行载体实现了重大突破,由传统的纸质版跨越到电子版。1998 年 1 月 25 日,经中央外宣领导小组、国务院新闻办公室批准,《温州侨乡报》进入中央对外宣传信息平台,成为继《人民日报》《中国日报》《经济日报》等之后第八家进入国家权威新闻中心的报纸,而且是全国地市级报中首家进入单位。同年 9 月 1 日起,增为周六报。

五　1999 年 1 月至 2001 年 7 月为结束期

1999 年 1 月 1 日,《温州侨乡报》正式改为日报,版块内容如前。2001 年年初,发行量达到 28 万份。但遗憾的是,好景不长,2001 年 7 月 1 日,由于报社内部调整、海外侨务侨情信息采集与传递的艰巨性、读者群及需求发生极大变化等原因②,不到成人龄的它最终被《温州都市报》替代,归由温州日报报业集团主管主办。《温

---

①　此后,该版面也时常变动,相关内容时有穿插于其他版面之中,但其涉侨的内涵并没有随之减弱。

②　有观点认为,《温州侨乡报》的定位过于局限,读者对象过于狭窄,"束缚了报道面的拓宽,连广大读者和绝大多数机关干部也不知道有《温州侨乡报》,一些人甚至把'侨乡报'误为'朝鲜报',这样导致报纸发行量难以扩大"。参见陈忠:《温州侨乡报向"都市报"的飞跃》,《青年记者》2007 年第 16 期。

州都市报》版面扩增为 20 版①，分为要闻、综合新闻、社会新闻、经济新闻、新闻特写、国内新闻、国际新闻、体育新闻、时事新闻、分类信息、广告等。另有都市热线、消费专版、信息、连载、影视、成长、新苗、汽车、寿险天地、健康快车、都市男女、数码、楼市、时尚等按需而设的随机栏目。《温州都市报》尽管版面不断充实，但内容越来越远离"侨声"，而逐渐侧重民生。内容虽也偶有涉及海外华侨华人事务及侨情，但因其是一份"以反映都市生活为主的综合性日报"，定位为"市民生活报"，所以涉侨信息明显减少，侨的特色已经不复存在，主打侨牌的原有功能已经完全消退。

总之，《温州侨乡报》作为一份具有浓郁"侨"味的侨乡报纸，一直坚持以报道侨民、侨情、侨事、侨务为主要内容，同时面向海外华侨华人介绍国内重大事件和温州基本情况，成为侨胞侨眷的"知心朋友"和"家乡信使"。它经历了不定期出刊、半月报、周报和日报的渐进式发展过程，并在发行载体上实现了纸质版向电子版（网络化）的突破。它的本体最终退出历史舞台，虽令人惋惜，但这是报刊媒体适应形势需要而转型的结果，要以发展的眼光看到其"侨"之核心依然在数年后被传承。2008 年，《温州都市报》推出"海外通讯"专版，开辟"鲁娃专栏"，专门报道"温州人走世界"；2011年，温州市侨办与《温州日报》合作，推出"天下温州人"专版，以报道本地侨情和在外温州人的活动为主。

第二节　侨刊乡讯中的华侨慈善捐赠

"侨刊乡讯"最早出现在广东省新宁县②，是祖籍地与海外乡亲沟通联系的"集体家书"③。20 世纪 80 年代以来的浙江地区，也陆

---

① 《温州都市报》版面起初基本上为 20 版，周五扩增到 24 版，周六为 16 版，周日为 8 版。后来曾一度扩增至四开 32 版，现今基本维持在 24 版。
② 景海燕：《略论侨刊乡讯的收集整理工作——以暨南大学图书馆为例》，《图书馆理论与实践》2009 年第 9 期。
③ 朱清：《侨刊乡讯：与海外乡亲沟通的"集体家书"》，《对外传播》2009 年第 3期。

续创办起具有本地特色的侨刊乡讯。如 1985 年 6 月 28 日《浙江侨声报》创刊，1988 年 5 月《宁波侨乡报》创办，1992 年 12 月 13 日《青田侨乡报》创办，1994 年 9 月 21 日《舟山乡音报》创办，2001 年 12 月 1 日台州《侨缘报》创刊等。温州地区除《温州侨乡报》外，重点侨乡文成县创办的《文成侨讯》亦是一份较有影响力的侨刊乡讯①，自 1994 年开始，坚持至今仍如期出刊。温州地区的这两份侨刊乡讯，都"原汁原味"地及时记录了广大海外温州人在祖籍地的慈行善举，成为研究 20 世纪 80 年代至 21 世纪初期的温州华侨慈善公益事业的第一手"文本"资料。

一　海外温州人慈善捐赠的动因

（一）祖籍地建设的客观需求

温州境内山地众多，"七山二水一分田"的自然厄境致使温州人只能长期依靠稀少的土地资源进行农业生产生活。限于这种先天的自然条件，温州很多县市地处不同程度的偏远落后地区，文成、瑞安、瓯海和永嘉等著名侨乡在 20 世纪 80 年代仍属于经济欠发达地区。早年的温州人正是为了摆脱此般恶劣的生存环境而纷纷冲出山林，闯荡海外，为谋生而侨居异国他乡。当他们在海外的事业有所发展、生活获得改善后，祖籍地的建设却依旧因缺乏必要的资金支持而难以取得实质性的发展，侨乡经济状况依然没有太大的起色。如文成县和泰顺县在 20 世纪 90 年代仍为国家级贫困县，甚至某些偏远地区的村民连饮用水质量和出行道路都无法得到保障，学校因硬件设施的缺乏而无法接受更多的适龄儿童正常入学，等等。面对祖籍地如此窘况，怀着浓烈家乡情结的温州华侨华人开始行动起来，通过慈善捐赠、投资帮扶等途径，改造乡村的生存环境，改善乡民的经济条件，改变乡梓的社会面貌，为家乡的各项建设贡献力量。

如 1994 年，为了新建瑞安市永安乡上埠坦村至桂峰乡元底村的

---

① 《文成侨讯》的创刊初衷与其他侨刊乡讯基本相同，"家乡人民渴望把家乡的信息及时告诉海外赤子，海外的炎黄子孙也早已盼望随时听到家乡慈母的声音，基于这种需要，《文成侨讯》也就应运而生了"。参见《文成侨讯》1994 年 1 月 30 日，第 1 版。

一条全长 19.9 公里的盘山大道——永峰公路，多位旅欧华侨争相大
笔捐资：

> 意大利侨胞胡绍洪先生欣喜所致，连夜写信给永安乡政府，
> 要捐资 30 万人民币……捐资造……"永安桥"，还特地献上 2
> 万多元，在该桥桥头建一座古色古香的"爱乡亭"。旅居荷兰的
> 潘世景先生闻讯高兴得彻夜难眠，并挑灯寄语："我捐资 9 万元
> 人民币，帮助兴建'南坑溪桥'，以免家乡中小学生雨天涉水过
> 溪之苦。"德国侨领杨益盈先生也给桂峰乡政府写信说，他虽已
> 迁居瓯海巨溪镇 10 多年，但桂峰是他的出生地，他忘不了哺育
> 过他的山山水水，因此决定捐资 9 万元人民币作为"均路桥"
> 的基建费。该桥建成后，杨先生还在桥边添造一座别致的路亭。
> 修造永峰公路的消息传到阿尔卑斯山麓，陈益滔先生对家人说：
> "家乡要造公路了，我们回乡不用再跋山涉水了，听说资金还
> 缺，我想捐 11 万元支援兴建大汇桥（永峰桥）。"此举立刻得到
> 全家赞同……意大利朱庆局先生献上 5 万元；何福兴先生和潘娟
> 妹、何瑞妹女士也汇来 1 万元人民币；荷兰潘成南先生、张迎斌
> 先生都先后奉上一片爱心，而捐资几千元的则举不胜举。短短几
> 个月，永峰公路收到侨胞捐款 70 多万元[①]。

（二）自身实力的有力支撑

温州华侨尤其是改革开放前的出国者绝大部分来自偏远山区或者
欠发达地区，他们为了出国往往花光多年的积蓄，甚至变卖家产或借
贷。因此，他们到国外的首要任务就是赚钱来改善自己和家庭的生活
状况。以贩卖生活小物件或者在餐馆充当服务员，抑或在工厂里从事
低收入的体力活，成为绝大多数温州华侨在很长一段时间内所从事的
职业。如"二战"前旅居欧洲的瑞安丽岙镇 302 名华侨中，在法国

---

① 郑育友：《弯弯永峰路 浓浓赤子情》，《温州侨乡报》1994 年 7 月 4 日，第 5 版。

做小贩生意的就有 260 人，占该镇旅欧华侨总数的 86.09%①。当然，这也与他们文化程度不高有直接的关系。

整体来看，在 1949 年以前，由于温州华侨自身经济状况并没有得到明显的改观，对家乡捐赠的频率和金额都是屈指可数的。到 20 世纪六七十年代，随着战后欧洲经济的恢复和快速发展，旅欧温州华侨华人首先获得了发展的良好机遇，经济条件由此开始发生较大改观。其中，不少华侨华人不断开拓新的商业领域并积累了一些资金，这不仅为其壮大自身事业提供了经济基础，也推动了他们加大对家乡捐赠的力度。如 1953 年，旅新华侨王少石资助乐清茗屿小学建造教学楼；1957—1965 年，一批海外侨胞募集 19.7 万元兴办温州华侨中学；1960 年 8 月，旅印尼华人杨庭臣向平阳桥墩水库大坝塌方灾难中的村民捐赠化肥 190 吨等。据统计，文成县在 1949—1979 年接受侨胞捐资折合人民币 54.48 万元。

进入 20 世纪八九十年代，老一辈旅欧华侨相继退休养老，中青年的新移民陆续继承父业或助理父辈开店、办厂。由于他们注重现代科技，引入科学管理和引进技术人才，经济实力和各项事业都显著提升。温州新一代华侨在经济上的相应成功极大地提升了他们助推祖籍地建设的能力，而在第一代华侨的有效引导和当时社会氛围的有利影响下，他们在祖籍地的慈善捐赠和公益活动明显增多，慈善公益规模整体扩大。

保罗斯皮鞋制造有限公司总经理王锡龙就是这样一个较为典型的案例：

> 十几年前是永嘉县桥头镇沈岙村一个普普通通的山民。……1988 年侨居意大利，加盟异国鞋业……1992 年，他与几位志同道合的华侨投资 100 多万美元回温创办了可日产皮鞋 5000 双的"保罗斯"公司。……而今，诞生仅 9 个月的"保罗斯"产品，

①　章志诚：《瑞安市丽岙镇华侨历史与现状》，载温州市政协文史资料委员会编《温州文史资料》（第七辑），内部刊印 1991 年版，第 29 页。

已在国内市场占据一席之地。……为支持教育、培养人才，该公司从 1992 年起将提取 15% 的年利润捐献给温州大学，5% 给温州医学院建立奖励基金。企业以一定数额的利润资助教育事业，在温州尚无前例……①

年仅三十五岁的旅法侨胞胡立正先生，去年为支持家乡文成县兴办公益事业捐资六十一万元，成为当地一年中捐资数额最大的侨胞，被广为传颂。胡立正先生……一九八二年九月旅居法国。……如今有了不凡的业绩②。

二 海外温州人慈善捐赠的主体

温州华侨对家乡进行的慈善捐赠活动是一个多层次、宽领域的行为，其中的捐赠主体也具有鲜明的特点。在捐赠活动中，往往可以看到，先由个人发起，然后会扩展到某个侨居地或侨居国，成为当地温籍华侨团体或者是海外华人社会的整体行动。所以，温籍华侨个人和华侨团体既各为温州社会慈善捐赠的重要主体，又时常联合或抱团做慈善公益事业，从而增强了整个温州华侨华人在慈善公益事业中的实力与美誉度。

（一）华侨个人

对祖籍地的慈善捐赠活动在一开始并没有统一的组织行为，往往是华侨个人出于对家乡的热爱和对邻里乡亲的生活生产的关怀而产生的一种社会现象。他们捐赠的对象初期明显地指向祖籍地或者是邻近的乡亲，捐赠项目也多为当地的基础设施建设。历史实践证明，温州华侨个人在整个温州慈善公益事业中扮演了十分重要的角色，余心畴、任岩松、胡志潺、黄长顺、胡志光、韩天进、杨益盈、杨明、冯定献等，都是热心慈善事业的大楷模。但构成温州华侨慈善捐赠庞大阵营的不止华侨精英或侨领，更多的是广大普通捐赠者。为此，《温

---

① 妙石：《从放牛娃到洋经理——记"保罗斯"公司总经理王锡龙》，《温州侨乡报》1993 年 2 月 20 日，第 3 版。

② 林庭康：《慷慨与节俭组成动人二重奏——文成传诵着一个"侨乡之最"》，《温州侨乡报》1995 年 8 月 21 日，第 5 版。

州侨乡报》曾一度专辟"芳名录"栏目，以资颂扬：

    1993 年 2 月 20 日　　芳名录　　日前，七都镇上沙村老人院、综合活动室开始动工。这是由旅法华侨黄定昆先生和旅美华侨胡维雄先生筹资数笔金额兴建的。最近，由旅荷华侨谷阿崇捐资修筑的瓯海藤桥底垟村水泥路投入使用。前不久，蒋介石早年贴身侍从、台胞郭成章先生派其儿子送 1000 元给乐清县大荆镇教育筹资办公室，支持家乡人民发展教育事业。

    1993 年 3 月 27 日　　芳名录　　旅居意大利华侨胡克林先生继捐款兴建安林桥后，最近又捐资 2 余万兴造"爱乡亭"一座，深受当地政府和乡民赞扬。原籍瑞安边远山区河上垟村的旅荷华侨朱庆局先生捐资 20 万元兴建上章堂桥梁一座、坳头殿至河上垟段公路。

    1993 年 4 月 10 日　　芳名录　　瓯海区泽雅旅居荷兰的老华侨潘吉法先生和潘宗巧先生，慷慨解囊，捐资数十万元修建家乡一座小学校舍及一条通往瞿溪的公路，受到乡亲们的称赞。

    1993 年 5 月 8 日　　芳名录　　比利时老华侨陈周逢先生捐资助建地处海拔 780 米高的青田县仁庄乡横培村，有新建老人亭、小学、大会堂等，还有刚动工兴建的五公里跨乡村机耕路。

    尽管大多数温州侨民所捐款物在数量上不足以产生巨大影响，但每一位华侨关心家乡、热心公益的爱乡真情溢于言表。1993 年 7 月，"旅德华侨胡永斌返乡，意欲为长辈造座高楼尽份孝心，然而，走上乡间那条熟悉的小路时，他毅然改变了初衷"。于是，他出资 15 万元"把那条家乡小路建造成一条像模像样的水泥面机耕路"[1]。"我们只想为家乡做点事情，我们不为名气"[2]，这样的真情实意之语在在有之。

    而更令人钦佩的是，温州华侨个人参与慈善捐赠活动，不仅出现

---

    [1]　林庭豪、刘金红：《十五万元在此"拐弯"》，《温州侨乡报》1993 年 10 月 9 日，第 5 版。

    [2]　卢俊敏：《我们不为名气》，《温州侨乡报》2000 年 8 月 15 日，第 14 版。

一人持续或一家数人乃至一家几代人"接力棒式"的捐赠行为：

> 林崇香女士早年家境贫困……1958 年……也随夫出境去新
> （加坡）。林女士热衷于公益事业。早在四十年代，林女士就自
> 己出钱请老师，腾出房间当教室，在家里办起私塾，供同乡子弟
> 免费就读。解放初，国内药物奇缺，林女士从新加坡购到一些救
> 急药品和名贵药材，赠给病老体弱的邻里乡亲。六十年代从新加
> 坡回国探亲期间，看到当地的孩子读书还坐在四壁透风的庙殿
> 里，就着手在当地建了一幢"华侨楼"捐给石北小学……归国
> 后，她先后出资上万元帮村里筑建两条石板桥和两条水泥路，还
> 有村里唯一的那口饮用水池……病危时，他嘱咐晚辈们："日
> 后，我去了，要简办丧事，把省下的钱供贫困孩子读书用，你们
> 往后还要多为村里做公益之事。"1996 年 4 月，其外孙将 1.5 万
> 元遗款送到乐清市侨办，捐赠希望工程①。
>
> 詹志光 1936 年赴法国发展，后转道了荷兰。……当家乡来
> 信说要修桥、补路，他总是慷慨解囊，受到乡亲交口称赞……为
> 承父业，詹志光先生的长子詹超仕先生和三子詹超珏先生，先后
> 赴荷。詹超仕不但发扬家父艰苦创业的遗风，而且继承了家父爱
> 国爱乡的优良传统……关心家乡建设……据估计，詹超仕陆陆续
> 续为改建民间道路、建设乡村水电站、救济困难户等出资逾 50
> 万元。此外，他曾为金温铁路捐资 15 万元人民币；为温州华侨
> 中学捐资 2 万元人民币。詹超仕先生不但自己爱国爱乡，还教诲
> 膝下 2 个儿子热爱自己的祖国和家乡。他的长子詹应考先生也曾
> 多次为家乡公益事业慷慨解囊……②

再如，胡姓是文成县的大宗族，胡氏家族是海外华侨望族。基于
此，他们乐捐向善的行为也通常展现出集体性。

---

① 项小青：《外婆最后的心愿》，《温州侨乡报》1996 年 4 月 29 日，第 5 版。
② 郑育友：《拳拳爱国心　殷殷故乡情——记旅荷侨胞詹仕超一家三代》，《温州侨
乡报》1997 年 12 月 18 日，第 3 版。

　　李林乡华侨胡越先生，不顾年迈，东奔西跑，向海外乡亲筹集了二十六万元，在家乡建起了九个教室的三层教学楼。旅荷华侨总会会长胡志光先生，不仅自己带头捐资支持玉壶区中心小学筑造校舍，而且亲自发动旅荷华侨捐献。朱瓦乡旅外华侨亦集资二十万元，在家乡朱龙村兴建了一座剧影院，现已竣工投入使用①。

（二）华侨团体

　　相对于华侨个人的力量，海外华侨团体的实力则更为雄厚。华侨团体作为海外华侨华人在异国他乡的一个联谊组织，往往具有明显的血缘性、地缘性和业缘性，其命名也带有鲜明的地域特点，如旅日浙江同乡会、新加坡温州会馆等（见表8－1）。正因这些旅外华侨团体带有强烈的乡音、乡情和乡谊，与祖籍地保持着千丝万缕的联系，所以在祖籍地慈善捐赠活动时，总能看到他们的身影。不仅如此，由于这些华侨团体大多数集中在欧洲、亚洲和美洲的一些较为发达的国家和地区，如法国、荷兰、美国、日本等，其中成员的经济实力都较强，从而使得其捐款更多流向基础设施领域的工程建设和各类基金会筹募项目，捐赠的数额相对较大，所起作用也更为突出。如1985年11月，旅法华侨俱乐部代表团向鹿城区残疾人福利基金会捐赠了3.89万法郎和4500元人民币②；1993年3月20日，旅荷华侨总会召开常务理事会，决定为建设金温铁路出钱出力，会员已出资15.6万元用于工程建设③；1993年7月，旅荷华侨总会为温州市政建设附属设施捐赠4.54万荷兰盾④，等等。

---

① 梅荣炼：《支乡报国 赤子情长》，《温州侨乡报》1990年1月20日，第1版。
② 李觉：《旅法华侨俱乐部代表团来温观光》，《温州侨乡报》1985年12月4日，第1版。
③ ［荷］《华侨通讯》：《旅荷华侨总会召开理事会 具体部署捐资金温铁路》，《温州侨乡报》1993年5月22日，第3版。
④ 尘璐：《桑梓情深 寸草春晖——叶世顺代表旅荷华侨总会捐款记》，《温州侨乡报》1993年7月24日，第5版。

（1993 年）6 月 27 日下午，日本沼津市商业代表团顾问、留日温州同乡会会长潘宝吉先生带着旅日温州同乡会的一片情谊，向家乡基础设施配套建设捐款 9 万元人民币。这次捐款的旅日温籍侨胞共 16 人，其中旅日多年的老侨领，也有第二代及刚刚留日的新华侨，他们都希望家乡温州发展迅猛①。

表 8 - 1　　《温州侨乡报》所刊温州籍华侨华人团体一览

侨团名称	建立时间	地点或会址	首届会长	备注
旅荷华侨总会	1947 年	阿姆斯特丹	余忠	前身为瓯海同乡会，1968 年改用现名
留日华侨浙江同乡会	1968 年	东京	潘岩法	
意大利中区华侨华人联谊会	1970 年	波伦亚	廖巧明	原名"华侨华人协会"
法国华侨华人会	1972 年	巴黎	杨岳	原名"旅法华侨俱乐部"，1998 年改用现名
美国纽约温州同乡会	1977 年	纽约	黄久光	
罗马华侨联谊会	1985 年	罗马	何春林	1993 年改为罗马华侨华人联谊会
日本华侨温州同乡会	1987 年	川崎市	潘宝吉	
旅法华侨文成联谊会	1991 年	巴黎	朱体再	
西班牙温州同乡会	1992 年	瓦伦西亚	叶克恩	
荷兰温州同乡会	1995 年	阿姆斯特丹	林长云	
美国南加州温州同乡会	1995 年	蒙特利公园市	林成章	会员以家庭为单位
温州旅美同乡会	1997 年	洛杉矶	叶康松	
葡萄牙浙江温州同乡会	1999 年	里斯本	林棣华	
荷兰中国商会	2000 年	海牙	胡志光	
日本温州总商会	2000 年	东京	徐建华	

资料来源：1985—2001 年《温州侨乡报》。

由旅美侨领、美国康龙集团总裁叶康松 2004 年创立的"叶康松慈善基金会"和旅荷华侨总会 1994 年创设的"荷兰希望工程基金会"，则是温籍华侨个体和海外温籍侨团以基金会形式开展慈善捐赠实践的

---

① 许益伟：《留日同乡会献一片游子心》，《温州侨乡报》1993 年 7 月 3 日，第 1 版。

代表。其中，叶康松慈善基金会成立 10 年间，不仅通过"百名特困孤儿健康成长跟踪救助活动"，出资千余万元救助包括 30 名四川北川地震孤儿和 10 名青海玉树地震孤儿在内的孤儿 247 人，而且成立"叶康松助学金"专项基金（2009 年）资助大学生、高中生，还为少数民族贫困学生设立"圆梦工程"以及成立基金会义工队（2011 年）等①。而"荷兰希望工程基金会先后资助中国 1100 多名贫困学生重返校园，并向洞头、文成县捐赠两所希望小学，支持希望工程"②。

三　海外温州人慈善捐赠的用途及意义

改革开放以来，随着国内侨务政策特别是鼓励侨胞回乡投资办厂以及扶植社会公益事业等捐赠法规的出台与落实，海外华侨华人热情支持和参与家乡建设的积极性被充分调动起来。他们针对自己家乡的具体状况，开展了多形式、多渠道、多层次的"反哺"梓里活动。

> 文成是著名的侨乡，现有华侨 3.2 万人，分布在 34 个国家和地区。……近 5 年来，文成华侨共捐资 1300 多万元人民币，捐资项目有教学楼 17 座，公路 4 条 30 多公里，桥梁 7 座，医院 3 幢，卫星接收站 8 座，风景亭 18 个，筹建教育基金会 3 个，还有给文成县民政资助水灾、残疾人等社会救济款合计 30 多万元人民币，有力地支援了文成县的经济建设和社会福利事业的发展③。

分析《温州侨乡报》《文成侨讯》和《玉壶侨声》④ 等侨刊乡讯的相关报道，海外温州人的捐赠对象主要可以归纳为三类：祖籍地文化教育事业、家乡基础设施建设和国内各类赈灾救济。虽然捐赠形式

---

① 永嘉县人民政府经济技术协作办公室：《叶康松慈善基金会举行创办 10 周年纪念大会》，2014 年 9 月 29 日，永嘉公务网，http：//xxgk. yj. gov. cn/xxgk/jcms_ files/jcms1/web36/site/art/2014/9/29/art_ 3369_ 120246. html。

② ［荷］孙以琪：《五十年爱国情 半世纪辉煌路——记旅荷华侨总会》，《温州侨乡报》1997 年 9 月 22 日，第 3 版。

③ 王荣：《一片丹心寄故土》，《温州侨乡报》1996 年 4 月 29 日，第 5 版。

④ 《玉壶侨声》由文成县玉壶镇侨联创办于 2005 年 6 月，不定期刊印。

不同、数额不等，但都对受助的领域产生了不可低估的作用。

（一）教育为先，兴建学舍

捐资兴学一直以来都是海外华侨华人报效桑梓的优良传统。温州华侨尤其是来自偏远的或贫困地区的海外温州人，面对无法正常入学的适龄孩童或是简陋的学习环境，往往情不自禁地回想起自己早年的受教育经历，由此而不惜捐献巨资，为家乡兴办教育事业，关怀学子成长。如据瑞安市丽岙镇侨联统计，"截止1996年底丽岙华侨捐资办教育达758万余元，占该镇华侨历年捐资办公益事业的51%"①。

　　　　旅意老侨领胡志漈"与其他老华侨一样，深受辍学的切肤之痛，大半辈子的创业历程，使他更加体会到知识的重要性，用他自己的话来说：'我知识不足，但我懂得知识的重要，特别是侨居国外的中青年一代，如果没有知识，就不可能有新的发展，因此我对发展教育事业举双手赞成。'胡先生是这样说，也是这样做的"②。

他们既向家乡各类学校捐助大量资金兴建校舍，也出资修建文化和社会公益设施。

由永嘉籍华侨叶克清捐资26.5万元帮助兴建的永嘉县桥头镇第二小学会堂日前竣工。从1987年至今，永嘉县已有3000多像叶克清这样的爱国华侨和港澳同胞为家乡捐资办公益事业，捐资额达1000多万人民币③。

2月15日上午，旅居意大利罗马的老华侨何志芳携侄女亲自来到团市委希望工程实施办公室，捐款5000元人民币，这是自去年三月份我市实施希望工程以来，收到的第一笔海外捐款。原籍瑞安湖岭，现年75岁，旅居海外50多年，平生勤劳简朴，

---

①　郑日形：《丽岙华侨解囊兴教蔚然成风》，《温州侨乡报》1997年1月27日，第7版。

②　周添成：《改革开放的积极参与者——访老侨领胡志漈先生》，《文成侨讯》2009年4月30日，第2版。

③　夏邦友：《永嘉华侨捐款千万援家乡》，《温州侨乡报》1995年1月2日，第4版。

爱国爱乡，曾捐款 20 万元人民币助湖岭中学。他认为希望工程是一项造福桑梓、利国利民的好事。并说这次捐款数额不大，只是表达一个老华侨的一份心意，愿为贫困地区的失学儿童返校读书尽一份绵薄力量①。

又如，2001 年温州市筹建"世纪宝鼎"，得到温籍海外侨团的热捐：葡萄牙浙江温州同乡会 6 万元（人民币）、巴西温州同乡联谊会 3990 元（美元）、西班牙华侨华人妇女联合会 2 万元（人民币）、美国美东纽约温州同乡会 5000 元（美元）、意大利东区华侨华人联谊总会 2000.51 元（欧元）、②法国华侨华人会捐资 30 万元人民币③。再如，文成县玉壶镇侨胞 1986—1997 年间为家乡建造亭台楼阁、修缮古庙古刹、建造七级浮屠等景点 22 处计 255.44 万元④，为开辟当地旅游业做先行。

这一时期的温籍华侨华人紧跟时代潮流，不仅积极为家乡修建现代化的学校或教室以改善学生的就学环境，而且还设立丰厚的奖（教）学金，鼓励师生更好地学习和教学（见表 8 - 2）。如自 1984 年 7 月开始，旅荷华侨总会副会长余心畴每年捐款 1000 元作为华侨中学奖学金⑤；文成玉壶籍侨胞 1986—1995 年间既捐建了 11 座教学楼，又设立了"李林（集资）、胡逸民、梅守平、周克信、胡志榜、胡克春、胡志光等 7 个教育奖励基金会，计 38 万元"⑥；旅加拿大华侨、温州华中（华顺）房地产开发公司董事长黄长顺 2003 年在洞头县设

---

① 郑方伟：《老华侨情钟"希望工程"》，《温州侨乡报》1993 年 2 月 20 日，第 3 版。

② 刘时敏：《"世纪宝鼎"捐款逾百万》，《温州侨乡报》2001 年 3 月 27 日，第 14 版。

③ 汤琰琰：《法国华侨华人会访华团抵温》，《温州侨乡报》2001 年 2 月 25 日，第 1 版。

④ 余序整：《拳拳赤子心，悠悠故乡情——玉壶侨胞捐建家园逾千万》，《文成侨讯》1997 年 1 月 30 日，第 2 版。

⑤ 作者不详：《旅荷华侨余心畴向温大捐款万元》，《温州侨乡报》1985 年 4 月 22 日，第 2 版。

⑥ 余序整：《深情藏沃土》，《温州侨乡报》1995 年 10 月 16 日，第 5 版。

立教育基金，每年捐资 50 万元，资助贫困学生上学①。

表 8 - 2　　《温州侨乡报》所刊温州华侨捐赠教育事迹一览　（单位：万元）

捐赠人	捐赠项目	受捐地	捐赠时间	捐赠金额
赵金生	上埠小学"赵金生教学楼"	瑞安东山镇	1991 年	不详
潘娟妹	温州大学"春晖楼"	温州大学	1991 年	40 多
林昌横	温州大学教学楼、丽岙中学	温州、瑞安	1991 年	不详
董友孚、董志克	"董友孚""董志克"教学楼	瑞安三都乡	1991 年	不详
杨松球	桥头镇中学校舍	永嘉桥头镇	1991 年	5
朱宗楚	嘉乡中学教学楼	苍南桥墩镇	1991 年	30
	桥墩镇小学修缮			5
吴昭荣	吴家林奖学奖教基金会	苍南桥墩镇	1992 年	10（港币）
林加者	林加者教学楼	瑞安丽岙镇	1992 年	不详
郑光进等	郑光进教学楼、宿舍楼	瑞安白门乡	1992 年	20 多
胡志榜	胡志榜教学楼	文成玉壶镇	1992 年	不详
潘方崇	温州华侨中学"潘方崇吴朝英楼"	温州市区	1994 年	不详
	温州市少年美术学校			
	瑞安市新华中学整修	瑞安塘下镇	199 年	不详
	上潘小学教学条件改善			
韩天进	瓯海中学"韩天进奖学金"	瓯海中学	1994 年	5.1
叶克清	桥头镇第二小学会堂	永嘉桥头镇	1995 年	26.5
余兴国	"兴国小学"5 座教学楼	永嘉七都镇	1995 年	20
张咸亨、张永淼	下垟村小学、东山小学	瑞安桂峰乡	1995 年	10 + 4

资料来源：1985—2001 年《温州侨乡报》。

在直接捐资兴学之外，温州华侨们还积极捐赠各类文化事业。如

---

① 侨研：《浙江省爱乡楷模——黄长顺、周天玲》，2010 年 8 月 4 日，浙江侨网，ht-tp：//www. zjqb. gov. cn/art/2010/8/4/art_ 374_ 31514. html。2009 年浙江省人民政府授予黄长顺、周天玲夫妇"爱乡楷模"荣誉称号，是至今为止温州市唯一获此殊荣者。2014 年，黄长顺又获得个人"浙江慈善奖"。

《文成侨讯》之所以能够坚持 20 多年，除文成县政府重视、县侨联侨办的努力外，很大程度得益于众多文成籍华侨的乐捐，每一期都会有多位华侨资助。

> 两年来，《文成侨讯》的创办自始至终得到广大侨胞、侨眷和归侨的大力支持。……奥地利的胡元绍先生、胡三绍先生……荷兰的胡建树先生……法国的胡绍麻先生……意大利的余序闹先生……西班牙的胡克钏先生…德国的赵汉梁先生……这样动人的例子实在是太多了①。

又如旅荷华侨胡志敏 1990 年出资 2 万元，设立文成县"胡志敏文学艺术创作奖励基金"②，激发了该县文艺工作者的创作积极性；从 1973 年开始，在海外华侨的捐赠下，文成地区先后建成玉壶华侨影剧院、五岭影剧院和胡仲森影剧院等文化娱乐场所，丰富了村民日常生活。

（二）捐造基建，造福乡亲

温州多山地，"要想富先修路"，解决道路交通问题成为温州各级地方政府的大事，也往往成为温州华侨慈善捐赠的一个重要领域。

一方面，他们捐资修建大型基础设施以改善当地交通与投资环境。如 20 世纪 90 年代开始建造"金温铁路"是温州交通史上划时代的事件，为了圆铁路梦，海外温州人持续捐助这一交通建设大项目，《温州侨乡报》曾给予连续报道：1993 年，旅法华侨华人经济考察团来访，承诺"为建设金温铁路温州段配套设施捐献一个月薪金"③；温籍旅日侨胞陈义雄将 2 万元人民币送到市侨办，支持金温铁路温州段配套设施建设④；旅荷华侨总会还召开理事会，具体部署

---

① 文成县归国华侨联合会：《继往开来上一楼 同心协力办侨讯》，《文成侨讯》1995 年 12 月 15 日，第 1 版。

② 文成县归国华侨联合会：《简讯》，《文成侨讯》1994 年 1 月 30 日，第 4 版。

③ 缪磊：《一诺千金——市长和侨胞的故事》，《温州侨乡报》1993 年 2 月 20 日，第 1 版。

④ 侨讯：《旅日华侨为金温铁路捐款》，《温州侨乡报》1993 年 4 月 3 日，第 3 版。

捐资金温铁路事宜①；等等。温州机场 1990 年建成，同样得到了海外温州乡亲的捐助。如 1979 年在香港建立欧江国际有限公司的何方侨先生"表示将捐赠两百吨水泥给机场"②。

另一方面，他们捐资修筑乡村道路，助建"康庄工程"，将崎岖难行的山路整修为平坦宽阔的水泥路，为村镇经济发展创造了良好条件。

> 位于玉壶蒲坑口的克木大桥，是由旅荷侨领胡志光及其兄胡志荣、弟胡志榜、妹夫吴松善诸先生捐资 30 万元，于 1991 年建成的。它使侨乡玉壶人民永无绕道之苦，永无涉水之危，更使这里添上了新彩。……当时，有人提议在大桥两头建凉亭，可资金无从着落。去年，归侨周阿女女士得知后，便决定捐献出多年来省吃俭用所积存的退休金 11 万元，用以建造桥东的凉亭，并融合自己和已故丈夫、旅荷华侨胡希英之名，将凉亭命名为"女英亭"。……去年春从法国回家探亲的旅法青年侨胞胡立正先生，闻讯后亦决定捐资 11 万元建造桥西之亭，命名为"玉春亭"③。

除直接捐资修桥铺路外，温籍华侨还在民生、福利事业等方面慷慨支援，既解决了乡民的实际困难，有效地改善了村民的生活，也为地方经济发展提供了必要的帮助。如文成玉壶华侨医院 1993 年 7 月破土动工，海外华侨踊跃捐资。1998 年建成了门诊楼、医技楼、住院部三幢大楼，成为当时文成县城之外最具有规模的华侨医院，侨乡玉壶的医疗保健事业由此更加优化。如 1988 年，旅荷胡志光捐资 3.2 万元在玉壶镇政府屋顶上安装了电视卫星地面接收站。1990 年，

---

① ［荷］《华侨通讯》：《旅荷华侨总会召开理事会 具体部署捐资金温铁路》，《温州侨乡报》1993 年 5 月 22 日，第 3 版。

② 作者不详：《香港欧江公司董事长何方侨将在温合资办宾馆》，《温州侨乡报》1987 年 7 月 16 日，第 1 版。

③ 林庭康、郑小华：《一桥飞架玉壶 两亭巧作点缀》，《温州侨乡报》1995 年 8 月 7 日，第 8 版。

光明村华侨胡克捐资 2 万元建光明村电视接收站。玉壶侨胞在1986—1997 年间为家乡"装程控电话、电灯、架高压线、挖水井，建社会救济基金会、救济五保户，支持残疾人事业等福利事业 23 件计 43.43 万元"①。1992 年，旅法侨领林昌横、林加者捐资建造了瑞安丽岙河头水厂，旅法华侨汪康进等人捐资铺设了丽岙镇霞嵊村的自来水管道，基本解决了村民的饮水问题，等等。

（三）大爱无疆，赈灾救灾

温州因特殊的地理位置而经常性遭受台风的袭扰，由此会造成严重的洪涝灾害和财产损失。温州最南端的苍南县因靠海且地势较低，受台风的危害最为严重。每遇此灾，旅外温籍团体和个人在得知灾害消息后，都会第一时间开展捐资赈灾，有些华侨还亲自回国捐资捐物参与救灾。如 1994 年，第 17 号台风正面袭击温州，旅居海外的温州华侨及时行动：美东纽约温州同乡会专门成立救灾委员会，募捐灾款89077.25 美元②；旅法华侨俱乐部共向赈灾捐款 120 多万法郎，并派慰问团来温慰问灾民③；西班牙温州同乡会首批捐款 180 万披塞塔④；新加坡温州会馆 177 人捐献 47.816 万元⑤；旅法华侨文成联谊会首批募捐 13 余万法郎；等等。

　　　　1995 年初，"意大利米兰、波伦尼亚华侨、华人为支援灾区人民抗灾救灾，分别发起募捐活动。波伦尼亚 72 名侨胞共捐出2300 万里拉，米兰 26 名侨胞捐 1800 万里拉，总计 41，000，000 里拉，合人民币 21 万多元。"⑥

---

① 余序整：《拳拳赤子心，悠悠故乡情——玉壶侨胞捐建家园逾千万》，《文成侨讯》1997 年 1 月 30 日，第 2 版。

② 黄谢珠：《灾情牵动大洋彼岸赤子心 纽约同胞募集灾款 8.9 万美元》，《温州侨乡报》1994 年 10 月 10 日，第 5 版。

③ 晓舟：《旅法华侨俱乐部来温慰问》，《温州侨乡报》1994 年 10 月 10 日，第 5 版。

④ 温彤：《温州同乡会踊跃捐资赈灾》，《温州侨乡报》1994 年 10 月 10 日，第 5 版。

⑤ 黄文年：《新加坡温州会馆捐献四十七余万元》，《温州侨乡报》1994 年 10 月 10 日，第 5 版。

⑥ 李士圻：《意两城市华侨捐赈灾款 21 余万元》，《温州侨乡报》1995 年 1 月 16 日，第 5 版。

不仅如此，温州华侨对国内其他地区的受灾群众也毅然捐献巨资，以帮助灾民恢复生活生产。如1998年华东地区发生特大水灾时，旅荷华侨华人社团组织成立"全荷赈灾委员会"，并筹款16万荷兰盾；旅意中区（波伦亚地区）华人华侨联谊会将1240万里拉救灾款委托中国领事馆转交灾区人民；部分温籍旅法华侨捐款14.05万法郎，其中林加者、叶品云等六位侨领各捐赠7200法郎；等等。这些彰显温州华侨无私爱心的善款在一定程度上缓解了当时灾民的生活困难，使得灾区的自救有了物质保障。亦可见，温州华侨虽身处海外，但一方有难，八方支援，在祖籍地和祖国人民受灾的时刻，都会第一时间行动起来捐款，用自己的实际行动凸显爱国爱乡之情，使海内外中国人结成统一的命运共同体。

此外，直接捐赠各级民政部门、慈善机构和红十字会，也是温州华侨华人助推温州社会发展和促进社会慈善公益事业的重要方式。如旅美华侨翁锦巧、胡玲玲夫妇2001年向筹设中的温州市慈善总会捐款50万元，成为慈善总会当时收到的金额最大的一笔善款①。

毋庸置疑，温州华侨的慈善捐赠改变了村镇面貌、增强了城市活力，使侨乡的基础设施、文化教育、交通运输、医疗卫生和福利事业等方面都有了长足的发展，侨乡人民的生活条件也得到了极大的改善。当然，温州华侨慈善捐赠实践中，仍然存在不少缺失缺位的现象，慈善捐赠模式需创新。如捐赠群体仍需扩大，以改变"侨领多侨民少"的结构；捐赠主体亟待培育，以改变"老侨多新侨少"的局面；捐赠理念有待优化，以改变"物质关怀多精神关爱少"的窘境等。

---

① 之也：《游子献5万助慈善事业》，《温州侨乡报》2001年3月18日，第1版。

第九章 温州侨胞捐助教育
事业的考察

温州素有民间办学传统。自东晋太宁二年（324 年）建永嘉郡学始，历代官府即通过拨置学田和提倡个人捐献等形式积极鼓励民间办学，私塾、家塾及私立书院遍布温州各地。重视教育，兴教助学，是中华民族的优良传统，遍布世界五大洲的近 70 万海外温州人同样具有捐资助学的高尚风格。新中国成立特别是改革开放 30 多年来，他们多形式、多渠道、多层次地反哺故里。既为温州地区的基础教育添砖加瓦，也鼎力相助温州高等教育。

第一节 捐资办学的发展阶段及特点

纵观温州华侨史，温州侨胞捐资办学是较晚的。自"1938 年，旅新加坡华人李基中，汇款给青街小学购置校产"始①，至 1949 年为端倪期，1950—1978 年为调整期，1979—1992 年为兴盛期，1993—2012 年为辉煌期。

一 1938—1949 年端倪期

温州第一代老华侨大都出身贫苦，文化程度低下，在海外只能做苦工，常受洋人的歧视。他们在谋生中吃尽苦头的经历，使其倍感提高自身文化科学知识水准的重要性。因此，当他们在海外创业获得初

---

① 平阳县志编纂委员会编：《平阳县志》，汉语大词典出版社 1993 年版，第 748 页。

步成功时，就开始积极倡议在家乡与海外创办各类学校，让下一代乡亲和华侨子女掌握必要的科学文化知识。他们不遗余力地为之劝募捐资，主动帮助和支持家乡创办各类学校，推进地方教育事业的发展。

20 世纪三四十年代，是温州华侨华人捐资办教育的起步阶段。据《平阳县志》记载："1938 年，旅新加坡华人李基中①，汇款给青街小学购置校产。"②这是迄今可查的温州地区侨胞捐资兴学的最早记录。当时国内外联系不太方便，李基中通过向家乡的亲戚李信甫汇钱，并由其代办捐赠事宜。据李信甫回忆③，1938 年的首笔汇款购置了学校操场。此后又汇来几笔善款，分别用于建造村里戏台的 4 个栏杆④，购买学校的乐器、风琴、运动服，购置 6 张办公桌和部分学生桌椅等，椅子上刻有"青玉山赠"⑤。据统计，李基中捐赠青街小学共约 9 万元人民币。

与此同时，旅新加坡的苍南籍华侨王叔旸⑥于 20 世纪 30 年代向金乡一小捐资银元 500 元，以筹建学校西楼并赠送《小学生文库》等图书。1948 年，他又助建金乡一小 1 间"7"字型教室。

然而，随着日本全面侵华和第二次世界大战的爆发，仍处于艰难创业阶段的温州华侨华人也被卷入战争困境。加之他们社会地位低下，自身文化素质较差，身处异域且言语不通，难以在厄境中为继。于是，他们想捐资家乡教育势必力不从心，从而使刚刚启动的温州华

---

①　李基中（1919—1949），平阳县水头镇人。19 岁到新加坡的温州人经营的皮鞋公司当店员，后被选为华侨工会代表。1938 年，为支援祖国的抗日救亡运动，动员广大侨胞捐款捐药和大批华侨青年回国参加抗日战争。同时，他为争取马来半岛的民族独立、民主和华侨的正当权益做出了很大贡献。

②　平阳县志编纂委员会编：《平阳县志》，汉语大词典出版社 1993 年版，第 748 页。

③　2012 年 9 月 21 日，笔者采访了仍居住在青街李氏大屋的李信甫老人。

④　因学校当时办在戏院中，为了学生的安全考虑而捐款。

⑤　此笔善款由李基中出面，联合 3 个苍南籍华侨筹集而成，故分别选取"青街"和苍南的"玉苍山"两个地名，合成"青玉山赠"之落款。

⑥　王叔旸（1903—1971），苍南金乡镇人，1922 年考入上海三友实业社，1925 年与陈岳书一起在新加坡开办"新加坡上海书局"，经售国内现代进步书刊。1941 年太平洋战争爆发后，参加郁达夫等领导的华侨抗日文化工作团，任总务委员。曾邀约香港文化界人士宋云彬等编写一套海外中小学教科书，在南洋各地及泰国、越南、缅甸等国发行，传播中华文化。

侨捐资办学事业严重受挫。

二 1950—1978 年调整期

较之前一时期,新中国成立后 30 年的温籍侨胞助学活动有所发展,但仍属于零星行为,没有出现群体性的捐资现象。其中原因在于:一是 20 世纪 50 年代以来,西欧各国社会经济持续发展,为旅欧华侨华人发展经济、创办实业提供了有利条件,加之中国国际政治地位不断提高,海外中国人扬眉吐气地大干事业。温州籍侨胞亦因此有了一定的经济积累,但并未达富裕。二是新中国成立初期,各级侨务机构及其工作日趋正规化,1957 年颁布的《华侨捐资兴办学校办法》既为侨胞捐赠提供了具体操作依据,也保护了捐赠者的正当权益。三是 1949 年后的十几年里,中国与东南亚及西欧许多国家尚未建交,温州出国和回国人数均很少。而"文化大革命"更使海外侨胞与家乡的联系几乎中断,侨胞捐资兴学活动自然无法成气候。

这一阶段最典型的侨胞捐资办学案例是一批华侨集资兴办了温州华侨中学。此外,不少的侨胞资助家乡修建中小学校舍,如 1951 年余心畴等十名侨胞创办了瓯北罗浮中心小学,1956 年新加坡华人金学松、金雄臣等集资兴办永嘉县江北乡礁华学校等(见表 9-1)。

表 9-1　　　　　1949—1978 年温籍侨胞捐资办学一览

时间	捐助人	侨居国	祖籍地	捐资地区	捐助学校	捐赠内容
1951 年	余心畴等	荷兰	瓯北镇	永嘉县	瓯北罗浮中心小学	捐资创办
1952 年	蒋步仪	德国	玉壶镇	文成县	玉壶区小学	铜鼓
1952 年	胡克美 胡玉波 胡建棉 雷成桃 陈圣作	新加坡	周壤乡	文成县	周壤乡大壤村大南小学	助建校舍
1953 年	王少石	新加坡	茗屿镇	乐清市	茗屿中心小学	教学楼

续表

时间	捐助人	侨居国	祖籍地	捐资地区	捐助学校	捐赠内容
1956 年	胡崇力 胡志鹤 胡克善 胡允仕	荷兰	玉壶镇	文成县	玉壶镇长丰小学	助建校舍
1956 年	陈圣作	新加坡	周壤乡	文成县	周壤乡里阳乡校	国旗
1956 年	金学松 金雄臣	新加坡	瓯北镇	永嘉县	江北乡礁华学校	捐资助建
1957 年	海外侨胞	各国	温州各地	瓯海区	温州华侨中学	捐资创办
1959 年	胡允迪	意大利	玉壶镇	文成县	玉壶区小学	铜鼓 手风琴架
1960 年	胡允迪	意大利	玉壶镇	文成县	玉壶镇炭场村小学	助建校舍
1969 年 1972 年	蔡正深 郑珍存 郑存弟①	法国	仙岩镇	瓯海区	仙岩竹溪小学	教学楼
1970 年	林太松	荷兰	周壤乡	文成县	周壤乡大坑小学	铜鼓
1970 年	林太松	荷兰	周壤乡	文成县	周壤乡周南学校	铜鼓
1972 年	胡国夫	意大利	玉壶镇	文成县	玉壶镇林龙小学	教学设备
1972— 1976 年	林昌奶	荷兰	周壤乡	文成县	周壤乡大坑小学	助建校舍
1978 年	陈文中	法国	磐石镇	乐清市	磐石中心学校	爱国楼

资料来源:《温州华侨史》《乐清华侨志》《文成华侨志》等。

由上表可知，此阶段温州侨胞捐资办学呈现的特点有：第一，捐资时间较集中，20 世纪 50 年代为高潮，20 世纪 60 年代后期锐减；第二，捐资地域体现乡土性，主要集中在文成县等老侨乡；第三，受助对象偏单一，主要涉及乡镇类小学。唯一一所受助中学是 1957 年温州侨胞集资捐建的温州华侨中学。而在具体捐资办学内容方面，也集中在助建学校教学楼、校舍，提供铜鼓、国旗、教学设施等基础硬件设施。

---

① 其中蔡正深出资 7000 多法郎，郑珍存和郑存弟两兄弟捐助 1.6 万元人民币。

三　1979—1992 年兴盛期

随着十一届三中全会后各个领域的拨乱反正，国内对待华侨的态度和政策发生了质变。特别是 1978 年全国侨务工作会议所确定的新时期侨务工作的指导思想和方针政策，极大地促进了侨务工作进入一个新时期。温州也积极响应国家的政策，调整侨务工作措施。在此背景下，海外华侨华人为家乡捐资兴办教育事业的热潮逐渐掀起，以华侨名字命名的中小学教学楼和图书馆如雨后春笋般地出现（见图 9—1）。据不完全统计，仅 1988—1993 年的 6 年中，温州华侨华人为家乡兴教办学捐款即达 5700 万元之多①。

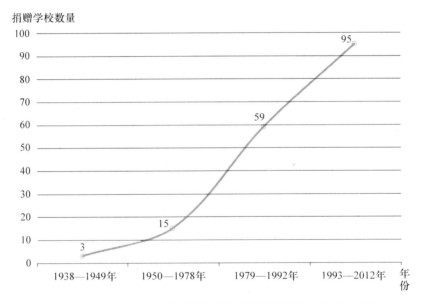

图 9 - 1　1938—2012 年温籍侨胞捐赠学校数量统计（单位：所）

资料来源：《温州华侨史》《乐清华侨志》《文成华侨志》。

这个阶段的侨胞捐资办学特点主要如下。第一，捐资兴办学校种

---

① 　温州市志编纂委员会编：《温州市志》，中华书局 1998 年版，第 403 页。

类增多，不仅兴建小学、中学，还创办大学和艺术科技类学校等。温州大学的创办就是温州侨胞集体力量的硕果。20 世纪 80 年代，温州市政府开始筹建温州大学，旅居世界各地的温籍侨胞及侨团积极响应，主动参与，捐资兴建了爱国楼、星洲楼、勤思楼、任岩松礼堂、林昌横教学楼、春晖楼等，面积达 15913 平方米，占学校总建筑面积的 31.8%；1988 年，温州市鹿城区政府批准创办全国第一所全日制少年美术学校——温州市少年美术学校，立即得到旅居巴西的温籍侨领潘方崇和吴朝英夫妇的 30 万元的捐资。潘方崇后来又捐资 10 万元建造喷水池和装饰迎宾路，出资 1 万元设立教育奖励基金，还亲自担任名誉校长。第二，出现独资兴办中小学的新景象。如 1984 年，旅法侨领任岩松捐资 200 万元兴办了瑞安任岩松中学，这是瑞安丽岙镇第一所全日制完全中学；1991 年，旅荷华侨戴在鹏捐资 51 万元建造丽岙镇下川村戴在鹏小学；等等（见表 9 - 2）。

表 9 - 2　1979—1992 年温籍侨胞捐助温州基础教育一览（部分）

时间	捐助人	捐助项目
1984 年	任岩松	兴建任岩松中学
1984 年	杨益盈	兴建瞿溪华侨中学
20 世纪 80 年代	胡克林、胡永进	捐建瞿溪中学图书馆
20 世纪 80 年代	程胜庚	兴建双潮中学程绍平教学楼
20 世纪 80 年代	潘金照	捐资建造西岸小学围墙
1987 年	潘元禄	兴建西岸中学教室和添置教学设备
1987 年	陈国华	修建丽岙镇茶堂小学
1988 年	潘方崇	捐助温州市少年美术学校
1989 年	胡志榜	兴建玉壶镇小学教学楼
1989—1990 年	胡志榜	筹建玉壶中学华侨图书馆
1991 年	林棣华	捐资温州市外贸学校
1991 年	戴在鹏	捐建丽岙镇下川村戴在鹏小学

资料来源：《温州华侨史》、瑞安侨网和温州侨网等。

四　1993—2012 年辉煌期

1993 年以来，随着中国改革开放的深入发展和温州侨胞自身经济实力的不断增强，他们对家乡教育事业给予进一步的支持。如 2011 年的捐资金额高达 1331.83 万元①，其中旅美侨胞池士勖先生单独捐赠 1000 万元建设瑞安中学"勤行楼"②；2012 年的捐资金额再创新高，达 1502 余万元，惠及 56 所学校，受助学生近 1700 人③。这些资助款不但缓解了贫困学子的物质压力，也不同程度地激发了他们努力学习、回报社会（见表 9 - 3）。

表 9 - 3　　　2011—2012 年温籍侨胞捐助泰顺县"侨心小学"项目一览

受助对象	捐资者	祖籍地	捐助内容	捐助时间	侨居国
雪溪乡小学	胡巧敏	乐清市	扶助学校建设、奖励师生	2011 年	美国
五里牌村小学	程超辉	永嘉县	"侨心小学"项目	2012 年	法国
仕阳镇中心小学	黄学铭	瓯海区	"侨心小学"项目	2012 年	法国
九峰乡中心小学	程超宏	永嘉县	"侨心小学"项目	2012 年	法国

资料来源：温州侨网。

这一阶段的温州侨胞捐资办学所具有的特点主要在于捐赠方式的新颖性，更加关注学生的学业，资助贫困生的结对行为明显增多（见表 9 - 4）。

---

① 刘时敏：《2011 年温籍海外侨胞捐赠公益事业近 5000 万元》，2012 年 2 月 6 日，中新网温州，http://roll.sohu.com/20120206/n333890356.shtml。

② 薛新山、潘秀慧：《浙江温州籍华侨捐资助建瑞安中学勤行楼》，2012 年 12 月 18 日，中国新闻网，http://www.chinanews.com/zgqj/2012/12-18/4416499.shtml。

③ 潘秀慧：《今年温籍海外侨胞捐赠突破七千万》，《温州日报》2012 年 12 月 26 日第 7 版。

表 9 - 4　　　　1996—2012 年温籍侨胞扶助贫困生一览（部分）

时间	学校名称	捐助侨胞	侨居国	捐赠内容
1996	乐清市城北乡小学	林崇香	新加坡	资助贫困生
1998	平阳中学	周学兵	法属圭亚那	资助贫困生
1999	石帆乡小学	赵永袄	印度尼西亚	资助贫困生
2003	城北秦垟小学	葛赛玉	坦萨尼亚	资助贫困生
2005	岩头镇中心小学	余心畴	荷兰	帮扶贫困生
2005	洞头一中	黄振鑫	奥地利	结对助学
2009	乐成实验中学	章晓意	美国	结对贫困生
2010	泰顺三中	张云光	意大利	扶助贫困生
2010	百丈镇中心学校	周素蓉	西班牙	扶助贫困生
2011	丽岙中心小学	丽岙海外青年联合会	荷意法等	结对助学
2011	仕阳镇荣西村	何小双	意大利	结对助学
2011	雪溪乡小学	张云光	意大利	扶助贫困生
2011	沙头镇石公田小学	郑莉莲	荷兰	爱心营养餐
2011	温州市特殊教育学校	谢巧玲	美国	结对贫困生
2012	鹤盛中学	杨小龙	法国	结对贫困生
2012	沙头镇石公田小学	朱海云	美国	结对贫困生

资料来源：《温州华侨史》《乐清华侨志》《文成华侨志》等。

　　同时，为了鼓励年轻学生更加刻苦地求学和促进中小学教师的教学水平，不少侨胞纷纷设立金额不菲的奖（助）学金和奖教金。这些多层次、多形式的教育基金和奖教学基金，不仅用于表彰教师的辛勤劳动，鼓励学生的刻苦学习，而且有益于辅助和维持受捐学校的日常教育费用，改善教师的工作条件和生活待遇。

第二节 捐助高等教育的回顾及展望①

与闽粤华侨华人早在清末就捐资祖籍地教育事业相比，温州华侨华人捐赠家乡基础教育则整整晚了百余年，而对温州高等教育②的关注和捐资更是迟至 20 世纪 80 年代方才开始。1984 年，温州大学的筹建成为他们热情高涨地参与捐助大学教育的良好契机。

一 侨胞捐助温州高等教育的原因与特点

（一）侨胞资助温州高等教育的原因

1. 改革开放及侨务新政策的制定是侨胞掀起捐资兴学高潮的重要前提条件。

1978 年十一届三中全会后，随着经济、政治、思想等领域的全面拨乱反正，一些侨务政策也得以制定并落实。特别是在深化改革开放的过程中，政府部门开始加强对外宣传与联络工作，积极引进外资，鼓励侨胞回乡投资办厂或扶植社会公益事业、教育事业的发展。为了更好地保护广大华侨华人、港澳同胞对祖籍地公益事业的捐赠热情和权益，加强对捐赠工作的管理和指导，以 1978 年国务院出台《关于接受海外华侨、外籍人、港澳同胞捐赠外汇或物资的有关规定》为标志，中央和各级地方政府制定了一系列有关捐赠方面的法规和政策。中国政府的新侨务政策极大地增强了海外华侨、港澳同胞心向祖国的凝聚力，调动了他们热情支持和参与家乡建设的积极性。温州也积极响应国家的政策，采取了一些吸引侨胞投资、捐资的政策与措施。

2. 改革开放后出国人数的急剧攀升及其海外社会地位的提高是温州教育得到侨胞大力资助的必要因素。

据统计，新中国成立后的 30 年里，温州华侨仅为 5 万人，而实

---

① 本节内容曾刊载于《八桂侨刊》2010 年第 2 期。
② 温州地区现有温州医科大学、温州大学、温州商学院、温州肯恩大学、温州职业技术学院、浙江工贸职业技术学院、浙江东方职业技术学院、温州科技职业技术学院和浙江安防职业技术学院 9 所全日制高等学校。

行改革开放后 30 年，移居海外华侨华人高达 30 余万人。温州华侨华人不仅数量呈现规模化，而且他们在侨居地的经济实力和社会地位显著提升。近些年来，投资移民、商务移民、留学移民等类型的新移民人数明显增多；改革开放后向海外迁移的温州人以创业者居多，文化素质普遍较高，开始出现企业家、专业技术人员等。他们凭借积累的资金或专业技能，不断扩大经营范围，投资实业或者从事专业性强的工作。温州华侨华人的这种整体状况的变化逐渐积累起他们报效桑梓的根基，也无疑大大增强了他们回报家乡的信心和驱动力。

此外，温州的高等教育也在 20 世纪 80 年代获得了很大的发展。1984 年温州大学创建，温州师范学院由专科学校升格为本科院校等，这为身居异国他乡的海外温州人提供了更便捷、更广阔的情系闾里的平台与空间。

正是在上述内外因素的共同作用下，进入 20 世纪 80 年代后，秉承了勤劳务实、自强不息、敢为人先和艰苦创业的"温州精神"的海外温州人，赋予了捐资兴学以新时代内容。可以说，"近几年来，温州高等教育取得前所未有的发展，已成为浙江省三大高等教育中心之一，高等教育对温州经济社会发展推动日趋明显"①。

（二）侨胞资助温州高等教育的特点

1956 年，温州创办第一所高等学校——温州师范专科学校。但在 1978 年前，由于历史原因、地域因素，尤其是受限于资金，温州高等教育一直没有太大起色。而改革开放的实行和温州政府筹建地方大学的社会氛围，极大地吸引了海外温州人回乡考察和表达爱乡之情。他们不惜捐献巨资，为家乡兴办教育事业，关怀学子成长。考察过去 30 多年里侨胞对温州高等教育的捐资活动，可概括出如下特征：

1. 捐赠主体多层次性，以温籍海外人士为主。

在热心捐助家乡兴办高等教育事业的海外侨胞中，既有企业界、工商界的实业家、商贾，也有知名的富豪、侨领或社会活动家，还有

---

① 周汉祥：《第二届世界温州人大会"温州发展与高等教育创新论坛"》，2008 年 11 月 10 日，温州网，http://wznews.66wz.com/system/2008/11/10/100904011.shtml。

节衣缩食的普罗大众。如温籍台胞何朝育是台湾正大尼龙股份有限公司创始人,是台湾化纤界举足轻重的人物,他不仅是著名的实业家,更是闻名的慈善家。他和夫人黄美英女士曾慷慨捐资温州大学外汇人民币 100 万元、港币 450 万元、人民币 170 万元,兴建了 6300 平方米的育英图书馆①。而旅荷华侨总会会长胡克林先生为了集资捐赠兴建温州大学爱国楼,不顾自己年迈体弱,挨家挨户宣传、募捐,几乎遍及整个荷兰②。捐助主体既有以个人名义进行捐资的,如邵逸夫在 20 世纪 90 年代初为温州师范学院共捐助 500 万港币③。也有以家族名义的,如旅荷华侨潘娟妹率众子女捐资 44 万元人民币建造温州大学宿舍④,还有以伉俪名义的,如何朝育和黄美英夫妇对温州家乡的捐资项目几乎均以饱含培育英才寓意的"育英"二字命名:育英图书馆、育英大礼堂、育英儿童医院、育英学术馆等。此外还有以社团名义捐资的,如新加坡温州会馆、旅法华侨俱乐部等。这些捐赠者捐款数额虽不一,有几千万元的,有几十万元的,有几万元的。但面广人多,集腋成裘。

再从捐赠者的籍贯来看,多以温州籍的侨胞为主,非温州籍的侨胞除宁波籍的香港同胞邵逸夫、青田籍华侨林三渔等有部分捐助项目外,其他地区的侨胞捐助温州高等教育的几乎没有。之所以出现这种状况,其实也很正常。因为温州是温籍侨胞的祖籍地,回家乡也多,对家乡接触也多,见闻也多,了解也就更深刻,感情也就更深厚,自然把家乡建设视为己任。另外,中国传统的光宗耀祖的观念也促使温籍侨胞更愿意在家乡在当地做慈善捐助,那样更容易获得心理满足与社会荣耀。因此,在推动温州当地社会经济和教育事业发展的过程中,温籍侨胞的表现理所当然是最直接、最主动和最积极的。

---

① 温州大学校长办公室编:《温州大学二十年》,内部刊印 2005 年版,第 43、352 页。

② 温州大学校长办公室编:《温州大学二十年》,内部刊印 2005 年版,第 33—34 页。

③ 温州师范学院院史编委会编:《温州师范学院五十年》,浙江摄影出版社 2006 年版,第 73、98 页。

④ 温州大学校长办公室编:《温州大学二十年》,内部刊印 2005 年版,第 33 页。

2．捐助形式多样化。

海外侨胞捐助温州高等教育事业的形式是各式各样的，既有较传统的扩兴建校舍、修建图书馆、捐赠教学仪器和图书资料等形式，也有通过设立教育基金、奖（助）学金和奖教金等来柔性资助高校发展的。

捐资扩建学校是广大海外侨胞支持家乡教育事业的一种直接而重要的形式。在温州大学城里，可以看到一些充满爱国爱乡情感的以特殊名字命名的教学楼，如爱国楼、爱乡楼、星洲楼、春晖楼。还有直接以华侨名字命名的楼宇，如为纪念旅法侨领任岩松先生捐资外汇人民币 54 万元兴建学校的义举的"任岩松礼堂"，为纪念旅法侨领林昌横先生捐资人民币 33 万元、法郎 20 万元于教育事业善举的"林昌横楼"①。为了改善高校的教学环境，很多侨胞还积极捐建图书馆和捐献图书。如台胞何朝育、黄美英夫妇捐建的育英图书馆已经成为浙南闽北地区一流的图书资料中心；1992 年邵逸夫先生捐造了温州师范学院逸夫图书馆；永嘉籍的美籍华人学者马大任发起"华裔学者赠书中国计划"并向温州大学捐献了大量的图书②。而对于温州医学院的资助，更可谓因势利导，急学校发展之所急。何朝育和黄美英夫妇自 1991 年 8 月以来，先后五次捐资共 5000 万元港币，建造了温州医学院附属第一医院育英门诊病房大楼，附属第二医院和育英儿童医院门诊病房大楼以及育英学术馆③，为温州医学院办学条件的提高做出了卓越的贡献。

为了鼓励大学生刻苦求学和促进高校的科研水平，侨胞们还长期设立多项奖（助）学金和奖教金，而且金额不菲，捐助渠道越来越宽（见表 9 – 5）。

---

① 温州大学校长办公室编：《温州大学二十年》，内部刊印 2005 年版，第 33 页。
② 俞雄：《骄鸥远影——温州百年在外学人》，中国文史出版社 2006 年版，第 602 页。
③ 温州医学院校史编辑委员会编：《温州医学院校史（1958—1998）》，浙江教育出版社 2008 年版，第 67 页。

表 9 - 5　　　　温籍侨胞捐资设立的温州大学奖（助）学金　　（单位：万元）

捐赠人	捐赠金额	奖（助）学金名称	设立时间
陈孟哲	10	陈岳书奖学金	1987 年
王国桢	15（港币）、50	王国桢助学金	1988 年
孙雨澄	1	孙雨澄奖学金	1988 年
王锡龙	3	王锡龙勤勉奖	1988 年
许定康	0.5（新加坡币）	许定康奖学金	1991 年
姚宏影	9.6	姚宏影奖学金	1994 年
李国樑	100	国樑助学基金	2000 年

资料来源：温州大学校长办公室编《温州大学二十年》，内部刊印 2005 年版。

此外，还有林三渔先生在温州大学以 10 万人民币的永久存款利息设立了"林三渔振兴中华奖学金"。何朝育、黄美英夫妇不仅捐赠 10 万元人民币设立"新生勤勉奖"①，还在 2001 年出资 100 万资助温州医学院与美国新英格兰视光医院合作培养六名视光学博士研究生②；他们的儿子何纪豪先生也积极促成温州大学与台湾高校的海峡两岸学生交流项目，并慷慨解囊 25000 元资助五名优秀研究生赴台湾东华大学进行为期一学期的交流③。毫无疑问，侨胞们的这些善行义举极大地提高了学校的教育质量和社会影响力，调动了师生的积极性、主动性，对振兴温州高等教育事业具有重要的意义。

3．捐助金额不菲。

1984 年 7 月，创办温州大学的消息传到海外，旅居世界各地的温州籍侨胞纷纷慷慨解囊，各国的侨团组织鼎力相助。有的捐赠物品，有的捐资兴建大楼，海外乡亲先后捐款 1000 多万元④。如旅荷华侨余心畴先生、旅法华侨徐永森先生在 1985 年 2 月 26 日率先各捐

---

① 温州大学校长办公室编：《温州大学二十年》，内部刊印 2005 年版，第 285 页。

② 育英事业发展促进会编：《育英情怀》，内部刊印 2008 年版，第 14 页。

③ 温大外事处：《温大首启两岸学生交流"直航"》，2009 年 09 月 26 日，温州大学网，http://wsc. wzu. edu. cn/NewsView. aspx? id = dfa9becc - 0ae3 - 471c - 9310 - f983e5ec00ef。

④ 温州市志编纂委员会编：《温州市志》，中华书局 1998 年版，第 412 页。

资一万元；1987 年 4 月，意大利华侨何春林先生虽然当时自身经济处境非常困难，但仍忘不了支持温州大学建设，慷慨捐资 40 万元人民币建造勤思楼。原温州大学建校 20 年来，共接受捐资人民币 1177.85 万元（其中包括部分法郎、港币、外汇人民币兑换为人民币），另有外币 15 万元港币、371.5 美元、300 万元日币、3000 法郎、5000 新（新加坡）元。[①] 表 9 - 6 和表 9 - 7 所列数据就直观地反映了侨胞朴实的爱国爱乡之心、兴教办学的热情之高和对温州高等教育快速发展所产生的不可低估的作用。

表 9 - 6　　　　　　**温籍海外侨胞捐资兴办温州大学情况**　　　（单位：万元）

捐赠人	旅居国	捐赠额度	捐赠人	旅居国	捐赠额度
余心畴	荷兰	1	胡克林	荷兰	3（荷盾）
梅仲微	荷兰	5（荷盾）	任光春	法国	5（法郎）
徐永森	法国	1	曾旭光	法国	3（法郎）
周高第	日本	300（日元）	林加者	法国	2
金学松	新加坡	7	林秀明	新加坡	10.06

资料来源：《温州大学二十年》和《温州教育志》。

表 9 - 7　　　　**温籍海外侨胞、侨团捐资兴建温州大学楼宇一览**

（单位：万元，平方米）

捐赠单位、个人	大楼名称	捐赠金额	竣工年月	建筑面积
旅荷华侨总会	爱国楼		1987 年 2 月	2331
新加坡温州会馆	星洲楼		1987 年 2 月	3510
旅法华侨俱乐部	爱乡楼		1987 年 10 月	2662
何春林	勤思楼	40	1987 年 2 月	2130
任岩松	任岩松礼堂	54（外汇人民币）	1987 年 8 月	1726
林昌横	林昌横教学楼	3320（法郎）	1987 年 10 月	2128
潘娟妹	春晖楼	44	1991 年 1 月	1426

资料来源：捐赠金额统计自《温州大学二十年》，其他材料来自《温州华侨史》。

---

① 温州大学校长办公室编：《温州大学二十年》，内部刊印 2005 年版，第 33—34 页。

　　特别是何朝育夫妇对家乡的无私反哺情怀令人钦佩。据统计，他们自1991年起累计无偿向温州市捐赠1.3亿元人民币（其中绝大部分资助于温州大学和温州医学院及其附属医院的有关项目），是迄今为止向温州市捐款数额最多的温籍乡亲，为温州的教育、卫生和社会事业发展做出了巨大的贡献。而当2000年温州市做出建设高教园区来进一步推动温州高等教育发展的决定后，海外温州人更是备受鼓舞并同样热情地参与建设。如2001年3月27日，旅法华侨杨明在内的多位温籍企业家向高教园区捐赠了首批善款393万元①，美国江浙工商总会名誉会长李天骥也立即捐款111万元资助建设温州大学城②。这些凝聚着海外侨胞一片赤诚之心的善款大大地促进了大学城建设和高等教育的更大规模发展。

　　4. 受助面不甚广泛。

　　温州的9所高校，尽管其中的温州医学院、温州大学和温州职业技术学院3所院校曾多次得到侨胞不同程度的资助，但其余高校没有引起侨胞过多的注意。若与侨胞较多的广东、福建等华侨大省，或者侨胞综合实力较强的宁波相比，温籍侨胞对温州高等教育的捐助无论在金额上还是形式上，较之上述地区都是有很大差距的。比如，在广东省各个侨乡由海外乡亲独资创办的学校占有相当大的比重，受赠学校一般规模宏大、设备齐全、影响深远。如香港李嘉诚独资专款创办的汕头大学，陈嘉庚创办的集美大学、厦门大学。而宁波大学在1984创建之时就得到包玉刚5000万的捐资③，可谓是一所具有浓厚"侨资性"的大学。然而，温州的高等教育中，至今尚未有独资型的大学。除了温州医学院在1991年得到何朝育夫妇1500万港币助建儿童医院大楼之外④，温州其他高校尚无获得侨胞一次性上千万资助的

　　① 王冰：《高教园区收到"大红包"》，《温州侨乡报》2001年3月28日，第1版。

　　② 温州市华侨华人研究所编：《温州华侨建温州》，今日中国出版社2003年版，第20页。

　　③ 任贵祥：《海外华侨华人与中国改革开放》，中共党史出版社2009年版，第415页。

　　④ 温州医学院校史编辑委员会编：《温州医学院校史（1958—1998）》，浙江教育出版社2008年版，第526页。

案例。

再若将侨胞捐助温州高等教育与温州初等教育的情况做比较会发现，温州中小学受到侨胞捐资的频次明显多于高校，但是在资金总额上却明显少于大学。如侨胞对文成县教育的捐助始于 20 世纪 50 年代初，到 20 世纪 90 年代形成高潮。1952—1998 年，侨胞捐资文成基础教育总额为 1110.94 万元人民币[1]，与何朝育夫妇对温州医学院5000 万元港币的捐助相去甚远。

正是基于侨胞们的热爱家乡、报效桑梓、造福后代的拳拳赤子之心，温州高等学校才从无到有，发展加快，初具规模，质量亦有所提高。截至 2015 年，全市普通高校从3 所增加到8 所，本科独立学院 3所，在校生 8.38 万人。[2]

二　侨胞扶助温州高等教育存在的问题

在充分肯定侨胞 30 多年来对温州高等教育所做出的贡献之余，也应该看到这种社会行为中所存在的问题与出现的新趋势。比如进入20 世纪 90 年代以来，除何朝育夫妇仍维持高度热情外，其他侨胞对温州高等教育事业的关注总体趋向降温，而事实上，侨胞捐资温州经济社会其他方面的整体热情并未减弱。与此同时，温籍侨胞对温州地区教育事业的资助方式和资助重点也发生明显变化。其一是投资开始超过捐资，其二是资助重点更多地转向基础教育和职业教育。查阅温州各高校的校史、年鉴，《温州教育志》以及 1999—2008 年的《温州年鉴》，发现从 20 世纪 90 年代中期尤其是 2000 年温州大学城开始建设以来，侨胞们对温州高等教育事业的援助几近停止。同样以温州大学为例，统计1984—2004 年间的数据发现，侨胞对学校的资助集中在最初的 5 年，占总捐资额的 34% 强，此后明显呈缩减趋势。其中 1994—2004 年的十年里，除设立了极个别的奖（助）学金外，一

① 朱礼主编：《文成华侨志》，中国华侨出版社 2002 年版，第 309 页。
② 温州市统计局：《2015 年温州市国民经济和社会发展统计公报》，2016 年 3 月 31日，温州政府网，http://www. wenzhou. gov. cn/art/2016/3/31/art_ 3583_ 384884. html。

般性的捐助几乎都没有了。那么，在对家乡温州捐资热情不减的情景下，侨胞对高校的捐助为什么偏偏发生了"逆转"？这种状况的出现既有侨胞和社会民众方面的心理因素，更有高校内部的原因。

（一）侨胞产生了表象上的"满足感"和主观上的片面性

20世纪90年代起，随着国家"人才战略""科技兴国战略"的提出与实施，全国高校获得了前所未有的发展时机，获得了巨大而又实实在在的"好处"。就温州高校而言，原先蜗居于狭窄城区，只有几座挤满人的很不起眼的楼房的局面已成陈迹，一个堪称一流的高教园区赫然崛起，每所高校都拥有宽阔的空间、现代化的大楼、花园式的校园，均已成为万人规模的高等学府。这个惊人的变化首先得益于国家的巨大投入，再者受益于高校各类办学机制而吸引的可观社会资金①。面对如此史无前例的发展速度，包括侨胞在内的民众普遍感到官民合力之巨大，由此产生喜悦、满意和满足是自然的。但也因此产生了片面的意念，误认为温籍侨胞努力捐助的资金与国家投入、社会奉献的资金相比，就显得不那么有分量、有比例了。这种"误解"不仅存在于国内一部分人中，而且不少侨胞也是如此认识的。主、客体双方的这种"满足感"和偏见成了侨资助学缩减的一个不小的原因。

其实，这种"满足感"本身就是缺乏根据的。一方面，温州高校经过2000年前后的扩建、改建，的确具备了较好的办学硬件条件。然而，这个发展过程已经花费学校大量的资金，高校要继续改善办学环境尤其是引进高质量高层次人才等软件环境，势必需要更大资金的更长期支持。故而怎能就此容易"满足"了呢？另一方面，侨胞的捐资额更不应该以与国家投入、社会资金相比来"计算"谁大谁小。因为爱乡侨胞们是在高校发展急需、特需的情况下解囊的，是在自身创业发展中斥资相助的。何况温籍侨胞中尚无李嘉诚、邵逸夫那样的雄厚资金，唯有依靠"众人拾薪火焰高"来帮助家乡办大事。这是

---

① 如20世纪90年代后期，全国高校几乎均进行了"扩招"，一批自费生进入高校，减轻了办学成本。进入21世纪，又引入民间资本，创建了国有民办性质的民办学院（二级独立学院），进一步解决了学校基础设施建设等资金。

温籍侨胞区别于其他地区侨胞的特点，也是优点。如果因此鄙视、小看他们的"分量"，是大错特错的。结果不但使高校失去了温馨的侨资，也多少"冷落"了捐赠侨胞的热心。

（二）高校工作上存有不尊重、不善于使用和管理"侨资"的现象

侨胞支持温州高等教育事业 30 余年来，所捐赠的资金和物品数量不是小数目，作为受赠人的高校理应"建立捐赠财产使用管理制度，妥善使用、管理捐赠财产"[①]。但除温州大学在初创时期成立了"温州大学基金会"，对包括"侨资"在内的社会捐款进行过管理外，温州各高校或政府相关行政职能部门长时间未对此专款设专门机构或专人来监督和管理，直到 2006 年成立"育英事业发展促进会"[②]，才开始对侨胞捐助进行一种有地方特色的民间管理模式的探索。与此同时，根据《浙江省华侨捐赠条例》第七条，即"捐赠人有权了解捐赠财产的使用情况和捐赠工程项目的建设、使用情况，并提出意见。对捐赠人提出的意见，受赠人应当认真研究，及时答复"。但据了解，温州几所高校很少邀请捐资者或其相关人来校座谈，也很少主动联络并向捐赠人通报用资情况，这不仅有伤捐资者的心，也使捐款使用缺乏透明度，甚至出现移作他用等不规范现象。另外，在温州各高校迁入高教园区过程中，尽管新校区仍以一种"符号"记忆保留了侨胞在原校区所捐助楼宇的相应名称，但在对原校址内的侨胞捐赠工程项目的处理过程中，多少存在着未严格执行《浙江省华侨捐赠条例》第九条（因城市改造、布局调整等原因导致捐赠人捐赠的工程项目需要撤销、合并的，应当在做出决定前向捐赠人说明情况，听取捐赠人意见）的情况。这些迹象也从一个侧面反映了温州高校对侨

---

① 浙江省人民代表大会常务委员会：《浙江省华侨捐赠条例》，2008 年 8 月 26 日，浙江省归国华侨联合会网，http://www.zjsql.com.cn/20080826/480.html。

② 温州育英事业发展促进会成立于 2006 年 11 月 9 日。该会主要通过广泛弘扬"育英精神"，传播何朝育先生和黄美英女士捐助教育卫生事业、回报桑梓的爱国爱乡事迹，管理与运作育英事业发展基金，监督捐赠项目的实施；联络受赠单位，加强联系，增进友谊，扩大交流，促进合作。2008 年 1 月何朝育、黄美英夫妇之子何纪豪先生向促进会捐赠 550 万人民币，进一步设立温州育英事业发展基金。

胞捐赠存在一定的功利性和短视现象。

毋庸置疑，在上述新境况下，温州高校如何善待已有的捐赠项目，如何变被动为主动，积极争取新的侨胞资助，是一个值得深思的问题。

三　侨胞与温州高等教育的合作前景

改革开放以来，海外侨胞在爱乡情愫、宗亲观念的内在动力和党与国家所采取的相关政策的外在推动力下，借助自身日益雄厚的经济实力，真诚而有力地促进了家乡高等教育事业的发展。其捐资助学人数之众，资金数量之巨，都是前所未有的。但是，温州高等教育只有整体实力均不高的 8 所高等院校的现状，显然是与温州的城市地位、经济实力及发展态势远远不相称的，高等教育明显滞后于区域经济发展。正如中科院院士谷超豪先生在 2003 年首届世界温州人大会上所言："温州大学城虽然已建成，但要办好一所好高校不容易，我们还有很长的一段路要走。"[①] 然而，近年来，由于各方面因素，无论海外侨胞还是国内的温州政府和温州高等教育界，彼此都缺少必要的联络与进一步合作。因此，为了充分发挥"侨资"这一独特资源在发展温州高等教育中的独特优势，同时为了进一步激发和保护广大温籍华侨华人、港澳台同胞对祖籍地兴办高校的捐资热情，引导他们继续积极支持温州高等教育事业的更快发展，有必要做好以下一些工作：

（一）政府应制定有关政策，进一步支持、鼓励和保护海外乡亲捐资助学

第一，侨胞捐资助学"作为一种民间活动，其积极性、持久性是与地方政府的鼓励分不开的"[②]，政府的支持可增强这种公益行为的效果。如温州大学初创时期，就是由于温州市委、市政府及其领导亲自多次召集会议，商议筹措温州大学建设资金，号召"全社会都

---

① 尤海峰等：《双盛会·世温会：主题论坛观点》，《温州日报》2003 年 10 月 12 日，第 2 版。

② 罗海丰、黄家泉：《华侨华人、港澳同胞与广东高等教育》，《五邑大学学报》2004 年第 2 期。

来扶持温州大学"并成立基金会,建设资金就能及时、足额到位,温州大学总体规划也得以顺利实施(见图 9 – 2)。也因此,早在 1998 年 10 月,在温州市第八次党代会做出建设现代化新温州战略部署时,就提出要使"侨资"办学向更高层次和更宽领域拓展。

图 9 – 2 创办温州大学捐资纪念券

第二,要完善和出台适合温州自身情况的相关捐赠政策,以使侨胞乐意和放心资助高等教育事业。目前,温州市府及侨办、侨联基本上是参照《中华人民共和国公益事业捐赠法》和《浙江省华侨捐赠条例》来接受、管理、监督和保护侨胞捐赠的。但温州市应当颁布和制定一些符合温籍侨胞捐助特点的具体条例和针对教育或高等教育领域捐赠的实施细则,应当出台有关华侨华人、港澳台同胞捐资办学若干管理办法等,以规范和加强对捐赠工作的管理与指导,进而促进教育事业的发展。总之,政府的支持以及有关法规的确立,可使带有民间性质的捐资助学获得权威性保障,并使侨捐工作趋向科学化、制度化管理,从而坚定广大侨胞捐资助学的决心。

(二)政府和高校应采取"走出去"与"请进来"相结合的方式加强宣传,通过各种途径挖掘侨胞捐资助学的潜力

由于侨胞们来自世界不同国家、不同领域和不同阶层,对祖国祖籍的情况不一定十分了解,所以需要国内家乡政府的正确引导,家乡的高校则要自我介绍,推销自己,应加入"让温州走向世界"和"让世界了解温州"的双轨行列,向广大温籍侨胞广泛宣传温州高等教育。首先,政府及其侨办、侨联等侨务机构要充分利用温州政府

网、温州侨网和其他新闻媒体①，及时、准确地向海外侨胞传输有关温州高等教育的发展信息；其次，可成立由热心于教育事业的侨胞、归侨和侨眷组成的教育社会团体②，利用自身优势，"以侨引侨"，发动海外乡亲支持家乡高教事业；最后，各高校要主动邀请侨界知名人士来校参观指导，与侨界广泛开展联谊活动，以赢得他们的信任。如可诚邀海外侨领来参加校庆或学校其他重大庆典，借以加深感情。

（三）高校要内强素质、外塑形象，以自身实力来吸引侨胞助学并增强其捐资信心

侨胞能不能保持并增强支持高校的热情和主动性的又一个重要方面，是能不能维持他们当初捐资的期望值。温州大学与宁波大学是同时起步的两所相同性质的高校，可经过 20 年的发展，到 2004 年年初，一个已成为省属的新兴地方综合性大学，而另一个仍是专科院校。其深层原因就在于宁波大学内强素质，外塑形象，获得了巨大成功和突破。正因此，宁波大学先后得到包括世界船王包玉刚先生在内的 50 余位"宁波帮"人士近 3 亿元人民币的捐资③。温州高等教育界要想今后重新或进一步获得侨胞的热心帮助就必须加强自身建设，练好内功。要以优质的教育教学、良好的社会声誉等来让侨界人士看到学校发展的前景，从而使他们感到自己的捐赠不只是白白投入，也会有产出；让他们意识到捐助兴办家乡高等教育事业是在为国家和社会培养人才，是投资人心与未来；让他们明白这种投资同样可以提高他们个人及其企业的知名度和信誉，将有助于他们树立优秀的公众形象；让他们充分认识到这种社会声誉往往是广告无法比拟的，最终可使他们在"以企养教、以企促教"中达到"企教并举"。总之，温州各高校要明晓一个道理：加强学校自身建设和办学实力，不仅事关学校自身的发展，而且是广大侨胞的一大愿望，因而将进一步激发他们

---

① 2009 年 10 月，中国国际广播电台温州话海外广播节目（"魅力温州"）的开通，搭建了向海外温州人宣传温州的良好平台。

② 2009 年，温州医学院、温州大学相继成立侨（留）联会，将充分利用本校的侨资源以促进学校的发展。

③ 宁波大学：《宁波大学学校概况》，宁波大学网，http://www.nbu.edu.cn/gaikuang/。

爱乡情愫，发挥他们的捐助优势，弥补高校教育经费不足。与此同时，他们重教兴学、造福桑梓的精神又丰富了校园文化的独特内涵。

（四）"教侨合作"，突破捐资助学单一格局，共同推进扶助办学方式多元化

考察温籍侨胞兴办温州高等教育的历史，发现其援建的形式和内容相对都较单一，即基本停留在捐资赠物等直接性硬件扶助上，而对软件性的捐助偏少。所以，今后双方要在继续保持现有捐资方式的基础上，大力开辟合作新形式，拓展合作新渠道；要在巩固"以侨引资""以侨引外"的基础上，尝试"以侨引智"，为高校提供智力支持。一方面，温籍侨胞可以利用自身优势，为本地高校与境外高校的交流合作牵线搭桥[①]，可资助国内外学术研讨活动，选派教师或学生到其居住国去深造、进修等，给予留学生、交换生以生活补助或学业奖励等。另一方面，温州高校可以不定期地邀请温籍华侨华人、港澳台同胞中的高素质人才，专家或知名人士来校作有关温籍侨胞的专题性讲座，甚至可以来校从事短期的教科研活动；可以接受华侨学生，归侨、侨眷子女入学，并增设海外华侨所需的专业；可以增设华侨研修班，可为即将出国团聚的国内华侨子女举办相应培训。比如，温州大学依托自身特有的国内华文教育基地，主动为来温学习中文的华侨子女和参加"寻根之旅"夏令营活动[②]的华裔青少年提供便利与帮助。通过这些途径，既为侨胞提供了便利与帮助，也为双方未来合作夯实了根基。此外，也要尝试让侨胞回乡投资设厂办学等间接捐助之路。

（五）要借鉴其他侨乡及其高校，积极筹建浙江（温州）华侨大学

邓小平在视察深圳时曾指出："在深圳那里现在至少有两件事情

---

① 在温州籍的澳大利亚华人的积极协助下，2007 年 10 月下旬，温州大学就与澳大利亚 Monash University 达成了关于共同研究"普拉托中国人"的合作项目，并成立相关的学术机构——世界温州人研究中心。

② 温州大学作为全国首批华文教育基地，自 2000 年起不仅通过成功举办八届温州华裔青少年"寻根之旅"夏令营活动，为海外学子尤其是华人华侨学生进行汉语言文化学习和教育提供了良好机会，而且自 2008 年开始，又承办了海外华文教师培训，为提高海外华文学校教学质量和推动海外华文教育的发展积极效力。

可以搞……一是吸引华侨投资办所大学。华侨在那里办大学，由他们聘请国外水平高的教授，从国外购买教学设备，这样可以给我们培养一批人才。"① 迄今为止，温州虽然也有过侨胞倾资助学的盛景，但还没有一所明显具有"侨味"的高校。因此，温州要向省内外其他著名侨乡尤其是有"侨资"的高校取经，以期使温籍侨胞与温州高校实现突破性的合作。要借鉴陈嘉庚先生在福建捐资创办国立华侨大学和包玉刚先生捐巨资创办宁波大学成功经验，要学习李嘉诚先生在广东独资专款协办汕头大学和五邑侨胞在广东江门创建五邑大学的典例。而一位法国老华侨在与中国致公党温州市委主任交谈时，也代表爱国爱乡的华侨华人强烈地表达出了这种心愿："要想办法建一所华侨大学，让孩子们回国受教育，不然华侨新生代会成'香蕉'的。"② 而拥有浙江省侨胞总数 1/3 强的温州理应在创办浙江华侨大学的事业上起中坚力量。

综上，一个拥有良好保障体制、资金丰裕，且教育市场需求旺盛的温州，没有理由不吸引海外家乡人；一群具有爱国爱乡、较强的社会责任感和奉献精神，且特别热心兴办教育事业的海外温州人没有理由不鼎力乐助家乡高等教育事业；只要我们最大限度地知侨情护侨益，相信一定能赢侨心聚侨力，从而极大地调动起海外侨胞、港澳台同胞的乡土之情，赢得他们对温州高等教育事业的更多捐助和更大投资。

---

① 《邓小平文选》（第三卷），人民出版社 2002 年版，第 366 页。

② 王凯：《我有一个梦：创办浙江华侨大学》，2006 年 3 月 11 日《联谊报》（电子版），http：//www. lybs. com. cn/gb/node2/node802/node324504/node388543/node388544/user-object15ai5284271. html。

第十章 温州侨胞捐赠侨乡 社会的实证研究

海外移民并非中国所特有的现象，但侨乡却是具有中国特色的海外移民的产物。温州及毗邻的青田在内的浙南地区是浙江省的重点侨乡区域，其中温州 11 个县市区中的 9 个分布有重点侨乡。它们或是偏远山区或是沿海岛屿或是平原市镇，但作为海外华侨华人的祖籍地，往往成为侨胞捐赠的首选之地。他们或为一个心愿或为一份乡情，抑或为光宗耀祖，甚或为社会声誉及政治诉求而行善，但其捐赠行为客观地影响着侨乡社会，异同皆有，正负兼具。

第一节 永嘉籍华侨捐助社会特点及思考[1]

在温州海外移民史上，永嘉人移居海外的历史最为悠久。据史料记载，现今温州境内最早走向海外的四位先民中就有两位是永嘉人。而"从温州海外华侨华人社团的发展史来看，最早建立的东南亚几个侨团中，也以永嘉人为多"[2]。

一 永嘉县华侨概况

永嘉县地处瓯江下游北岸，与温州市区隔江相望，东临乐清市，西接丽水市青田县。全县辖 4 个功能区、10 个镇、8 个街道、81 个

---

① 本节与张卓瑶（温州市外国语学校娄桥分校教师）合作撰写。

② 周星槎主编：《海外永嘉人》，当代中国出版社 2009 年版，序言。

城乡社区，总面积 2674.3 平方公里，其中山地丘陵 2308.5 平方公里，素有"八山一水一分田"之称①。这种恶劣的自然环境成为永嘉人外出闯荡谋生的一股强大驱动力。

北宋真宗咸丰元年（998 年），永嘉人周伫搭乘商船至高丽，成为温州境内最早移居海外的人。如前文所述，温州海外移民先驱多为永嘉人。继周伫后，南宋的王德用定居交趾，南宋末代宰相陈宜中抗元失败后曾避居暹罗②，元代的周达观出使真腊等。从元末明初开始，整个温州地区受倭寇、海禁等因素影响，移居海外事迹几乎难觅。

鸦片战争后，出洋谋生的人又逐渐增加。如光绪二十二年（1896 年）永嘉人田合通及其父在德国经商，并加入德国国籍③。第一次世界大战至 20 世纪 20 年代初，温州地区出现移民潮，不少的永嘉人亦加入其中。如北林垟乡④的胡日池、胡日新两兄弟在日本门司开设一家中华料理店⑤；20 世纪初，江北乡人吴庆余到印度尼西亚从事木器制造。在 20 世纪 30 年代中期的又一波温州移民潮中，同样有不少的永嘉人出国闯荡。如江北乡人陈时权、金学松、金臣芳赴新加坡、马来西亚从事木器业⑥。1934—1949 年，七都乡⑦出国谋生就有41 人⑧，至 1978 年，该乡出国人数达到 928 人⑨。

改革开放以来，永嘉人旅居海外的现象更为普遍。据 2014 年侨情调查，永嘉籍海外华侨华人和港澳同胞 6.58 万人，占总人口的6.8%，遍布 60 多个国家与地区，主要集中分布在意大利、美国、西班牙、法国、新加坡、荷兰、奥地利等国。全县归侨侨眷 3 万多人，

---

① 永嘉县人民政府电子政务中心：《永嘉县情介绍》，永嘉政府网，http://www. yj. gov. cn/html/gb/art/2013/9/art_ 221_ 13630. html。

② 温州地方社会对陈宜中的祖籍地存在争议，最近由温州市龙湾区陈氏宗族考证，认为其祖籍地应为现在的龙湾区青山一带。

③ 章志诚主编：《温州华侨史》，今日中国出版社 1999 年版，第 26 页。

④ 现划归温州市瓯海区管辖。

⑤ 章志诚主编：《温州华侨史》，今日中国出版社 1999 年版，第 31 页。

⑥ 同上书，第 63 页。

⑦ 2001 年，七都镇划归鹿城区管辖。

⑧ 章志诚主编：《温州华侨史》，今日中国出版社 1999 年版，第 71 页。

⑨ 同上书，第 10 页。

而瓯北镇、乌牛镇和桥头镇为重点侨乡。

二　永嘉侨胞捐助侨乡的特点

据现有资料考证，永嘉籍侨胞对家乡的捐助出现在抗日战争时期。抗日战争爆发后，永嘉籍海外华侨积极出钱出力，慷慨捐助支援祖国。如旅居新加坡的瓯北镇礁头村的华工朱启来，为抗日救亡而日夜奔走，捐款捐药，救济祖国难民和伤兵①。新中国成立后，自身经济并不富裕的永嘉华侨仍不忘捐助乡。如1956年，金学松、金雄臣等侨居新加坡的华侨华人集资兴办了永嘉县江北乡礁华学校②。1978年以来，受中国对外开放政策和国内经济发展的吸引，众多的海外侨胞回到祖籍地参与建设。永嘉县也迎来了一股海外华侨华人捐助地方社会的热潮，在捐助数额、形式、领域和成效上都出现了前所未有的局面。尤其是谋生型的老一代华侨，背井离乡的经历往往促使其怀着浓厚的爱国爱乡情结，进而表现出强烈的自愿捐赠行为。据统计，1949—1995年，永嘉侨胞捐助额合计2024.17万元人民币，4.21万美元，2000荷兰盾和6200港币③。2010—2015年，围绕"五水共治"等民生工程，海外永嘉人的捐赠额度明显增加，累计达8500多万元（见图10-1）。

（一）捐助主体实力较强

在参与捐助的群体中，侨领为数不少。他们往往拥有较强的社会影响力和自身经济实力，使得捐助群体的整体实力提升。近年来的海外永嘉人不仅在商业方面闯出了一片天地，而且在海外政界、学界等领域也有不小的成绩。如美国前商务部副部长黄建南、香港理工大学协理副校长滕锦光教授、比利时古建筑学家卢熹、美国科学家谷迅、旧金山大学教授杨立旦、医学界科学家杨香娇等一批国际高端专家学者，他们在海外取得荣耀之后，积极为家乡建设提供帮助④。

---

① 章志诚主编：《温州华侨史》，今日中国出版社1999年版，第78页。
② 同上书，第240页。
③ 同上书，第252页。
④ 永嘉县侨办：《永嘉县侨务工作汇报》，内部资料2011年，第2页。

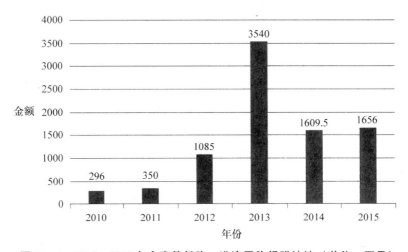

图 10 - 1　2010—2015 年永嘉籍侨胞、港澳同胞捐赠统计（单位：万元）

资料来源：永嘉县各级侨联参与和协助接受海外侨胞、港澳同胞各类捐赠统计，永嘉侨联提供。

在永嘉籍各界侨领的积极支持和参与下，全县慈善事业和社会经济也得到了长足发展。如著名旅美侨领叶康松设立的慈善基金会是2004 年国务院《基金会管理条例》颁发后第一个个人冠名的非公募慈善基金会，也是新中国成立后第一家合法建立的以捐资人姓名冠名的非公募慈善机构。该慈善基金会先后捐助永嘉县贫困大学生[1]、援助永嘉县台风灾区等，帮助永嘉县推进地方建设。

（二）捐助方式多样化

永嘉侨胞对家乡的捐助基本呈现出个人、民间组织和政府引导并存的模式[2]。

个人模式就是华人华侨以个人的名义直接进行捐助。这种捐助模

---

① "康松助学金"项目在于救助永嘉县瓯北镇户籍考上大学缴不起学费的贫困大学生和家境特别困难而无法完成高中学业的优秀高中生。参见温州市叶康松慈善基金会《项目之三、康松助学金》，2010 年 3 月 1 日，http：//zgykscs. w21. guoji. biz/chishanxiangmu_view. asp？id＝292。

② 美国学者李达三认为，美籍华人捐赠模式可以分为个人模式、联谊会模式、基金会模式和其他各种模式等四大类。参见［美］孔秉德、尹晓煌《美籍华人与中美关系》，余宁平译，新华出版社 2004 年版，第 201 页。

式比较灵活，最为直接，见效最快。如著名旅荷华侨余心畴拿出自己的退休金来设立奖学金和助学资金。从 1957 年至今，他先后在华侨中学、罗浮中心小学、瓯北五中设立 1000 元至 5000 元不等的奖（助）学金。1996 年 11 月，余心畴先生的慷慨捐助行为受到了瓯北镇政府的重视和肯定，聘请他为瓯北五中名誉校长①。民间组织模式就是通过海外同乡会、民间慈善机构等发动华侨华人进行捐助。这种捐助模式的特点是有一定的组织性、有自身的原则和捐助程序，相对于个人模式，更利于整合、集中捐助资源进行有效的利用。如 2009年 3 月，旅美华侨黄根弟发动同乡会捐助 15 万元支援永嘉县全面建设陡门乡苍山村自来水工程②；又如 2004 年，永嘉县发生洪灾，旅荷华侨池一洲和其他华侨通过同乡会赈灾 20 万元③。政府引导模式就是通过相关政府机构（如侨办、侨联等）来引导华侨华人进行捐助，并依靠政府强大的行政能力将捐助资源最有效化的利用，更注重用法律保护华侨的捐助行为，是捐助的主要模式之一。如 2009 年以来，永嘉县侨办积极引导华侨捐助农村基础设施和农村公共事业建设等；县侨办、县农办联合开展"百侨助百村牵手 139"行动，积极引导侨胞捐助新农村建设④；又如 2007 年 3 月，县侨联发挥地区侨资优势，向广大华侨倡议启动"侨心健身工程"，项目受到侨胞的大力支持，截至当年 6 月底就收到捐款 30 多万元⑤。

　　永嘉华侨华人不但向家乡捐钱捐物，而且随着自身在海外各界崭露头角或取得巨大成就后，开始通过所掌握的先进科学观念和技术为家乡建设做贡献。如比利时华侨卢熹女士在回乡捐款的同时，利用自身技术指导楠溪江殿宇的修复，策划设计景观区建筑和生态保护区。2007 年义务规划设计了东蒙山道教场所，2008 年又设计规划了广化寺遗址恢复工作，2009 年又着手开发箬溪"龙瀑仙洞"来促进家乡

---

① 周星槎主编：《海外永嘉人》，当代中国出版社 2009 年版，第 143 页。

② 同上书，第 73 页。

③ 同上书，第 109 页。

④ 永嘉县侨办：《永嘉县侨务工作汇报》，内部资料 2011 年，第 3 页。

⑤ 同上书，第 1 页。

旅游事业的发展①。又如硕士"海归"村官章文琼，在海外学有所成之后不忘用自己所学的技术知识来推动家乡的各项建设②。

（三）捐助领域多元化

改革开放前，华侨华人多以出资兴办学校，发展教育事业来表达爱乡之情，捐助对象亦较为单一。20 世纪 80 年代之后，随着侨胞自身经济实力的增强和侨乡经济社会发展的需要，捐助的领域不断拓宽，由以往的集中于教育领域延伸至社会众多领域。

1. 兴办教育事业。

永嘉侨胞对教育的捐助首先表现在捐建校舍和购买教学器材等硬件方面。如林秀明、金学松、金臣雄、余心畴、叶克清等一批早期出国的老华侨不仅直接大力捐助祖籍地学校，还为整个温州地区的教育发展做出了很大贡献（见表 10－1）。此外，一些新移民和永嘉籍华人也热心家乡教育事业。如匈牙利华侨周良国捐助黄堡小学电脑班③；旅法华侨林精平捐助家乡七都镇累计达 120 多万元，其中包括建造学校等④；1992 年美籍华人虞锡龙为家乡七都镇前沙村小学危房重建捐赠 3 万⑤。2010—2015 年，永嘉县用于教育事业的侨胞捐赠款物超过 1000 万元⑥。

表 10－1　　　　　　　永嘉籍侨胞捐资办学情况一览

捐助人	侨居国	受捐助单位及项目
林秀明、金学松等	新加坡	温州大学"星洲楼"
林秀明等	新加坡	温州华侨中学
金学松、金雄臣	新加坡	瓯北镇礁华学校

① 周星槎主编：《海外永嘉人》，当代中国出版社 2009 年版，第 169 页。
② 同上书，第 177 页。
③ 同上书，第 102 页。
④ 同上书，第 139 页。
⑤ 同上书，第 130 页。
⑥ 数据由永嘉县侨联提供。

续表

捐助人	侨居国	受捐助单位及项目
余心畴等	荷兰	罗浮区中心小学礼堂、温州华侨中学、温州华侨中学余心畴奖学金、瓯北五中
叶克清、郑孟兴	法国	桥头镇坦头小学
陈其跃	法国	桥头镇白云中学
陈其跃	法国	温州大学
杨松球	法国	桥头中学
祁维来	法国	桥头镇白云中学
陈延续	法国	七都镇中学
林锦春	法国	七都镇板桥小学
彭香雅	美国	桥头镇前庄小学等
翁三豹、翁尧生	美国	瓯北镇三江小学图书馆
翁金波	美国	乌牛镇岭下村小学
胡维雄、黄久光等	美国	七都镇中学
胡维雄等	美国	七都镇上沙小学
陈洪明	美国	上塘镇城北小学阶梯教室
黄久光	美国	七都镇上沙小学
余文龙	匈牙利	桥头镇坦头小学

资料来源：章志诚主编《温州华侨史》，今日中国出版社 1999 年版，第 240—241 页。

　　资助就学困难学生和设立奖（助）学金，是永嘉侨胞支持家乡教育的另一种重要方式。为了帮助少数贫困山区解决儿童就学难问题，在当地政府的牵头下，永嘉籍侨胞和社会慈善组织积极结对帮扶困难学生。如匈牙利华侨郑可龙与界坑乡饭尖村中心小学六（2）班的陈聪聪同学结成长期帮扶对子①。余心畴老先生不仅热心捐办学校，而且非常关心贫困学生就学难问题。如 2004 年就捐助 10 万元支持岩头镇 10 名品学兼优而家境困难的学生完成小学、高中学业②，

①　周星槎主编：《海外永嘉人》，当代中国出版社 2009 年版，第 34 页。
②　同上书，第 143 页。

等等。

2. 参与民生事业

永嘉县境内多山地，部分山区的交通长久不便，用水用电也困难。为此，永嘉籍海外侨胞踊跃捐资，修路造桥、建造健身设施，解决乡民急迫的日常生活问题（见表10-2）。

表10-2　　　　1949—1995年永嘉籍侨胞捐建交通设施一览

捐助人	捐赠项目
陈时政	菇溪村桥、桥头镇荷塘公路
郑超洪	罗东乡南岙大桥
黄久光、胡维雄等50余人	资助七都镇修建27座桥梁、中心大道等水泥路91条、码道3条
翁三豹	瓯北镇浦西三江村水泥路
林秀明、陈鸣桂、陈旺漆	兴建瓯北镇龙桥路、塘头路、前牌村路及林垟路
刘逢弟、刘逢洲等5人	修筑乌牛镇罗溪龙头公路、乌牛镇至仁溪水泥路、金台村水泥路
金林泽	罗东乡木桥村环山公路
谢永林、陈其跃	修筑桥头镇白垟村水泥路和梨村水泥路
刘莲弟	仁溪桥

资料来源：章志诚主编《温州华侨史》，今日中国出版社1999年版，第252页。

在县侨办侨联的倡议和引导下，海外华侨华人积极参与新农村建设，为增加农村地区的娱乐设施和改善医疗卫生条件做出了很大贡献。如在海外侨胞的大力支持下，"侨心健身工程"项目实施后半年时间，全县就有16个乡镇设立了39个山村健身点[1]，使欠发达地区农民健身服务体系明显得到改善。而旅居加拿大的医学界科学家杨香娇教授更是积极筹划建设疗养中心，借以改善永嘉县的医疗卫生条件并提升全县医疗卫生事业。再如2007年10月，永嘉县侨联在侨胞的大力支持下，对西源乡德岙村的蓄水池进行了维修，解决了村民的生

---

[1]　永嘉县侨联：《永嘉县侨联工作报告》，内部资料2011年，第2页。

活用水困难①。

3. 支持赈灾救济。

温州地处东南沿海地区，经常遭受台风等气象灾害影响。永嘉县每次受灾，都得到海外侨界的慷慨捐助，以帮助灾后重建。如 2004 年 14 号台风"云娜"袭击永嘉县，造成直接经济损失达 11 亿元。侨居罗马的永嘉籍侨胞得知消息后，发起募捐活动，举行聚会并当场募得善款 1.7 万欧元②。永嘉侨胞不仅关心祖籍地的灾情，也对其他地区的受灾群众提供援助。据永嘉县侨联初步统计，永嘉侨界在 2008 年"5·12"汶川大地震后，共筹集救灾款物达 79.7 万元（见表 10-3）。

表 10-3　　　2008 年永嘉侨界赈灾"5·12"大地震款物统计 （单位：万元）

捐助者	捐助金额	捐助者	捐助金额（物资）
叶显东	15（另捐价值 10 万元的童装）	谢正兄	1
翁银巧	10	林银春	1
滕达	10	瞿利存	1
冯定献	10	吴国荣	1
叶康松慈善基金会	10	刘良仓	1
林光	2	吴云云	0.5
余文龙	2	吴国华	0.1
林兴国	2	余承泽	0.1
陈莲云	1	叶克森	0.05
黄金光	1	王德妹	0.05

资料来源：永嘉县侨联编《永嘉县侨联侨界救灾统计报告》，内部资料 2011 年，第 1 页。

4. 热心公益活动。

在永嘉县境内，由侨胞捐建的亭、台、楼、榭随处可见。据不完

---

① 永嘉县侨联：《永嘉县侨联工作报告》，内部资料 2011 年，第 2 页。

② 作者不详：《罗马华侨捐款 3.9 万欧建造永嘉灾区桥梁》，2007 年 12 月 19 日，温州侨网，http://www.wzqw.com/system/2004/09/01/058979157.shtml。

全统计，截至 1995 年，永嘉县由侨胞捐助的凉亭已有 16 座，其中又以老人亭居多（见表 10 - 4）。

表 10 - 4　　　　　　　　1995 年止永嘉籍侨胞捐建亭园统计

捐助人	捐建项目
谢锦昆	上沙村河心亭
刘逢弟	西岙村老人亭
王步珠	老涂北巷路亭
余聪三	板桥村老人亭
王长成、张雪蓉、黄顺利、张岳光	吟州村老人亭
瞿长毅	老涂村老人亭
朱玉波、周小林	和三村老人亭
卞昆林	长岙村老人亭
黄振斌	中村老人亭
陈凤英	中村老人亭
陈金莲	芦湾村路亭
周聪法	新桥路亭
金启洪	西岙村路亭
黄宝昆、黄学德等	沙村老人乐园
蒋锡金、戴金波、王尧森	乌牛镇蒙东山风景区凉亭、乌牛镇岭下村老人活动室、乌牛镇王宅村老人活动室
陈永科、余文龙	梨村屿山公园
郑孟兴、黄光飞	坦头村老人亭、白沙村老人亭

资料来源：章志诚主编《温州华侨史》，今日中国出版社 1999 年版，第 254 页。

　　永嘉海外华侨华人对教堂和寺庙的捐资热情也很高涨，以致县境内教堂和寺庙数量不少。如乌牛镇孙宅村两座寺庙均有侨捐的成分。他们之所以乐于捐造亭台楼榭和寺庙，主要原因在于：一是永嘉县有较深厚的宗教因子①，信教人数多，许多侨眷都是虔诚的教徒。面对

---

　　①　如近代英国传教士曾深入永嘉偏远山区传教，并在枫林地区建立第一所教堂。

此情景，海外华侨往往秉持行善积德的观念而踊跃参与寺庙或教堂的捐建活动；二是旅居海外的华侨华人常挂念留守家乡的父母的生活情形，为了能让长辈们安度晚年，除了经常性汇钱问候外，通过捐建凉亭、活动室成为既表达孝敬之心又惠及父老乡亲的最佳方式；三是当地自然环境适宜于侨胞捐建休息娱乐设施。永嘉县是温州地区著名旅游地，拥有大量的山水旅游资源，拥有众多天然风景名胜。在这种场所捐建供游人休憩的亭台楼榭，既可为优美的自然风景增加人文气息，又可扩大捐赠者的社会声誉。

三 永嘉侨胞捐赠事业的思考

（一）侨胞捐助存在的问题

一是捐助用途较狭窄。从目前的捐助流向看，捐赠款项主要用于解决一些社会公益福利事业和完善农村基础设施。以 2006 年为例，永嘉县当年接受捐赠共计 154 万元，全部用于文教和公益事业，分别为 10 万元和 144 万元，而医疗卫生、工农业生产等方面为零[①]。又如 2007 年，永嘉县乌牛镇鸭鹅村侨联收到海外侨胞捐款 150 多万元，主要用于修水泥路、建公园、搞绿化带[②]。不可否认，这些捐助的确提高了侨乡社会的基本生活保障力，但只是起到一种"输血"作用，要使捐助具有带动地区生产建设和社会发展的可持续功能，更需要得到海外侨胞的"造血型"捐资力量。

二是受捐方管理有所缺失。随着新移民成为中国海外移民的主体，以及地方经济社会发展的转型，侨胞捐助的心态普遍从主动捐赠逐步转向寻求互利互助的互惠型捐赠。在捐赠模式客观转变的状况下，当地政府部门未能及时调整受捐工作的思路，在"暖侨心"方面存在缺位形象。如对困难归侨及侨眷的关注和帮扶没有跟进，影响了一些侨胞投身于家乡建设的积极性，降低了他们支持地方慈善公益事业的热情。此外，还存在一定的对捐助资产管理不当或浪费的情况，这不仅

---

① 温州市地方志编纂委员会编：《温州年鉴》，中华书局 2007 年版，第 307 页。
② 永嘉县侨联：《永嘉县侨联工作报告》，内部资料 2011 年，第 3 页。

严重损害了捐助者的利益，而且极可能阻断了他们捐赠的意愿。

（二）努力助推侨捐事业

为了更好地利用"侨"资源，保护侨胞的捐助，地方政府和相关部门要努力优化侨乡捐助环境，全力引导和提升侨捐事业，促使侨乡建设又好又快的发展。

首先，积极引导捐助流向高层次领域。据永嘉县侨联介绍，现在全县缺乏的不是华侨捐款，而是要寻找有意义的领域来使用捐款。要从文教、浅性社会公益项目等传统捐助领域转向更具长远性、普惠性和引领性的事业。如捐资开发生态农业、中小学农村教师培训、特色医院或新型疗养院等，从而促进捐助更具社会效能。

其次，大力拓展交流平台，增强侨胞捐助主动性。如上所述，海外侨胞之所以捐助家乡的一个因素是由于自己的父母亲戚仍然居住在侨乡，他们借助捐助来给包括父母在内的老人们一个安享晚年的良好环境，以及给包括自己子女在内的孩子们创设良好学习环境。因此，当地涉侨部门和地方政府，要多关注归侨侨眷，尤其是要帮扶困难侨眷，要多关心侨界留守儿童，要多组织海外侨胞回乡探亲考察，为他们今后的捐助投资构建良好平台。如2010年11月，永嘉县侨办成功举办首届"寻根之旅"冬令营活动，不仅让华裔青少年了解了故乡，促进了交流，传播了中华文化，而且通过维系新生代中国情结来增强其父母对家乡的感情[1]。又如永嘉县政府实行的"侨坟绿化行动"[2]，不仅妥善解决了侨胞侨眷的祖坟保护问题，而且让他们真切感受家乡的关怀，从而触动他们进一步捐赠投资祖籍地的心愿。

再次，进一步完善华侨捐助的相关法律法规。虽然《浙江省华侨捐赠条例》早在1995年就已经颁布并实施了，但20多年来，国内社会经济和海外侨胞状况都发生了巨大变化，捐助实践也出现了新现象、新问题。因此，温州市和永嘉县要结合当地实际情况，制定一些符合地方捐赠需要的具体条例或实施细则，应建立捐赠财产监管制

---

① 永嘉县侨办：《永嘉县侨务工作汇报》，内部资料2011年，第6页。
② 同上书，第5页。

度，妥善使用、管理捐赠财产。这样不仅可以鼓励侨胞捐助行为，保护侨胞合法权益，而且使得侨胞捐助资源能够更加科学、合理地发挥效益，杜绝捐助资源的浪费与流失。

最后，发挥温州人的抱团互助精神，凝聚侨胞捐助力量。温州人在外抱团行商以提高影响力和抵御风险的能力，这种模式也可以运用于温州人的慈善捐助事业。通过成立叶康松慈善基金这样的基金会，既可以提高捐助规模，以便多领域、全方位地支持温州地区慈善事业的发展，也可以更加规范科学地管理捐助资源，以推动海外华侨华人捐赠行为的持久性。

第二节　瑞安籍华侨华人捐助特点及问题[①]

瑞安市东临东海，北接侨乡瓯海区，南临平阳县，西与重点侨乡文成县及丽水市青田县接壤。全市陆域总面积1349平方公里，海域面积3037平方公里，辖5镇10街道，总人口123万人[②]。发源于文成境内的飞云江横贯瑞安全境，温瑞塘河又将其与温州城区紧密相连，这些水运交通优势和濒海的位置为瑞安人早期移民出国提供了便利。瑞安是浙江省传统侨乡，也是全国重点侨乡之一。至2014年，全市共有海外华侨华人和港澳同胞15.9964万人，国内归侨侨眷9.1万人[③]，华侨华人分布在近百个国家和地区，重点集中在意大利、西班牙、法国和荷兰等国家[④]。

一　瑞安人出国概述

瑞安人移民海外，最早可追溯到清末光绪二十年（1894年）前后。当时，董田华表村做贩卖饴糖生意的张新栋，经朋友介绍赴南洋

---

① 本节与程佳超（杭州市萧山区城厢街道丁家庄社区工作）合作撰写。

② 瑞安市人民政府：《基本概况》，瑞安政府网，http：//www. ruian. gov. cn/zjra/jbgk/。

③ 唯敏：《温州侨情详细数据新鲜出炉》，《温州日报》2015年1月8日，第11版。

④ 王国伟主编：《瑞安市华侨志》，中华书局2011年版，第3页。

谋生，是为瑞安华侨先驱①。随着 1875 年温州被辟为通商口岸，外国商品大量涌入，瑞安山区的传统经济结构亦受到冲击，小农经济日益走向破产，许多贫困农民、手工业者无法维持生计，被迫出国谋生。民初至抗战全面爆发前，瑞安出现第一轮出国潮。其中，丽岙镇②1934—1936 年出国人数就达 238 人，占该镇 1927—1937 年出国总人数的 78.5%③（见表 10 - 5）。

表 10 - 5　　　　1929—1937 年丽岙乡、白门乡出国人数统计　　　（单位：人）

年份	丽岙乡	白门乡	合计
1929	9		9
1930	3	7	10
1931	5	1	6
1932	10	4	14
1933	27	10	37
1934	65	25	90
1935	77	22	99
1936	96	40	136
1937	11	4	15
合计	303	122	425

资料来源：章志诚主编《温州华侨史》，今日中国出版社 1999 年版，第 178 页。

1937—1949 年，因国内战乱和交通封锁，整个温州地区出国人数骤减，瑞安人出国也出现大幅回落。不仅如此，为躲避战祸，旅居海外的华侨华人还纷纷回国。如桂峰乡在 1938—1946 年，只有 18 人出国，比此前 9 年的出国总人数 102 人减少 82.4%④。

---

① 瑞安市地方志编纂委员会编：《瑞安市志》，中华书局 2003 年版，第 1085 页。

② 丽岙镇原属瑞安市管辖，2001 年划入温州市瓯海区。本节所引用该镇的数据均为2001 年之前。

③ 章志诚主编：《温州华侨史》，今日中国出版社 1999 年版，第 65 页。

④ 王国伟主编：《瑞安市华侨志》，中华书局 2011 年版，第 15 页。

新中国成立后 30 年，因国内社会生活得到较大改善，加之审批出国条件过严等原因，瑞安人出国人数增长比较缓慢。20 世纪 50 年代至 20 世纪 70 年代后期，丽岙乡出国仅为 209 人，白门乡为 27 人，梓岙乡为 40 人[①]。

改革开放后，瑞安地区出现了新一轮出国潮，尤其是近 20 多年来的移民人数呈直线上升态势，到 2008 年仍未有减弱趋势（见图 10 - 2）。从图表中可看出，1980—1995 年的 15 年，瑞安出国人数由 6046 人增加到 24934 人，年均增加 1259 人，增长趋势相对平缓。而 1995—2008 年的 14 年，出国人数由 24934 人猛增至 101754 人，年均增加 5487 人，增长速度可见一斑。

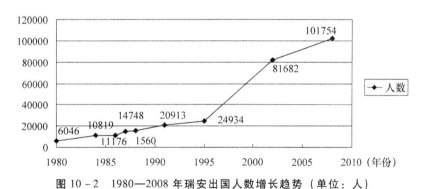

图 10 - 2 1980—2008 年瑞安出国人数增长趋势（单位：人）

资料来源：王国伟主编《瑞安市华侨志》，中华书局 2011 年版，第 20 页。

二 瑞安华侨捐助的发展历程

瑞安籍侨胞和广大华侨华人一样，虽远离祖国，在海外努力谋生存求发达，但仍时刻不忘反哺家乡、回报桑梓。无论在革命年代，还是和平建设时期，他们都一如既往地支持祖国的建设与地方的发展，总是通过各种途径、方式参与祖籍地建设，捐资支持家乡公益事业，赈灾扶贫、兴办学校，为家乡父老做实事，极大地促进了瑞安经济文

---

① 瑞安市地方志编纂委员会编：《瑞安市志》，中华书局 2003 年版，第 1085 页。

化的发展。

　　早在 20 世纪 20 年代，旅居海外的瑞安人就开始在家乡与海外创办各类学校，并劝募捐资。如马屿江浦人胡纲两次前往南洋，在苏门答腊、马来亚、新加坡致力于华侨教育事业。又如湖岭人徐慨生、芳庄人金天放到马来亚、新加坡等地从事华侨子弟教育工作①。金天放先后出任新加坡道南学校教务主任、校长，星洲道南联合公校校长等。在抗日战争期间，瑞安华侨在自身经济还相当拮据的情况下，积极捐款支援祖国抗日。如 1939 年 7 月，丽岙籍旅法华侨丁子才等人发起纪念祖国抗战两周年献金运动，广大华侨积极响应，节衣缩食来支持国内抗战；旅法华侨董云飞不仅慷慨解囊，还展开义卖、捐款等活动，支持祖国救亡图存②。此外，旅法华侨任岩松捐出省吃俭用的 20 万法郎，作为旅法华侨俱乐部中文学习班的办班费用③。

　　新中国成立后，随着国内政治稳定和经济迅速恢复发展，以及瑞安华侨在国外逐渐闯出一片天地，他们开始为家乡的公益事业添砖加瓦。如 20 世纪 50 年代，旅荷华侨胡克林在海外筹集 10 万荷兰盾，支持家乡有关部门兴办公益事业④；1957 年，他又捐资助建瞿溪发电厂等。1959 年开始建造的瑞安华侨电影院，可谓海外瑞安人集体捐赠家乡文化事业的典型案例。

　　进入改革开放的新时期，瑞安华侨华人兴教助学、赈灾济贫、兴办公益事业的积极性空前高涨，掀起了瑞安慈善公益活动的高潮。近 30 多年来，海外瑞安人参与捐赠的人数之多、数额之大都是历史上前所未有的。如 1992 年以来，丽岙镇华侨每年资助家乡兴办教育和公益事业均在 100 万元以上，至 1997 年底各项捐资额累计已达 1833 余万元，其中教育领域的捐资达 858 余万元，占捐资总金额的 46.8%⑤。2001—2005 年，瑞安全市有 1274 人次的海外侨胞为家乡

---

① 王国伟主编：《瑞安市华侨志》，中华书局 2011 年版，第 116 页。
② 苏虹编：《董云飞家族侨谱》，温州市华侨华人研究所刊印 2003 年，第 20 页。
③ 王国伟主编：《瑞安市华侨志》，中华书局 2011 年版，第 117 页。
④ 同上书，第 199 页。
⑤ 瑞安市地方志编纂委员会编：《瑞安市志》，中华书局 2003 年版，第 1104 页。

的公益事业累计捐赠达 2997 多万元①。2006—2011 年，则有 1162 人次、15 个侨团体单位参与到本市和祖国其他地区的公益捐赠事业中，涉及爱心助学、修桥铺路、赈灾济困、百侨助百村、侨乡文化、养生养老保障等项目，捐款金额总计 6493 万元人民币。其中捐赠 100 万元以上的个人就有 8 人，捐赠 5 万元（含）以上者占比 17.64%（205∶1162）②。2012—2015 年，瑞安市侨办通过慈善总会侨爱分会的平台，接受和协助办理华侨捐赠金额达 2698.654 万元人民币③。

三　瑞安华侨捐助祖籍地的动因

海外华侨华人都怀有造福桑梓、乐善好施和改良乡村社会的情感，捐赠祖籍地已成为他们最乐意奉献的义举和在乡土社会深受普遍赞誉的一项工程，也将成为华侨华人在侨乡社会的一个永恒项目。具体分析瑞安华侨华人捐助祖籍地的行为动机，大致可以分为以下三类情况：

第一类，宗亲意识和乡土情怀的表达。中国人自古就重视家庭伦理关系，华侨也不例外，"一个人似不为其自己而存在，仿佛互为他人而存在"④。华侨重视家庭、家族，进而重视家乡，"富贵不还乡如锦衣夜行"的观念深烙在他们的日常意识中。他们希望能够得到族亲乡邻的认可，所以华侨们在海外成功后都乐于回报桑梓、反哺家乡，这亦是瑞安华侨华人"热心捐赠、报效家乡的深层心理原因"⑤。

第二类，自身经历的夙愿。早年的瑞安人不仅目睹了列强瓜分祖国，也亲历家乡支离破碎的惨状。在此境遇下，他们被迫出国闯荡谋生。由于年少时没有足够的条件去求学，文化水平不高，更不懂外语，漂泊海外的他们只能充当苦力。他们在国外不仅饱受歧视和欺凌，也

---

① 倪亮：《瑞籍华侨情系故乡 五年捐资近三千万元》，《瑞安日报》2006 年 7 月 4 日，第 1 版。

② 瑞安市人民政府：《关于表彰池士勖等 205 位华侨捐赠者及 15 个捐赠侨团体的通报》，2013 年 1 月 7 日，瑞安政府网，http://www.ruian.gov.cn/zwgk/gzxx/tzgg/178108.shtml。

③ 数据由瑞安市侨办 2016 年 4 月提供。

④ 梁漱溟：《中国文化要义》，学林出版社 1987 年版，第 88—90 页。

⑤ 庄国土：《华侨华人与中国的关系》，广东高等教育出版社 2001 年版，第 426 页。

难以适应激烈的市场竞争，海外创业困难重重。正是这些坎坷的经历，促使老一代华侨深切体会到改变家乡积贫积弱局面的重要性及关键所在。他们意识到教育是立国之本，强国必先强教，捐资兴教成为他们表达此种内心期待的良好方式。于是，将大部分积蓄倾注于家乡教育事业也就成为他们的自然善举。

第三类，利益诉求的表现。对于华侨捐赠行为，客观而言，功利性是其自然属性之一。所以，不少瑞安华侨华人的捐赠具有现实需求和即时目的。他们一则可以无私捐助，再则需要投资逐利。因此，为了树立良好的企业形象，使自己的经济事业蒸蒸日上，他们会借助捐助途径来与政府部门建立关系，获得社会好感和民众信任，从而为其企业的发展创造有利环境。

此外，出于纯粹的爱国精神和高尚品德，追求社会声誉和好面子，满足炫耀性心理，以及实现更大人生价值等，也是影响包括瑞安华侨华人在内的海外侨胞捐赠的因素。

四　瑞安华侨捐助的具体表现

小到闾里的修桥铺路、救灾济困，大至建校造楼，都有海外瑞安人的身影。他们的捐赠实践与国内慈善公益群体、温州其他地区侨捐既有共同性，也有自身特色。老一代华侨基于自身的文化程度和坎坷经历，注重对教育领域的捐赠。而第二、三代华侨因多为改革开放后的新移民，经济实力更为雄厚，文化水平相对较高，所以成为近年来瑞安侨捐的主力军。

（一）教育事业是侨捐的首选

改革开放前，瑞安老华侨们主要是通过自身的经历来倡导华侨子弟要接受良好的教育，直接的捐资兴学行为并不多。但20世纪80年代以来，迅速掀起为家乡教育事业捐资的浪潮，其规模历史空前（见表10－6）。据统计，1980—2008年，瑞安市接受侨胞、归侨及侨眷捐助的学校有42所，总金额达到2218.964万元①。任岩松、林昌横等众多

---

① 王国伟主编：《瑞安市华侨志》，中华书局2011年版，第117页。

华侨华人通过捐资建设校舍、教学楼、图书馆等基础设施，为瑞安教育事业做出了重要贡献。

表 10 - 6　　　　　　1986—2008 年瑞安侨胞及归侨侨

眷捐资兴学 30 万元以上一览　　　（单位：万元）

年份	捐赠项目	捐赠人	居在国	捐赠金额
1986—1994	任岩松中学	任岩松	法国	500
1991	董友孚、董志克教学楼	董友孚、董志克	法国	50
1993	仙岩二中教学楼	蔡考申等	法国	40
1994	戴在鹏小学	戴在鹏	荷兰	51
1994	茶堂小学	陈国华	意大利	56
1995	枫岭中学	郑振甲	意大利	66.2
1996	瑞中体育馆	蔡正深	法国	300
1996	许岙小学	倪杰	美国	90
1999	汪康银杨凤翠教学楼	杨国秋等 6 兄妹	荷兰	100
1997—2008	用于瑞安市教育事业	荷兰瑞安教育基金会	荷兰	300
1998—2004	瑞安第八中学奖学金	潘世锦、郑乾有等	荷兰、匈牙利、奥地利、意大利	42.5
2000	仙岩二中教学楼	郑珍存等	法国	88
2001	桂峰乡学校教学楼、大门、围墙	陈益滔、陈军敢、陈新满	意大利	56
2001	永安乡中学	廖文虎等	意大利	56

资料来源：王国伟主编《瑞安市华侨志》，中华书局 2011 年版，第 118—119 页。

另外，海外侨团也积极参与捐资兴教和资助贫困学生。如荷兰瑞安华侨基金会自建立以来，每年都会向瑞安市教育基金会提供 10 万元作为资助贫困生上学的经费[1]。截至 2008 年，该基金会已向瑞安教育

_____

[1]　陈桂芬：《与人类最伟大的事业同行》，《瑞安日报》2011 年 8 月 26 日，第 7 版。

事业捐款近 300 万元，这对于扶助贫困学生、普及教育、促进教育公平及教育事业的发展起了很大作用。

（二）民生公益领域是侨捐的常态

除教育事业外，交通、文化、民生等社会公益事业也是瑞安华侨华人大力捐助的重要领域。对这些领域的捐助不仅改善了侨乡人民的物质生活条件，也丰富了他们的精神文化生活。

1. 修桥铺路造亭。

"要想富先修路"，"路通则财通"，这些在侨乡广为流传的俗语充分说明了改善交通对侨乡经济发展的重要性。因此，为改变家乡落后的交通面貌及公共环境，瑞安华侨华人通过修桥筑路、开展基础设施建设等实实在在的行动来造福桑梓。据统计，1986—2008年，瑞安籍侨胞为家乡捐建大小桥梁近 30 座，铺设公路、水泥路等近 100 条，建路亭 8 座，以及隧道、供电线路、防洪堤、河坎等多处①。

2. 兴建自来水工程。

与家乡人民生活密切相关的饮水卫生等工程，也是瑞安侨胞捐赠时特别关注的。他们参与当地的改水工程，虽然数额不大，却造福一方，有效地改善了居民的生活条件。如 1994 年，旅意侨胞郑耀庭先后捐资 21 万元资助家乡枫岭铺设自来水管道。任岩松、林昌横、林加者、戴在鹏等人，也都曾捐资改造家乡的自来水工程（见表 10 - 7）。

表 10 - 7　　　　瑞安市丽岙镇华侨华人捐建自来水工程一览

捐资人	侨居地	自来水厂名
任岩松	法国	任岩松自来水厂
徐村寅	法国	罗南乡中岱村自来水厂
林昌横、林加者等	法国	镇河头村自来水厂

---

① 王国伟主编：《瑞安市华侨志》，中华书局 2011 年版，第 123 页。

续表

捐资人	侨居地	自来水厂名
戴在鹏、王家柳、王国光、陈启明等	荷兰	下川村自来水厂
		王宅村自来水厂
		姜宅村自来水厂
		王宅水井

资料来源:《温州华侨史》《瑞安华侨志》等。

3．兴办文化事业。

瑞安侨胞十分关注乡亲们的文化娱乐生活,对家乡文化事业捐助的内容非常丰富,形式多样,以影剧院、老人活动中心等为主。如1960年建成的瑞安华侨电影院,是当时温州地区设施最先进的电影院之一。1979—1989年,白门乡华侨林德标、林来金、林荣超、郑光实、郑光富、郑三溇、林昌寿、林立生、董希雄等共捐资28.31万元,先后建造了霞嶂电影院、泊岙电影院、姜宅影剧院。著名华侨林昌横老先生不仅捐建原温州大学林昌横教学楼还捐造了丽岙镇林昌横影剧院①。1987—2008年,瑞安籍侨胞又为家乡捐资建设影剧院(含电影放映场)3座,老人活动中心(含晚年宫)11座,文化中心2座,公园2座,四贤阁一座②。

4．助建侨联办公设施。

侨联是国内各级政府与广大海内外侨胞联系、沟通及侨界联谊的重要平台,是海外华侨华人的娘家、归侨侨眷的好邻居,因此,不少华侨乐赠款项营建各级侨联大楼。如枫岭乡、永安乡及瑞安市侨联大楼,在建造过程中都曾得到侨胞资助。其中,建筑面积450平方米的丽岙镇侨联大楼得到华侨43万元的资助③;华侨郑握忠捐资5万元,周岩凯、廖巧明、旅意北部瑞安同乡会等各捐资3万元资助永安乡侨联大楼④。在不

---

① 瑞安市地方志编纂委员会编:《瑞安市志》,中华书局2003年版,第1094页。
② 王国伟主编:《瑞安市华侨志》,中华书局2011年版,第130页。
③ 瑞安市地方志编纂委员会编:《瑞安市志》,中华书局2003年版,第1094页。
④ 欧苗苗:《永安慈善分会成立》,《瑞安日报》2009年1月8日,第2版。

同时期，任岩松、林昌横、林加者、林德标、黄品松等华侨还曾向瑞安市及其乡镇侨联和有关单位赠送过各种类型的汽车或办公设备等。

（三）赈灾扶贫是侨捐的应激

"一方有难，八方支援"，每当家乡遭受灾害或其他突发性困难时，海外瑞安人无不立即开展赈灾救济活动，支持同胞抗灾救灾。如1994年17号台风在瑞安市梅头镇登陆，给瑞安造成惨重损失。旅法华侨俱乐部的侨领们闻讯后立即动员侨胞捐款，共筹募了105.69万法郎，并组织慰问团赶赴家乡灾区慰问①。1998年，长江、嫩江等流域发生特大洪水的消息传到国外，旅法俱乐部名誉主席任岩松带头捐出6万法郎②。西班牙瑞安华侨华人经贸总会成立于2008年8月16日，成立后即刻向四川玉树地震灾区捐款54万元③。

此外，海外瑞安人也为家乡贫困户、敬老院、红十字组织、慈善事业等倾囊相助（见表10-8）。

表10-8　2000—2008年瑞安籍侨胞对家乡扶贫济困一览（部分）

捐赠项目	捐赠人	受赠单位
救济款	金永成	仙岩镇岩二村委会
济困款	谢炳钞等40位意大利南部瑞安同乡会成员浙江联谊会	龙湖镇上龙村曾国戴、林阿灯夫妇
沙洲扶贫基金	郑品海	陶山沙洲村
济困	程志骇	宁益乡
公益	温怀钦	马屿镇红十字会
扶贫	罗马尼亚瑞安同乡会	高楼高二村、宁益徐发村

资料来源：王国伟主编《瑞安市华侨志》，中华书局2011年版，第121页。

从上述的分析中发现，瑞安华侨华人捐赠对象非常广泛，既有传

---

① 王国伟主编：《瑞安市华侨志》，中华书局2011年版，第120页。
② 章志诚主编：《温州华侨史》，今日中国出版社1999年版，第65页。
③ 杨新觉：《全市华侨捐赠工作会议　多名瑞籍侨领受表彰》，2014年12月5日，瑞安政府网，http：//www. ruian. gov. cn/zwgk/gzxx/268676. shtml。

统的捐资兴教、铺桥修路，也有参与文卫体事业和新农村建设。不仅如此，他们对各领域捐赠的比重是随着祖籍地的实际需要而变化的。如1991—2000年流向教育领域的捐赠最多，占同期所有捐赠领域的39.59%。而2001—2008年，对交通等基础设施的捐赠比例达最高，占38.08%，文化领域的捐赠次之，占21.32%，而教育事业的捐赠额缩减为17%（见图10-3）。可见，捐赠流向呈现出从"行善乡里"转向"改善民生"的趋势①。

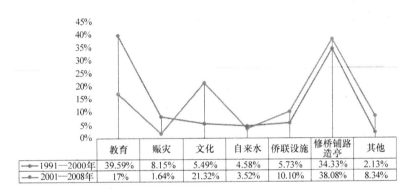

	教育	赈灾	文化	自来水	侨联设施	修桥铺路造亭	其他
1991—2000年	39.59%	8.15%	5.49%	4.58%	5.73%	34.33%	2.13%
2001—2008年	17%	1.64%	21.32%	3.52%	10.10%	38.08%	8.34%

图10-3　1991—2008年瑞安籍侨胞捐赠领域变化

资料来源：王国伟主编《瑞安市华侨志》，中华书局2011年版，第118—135页。

五　瑞安华侨捐助祖籍地的影响

（一）积极的作用

近年来，瑞安的经济、文化、科教等方面蓬勃发展，这与海外瑞安人的多方位支持是分不开的。他们积极参与祖籍地建设，通过捐助公益事业这一"社会财富的第三次分配"途径，为家乡构建和谐社会营造环境。

第一，带动瑞安整个社会的向善性。毋庸置疑，海外瑞安人对祖籍地的捐助更多的是一种无私奉献，体现出他们高尚的品德与爱心。

① 王丹容：《海外华侨七年捐赠一亿八》，《温州日报》2008年3月6日，第4版。

如前所述，瑞安侨胞捐助是多领域的、经常性的、不间断的和大规模的，对家乡的各个需要帮助的方面都关怀备至、慷慨解囊。这不仅表达了在外瑞安人的爱乡精神，树立了在外瑞安人的良好形象，而且加强了海内外瑞安人的联系，有利于天下瑞安人更加齐心协力地为祖国、为家乡的发展做出贡献。同时，借鉴华侨捐助经验，可以推进瑞安慈善公益事业的整体发展。

第二，有效促进瑞安经济社会的发展。在教育方面，华侨捐资办学很好地弥补了地方政府教育资金不足的状况。如桂峰乡华侨华人在1979—2000年间为兴办教育事业共捐资551.21万元[①]，这也为多渠道办学开辟了新途径，从而有利于瑞安教育事业的长远发展；在交通运输方面，由于瑞安境内山区较多，原有交通设施较落后，民众出行极为不便，并对经济发展造成制约，所以修桥铺路造亭一直是侨胞捐资的重点。如华侨蔡新土家族在1995—2005年间共为家乡建造了7条路7座桥，累计捐资达200多万元[②]。同时，华侨捐资交通领域也美化了公共环境，推动了新农村建设，展现了侨乡新风采。实践证明，华侨对祖籍地文教卫、社会公益福利等所有领域的捐助均产生一种不可小觑的力量，并形成了良好社会效应，成为瑞安经济社会飞速发展的重要推手。

（二）存在的问题

鉴于捐赠主客体、捐赠机制、捐赠法律等多重要素的制约，瑞安华侨华人在捐赠过程中同样存在其他地区侨捐相类似的问题，如捐赠领域的选择性不强、捐赠渠道的不畅通性和捐赠款项的不规范性等。

1. 捐赠领域重传统，需拓展新方向。教育、交通等传统领域长期以来都是海外侨胞的捐赠重点，而对文化卫生尤其是科技和环境等新兴领域的捐助力度远远不够。对可促进当地经济可持续发展的行业也关注不够，如水电开发、乡村旅游资源建设和侨乡文化资源保护等方面仍然是侨捐的薄弱领域。

---

① 郑育友：《桂峰华侨志》，香港天马图书有限公司2000年版，第51页。
② 马邦城、蔡新土：《耕耘新土 收获成功》，《瑞安日报》2006年8月11日，第5版。

2. 捐助形式仍单一，需创设新路径。捐款或捐物等物质性扶助，是大多数海外华侨华人的习惯性捐赠模式。直接性捐物作为最普遍的捐赠模式，的确能带来立竿见影的效果，也能够满足受助群体的物质需求，但如果长期采用这种简单的捐助形式既会造成重复性资源浪费，更可能助长受赠者的依赖性。如由于瑞安侨胞捐赠教育事业过于倾向于捐建校舍、教学楼、图书馆等硬件设施，导致一些地区的教育基础设施出现饱和状态，加之生源减少，不少学校的教室闲置严重。而与此同时，设立奖学金、教育基金等软性方面捐赠不足，使得一些学生无力完成学业，一些山区教师无法坚守岗位。同样，社会上的弱势群体或困难对象并不仅仅需要物质帮助，还需要精神关怀。

3. 捐助监管不到位，需出台新条例。社会管理部门对华侨捐助存在"重捐赠、轻管理""重数额、轻服务"的现象，捐赠财物浪费、运用不合理的情况也较普遍。侨捐既可支持地方社会经济发展，但也会滋生出大批靠它生活的"有闲人"①。华侨满怀爱心捐出的辛苦钱，有些并没有被恰当使用，或是被人擅自挪用，或是被侨乡人用于攀比炫富，甚或被用于投资房地产。有关机构对华侨捐建的工程项目监管不得力，对受赠钱款的使用不规范，不仅造成侨捐工程质量低下，甚至导致华侨不得不追加资金以完成项目。毫无疑问，这些不良行为不仅严重损害了捐助侨胞的利益，也挫伤了他们未来捐助的积极性。

（三）完善的建议

完善华侨华人捐赠工作对于政府部门和地方社会收拢侨心、汇聚侨智、维护侨益及发挥侨力具有正面意义，也最终有利于推动地方社会的全面、协调发展。所以，充分领会"侨心就是生产力"②，并运用灵活多样的方法与措施来保护和发展侨务资源，解决华侨捐赠工作中的弊端，切实把"善事做好，好事做实"，成为侨务工作的内在要求。

---

① 夏凤珍：《论浙南侨乡移民意识的生成、作用及其提升》，《浙江工商大学学报》2011 年第 2 期。

② 卢秀英、华小波：《天下瑞安人：海外篇》（第一辑），作家出版社 2008 年版，序言。

第一，广泛宣传，营造捐赠事业的良好氛围。瑞安市各级侨办侨联、其他涉侨部门要贯彻落实相关侨务政策，主动做好宣传联络和热情接待工作，要加强同海外华侨华人的交流与互动，创建多元化的沟通平台。如2008年瑞安市海外华侨华人交流协会成立，让海外瑞安人了解到更多的本土信息，从而进一步密切了侨乡与海外侨胞的感情，为他们继续关心、支持地方慈善公益事业上了一堂有益的心理课。要充分利用侨胞回乡探亲或观光旅游的良好机遇，与侨界积极开展联谊活动，不断赢得侨心，充分调动他们捐赠的积极性，营造出社会关心支持捐赠工作、侨胞踊跃参与捐赠事业的良好氛围①。此外，对捐赠事业有突出贡献的人物要及时在报纸或网络等媒体上公开进行表彰，给予荣誉，既表达家乡社会对他们的关注与敬意，也能够充分发挥典型示范作用，把更多侨胞引导到造福桑梓的捐赠事业中来。

第二，积极拓展，开辟华侨捐助新载体。每位参与捐赠的华侨都希望自己的捐助能产生实质性的效果，这是人之常情。但却因此出现公益项目扎堆、捐助指向过密等问题。对此，侨乡政府需努力寻找捐助的新项目，突破捐助单一格局，引导侨捐向长远性方向发展②；要让华侨华人打破捐赠教育或交通等传统领域的惯性思维，有针对性地引导华侨转变观念，向非物质文化的传承、新型健康疗养场所的打造、生态环境资源的开发等方面转移，扩大受众面和服务性。此外，捐助的目的性或立意要更新，要更强调"助人自助"的理念。华侨在捐赠实践活动中，既要授人以鱼，更要注重授人以渔，不断增强受助群体的自我救济、提升发展的能力，使捐助由简单的"输血"向"造血"转变。

第三，加强监管，完善相关制度建设。一方面，各级侨办侨联要努力做好华侨捐助事业的服务和管理工作，为瑞安侨胞实现行善愿望提供细致周到的服务，实现"愿意捐"的目标。另一方面，应当建

①　肖效钦、甘观仕、阎志刚：《潮汕华侨、华人捐资兴学的调查研究》，《汕头大学学报》（人文科学版）1991年第3期。

②　徐华炳、张东平：《侨胞捐助温州高等教育：回顾与展望》，《八桂侨刊》2010年第2期。

立有效的协调和监管机制，将监督机制贯穿华侨捐助的全过程，切实维护好华侨捐赠者的合法权益，实现"安心捐"的目标。在具体操作方面，要加强对资金筹集、投放管理的监督，尊重捐助人意愿，及时发现和纠正捐助工作中的问题①；要明确捐助的项目、流向、资金，以及捐助的使用等情况；应当建立捐助信息沟通反馈平台，科学规范捐赠和受赠行为，使捐赠和受赠行为公开透明，让捐赠者放心，受赠者舒心；应当制定和完善"瑞安华侨捐赠条例"及其实施细则。如依照最新颁布实施的《慈善法》，在 2009 年出台的《瑞安市华侨捐赠兴办公益事业管理办法》的基础上，进一步规范捐赠工作，并与政府的监督工作相辅相成，使侨捐有法可依，逐步走向法制化的捐赠机制。

总之，瑞安各级政府和侨乡社会要千方百计地优化华侨捐赠实践，得体地结合华侨捐助活动和瑞安的未来发展，充分挖掘和发挥他们在情感、信息、资金、技术和人才等方面的优势，凝聚天下瑞安人力量，促进海内外瑞安人的良性互动，把"瑞安人经济"转化为"瑞安经济"②。

第三节　桂峰华侨捐赠行为的调查与分析③

温州地区的侨乡集中在文成县、瑞安市和瓯海区的部分乡镇，既有贫困山区，也有经济相对发达的平原地带。瑞安市桂峰乡的华侨华人群体是温州贫困山区海外移民的一个缩影。

一　桂峰乡华侨华人概况

桂峰位于浙江省瑞安市西北，东邻永安，南连枫岭，西和文成县

---

① 刘芸：《温州慈善现状及其完善对策探析》，《温州大学学报》（自然科学版）2011年第 5 期。

② 徐德友：《天下瑞安人：90 华诞90 精英》，红旗出版社 2011 年版，序言。

③ 本节由张小绿（温州大学图书馆讲师）撰写，徐华炳略作修改，内容曾刊载于《温州大学学报》2008 年第 4 期。

接壤，北和青田县西北相邻，境内峰峦起伏，有瑞安的"西藏"之称。1949 年设桂峰乡，1961 年改公社，1984 年复设乡，2011 年又撤乡、行政区域并入湖岭镇。桂峰总面积 33.8 平方公里，耕地面积3151 亩，山地面积 4.8 万亩，平均海拔 525 米①。由于耕地少，资源贫乏，交通落后，历史上桂峰是典型的贫困山区，共有 41 个自然村，分属于 7 个行政村。

桂峰人出国始于 1915 年，至 2016 年，出现过两次出国热。第一次发生在"一战"后至 1923 年 8 月，第二次是改革开放以来。尤其近年来，桂峰出国人数持续增加。截至 2014 年，全乡总户数 1647户，总人口 6011 人，实际居住人口为 2016 人，华侨华人达 7416 人。其中华侨人数为 6893 人，华人人数为 523 人，归侨侨眷户数 1189户，归侨人数为 70 多人，侨眷（含港澳侨眷）人数 1632 人。

桂峰乡第一代华侨在日本及西欧的职业大多是苦力、小商贩、饮食服务三类。"二战"后，桂峰籍旅欧华侨华人经济发生了重大改观，经济水平显著提高。近年来，华侨华人的职业结构逐步转向办工厂（主要是皮革加工和服装加工业）、开餐馆、搞批发、开超市、创公司以及从事国际贸易等②。

二　桂峰华侨华人慈善捐赠的模式、特点及其动因

（一）桂峰华侨华人慈善捐赠的模式

当前，致力于跨国慈善事业研究的美国学者李达三认为，美籍华人捐赠模式可以分为四大类：个人模式、联谊会模式、基金会模式、其他各种模式③。根据桂峰华侨华人的实际慈善捐赠情况，可将其分为个人模式、民间组织模式和政府模式三种。

1.　个人模式

个人模式是指华侨华人以个人或家庭名义直接捐钱捐物给捐赠受

---

① 郑育友：《桂峰华侨志》，香港天马图书有限公司 2000 年版，第 1 页。

② 同上书，第 27—31 页。

③ ［美］孔秉德、尹晓煌：《美籍华人与中美关系》，余宁平译，新华出版社 2004 年版，第 201 页。

益者的捐赠方式。例如，2005 年 7 月，潘世锦先生获知桂峰坳后村张春丽考上浙江万里学院英语系，但因家庭困难无法继续学业时，就亲自赶到她的家中慰问，并允诺资助其四年学费 6.4 万元。

2．民间组织模式

民间组织模式是指民间组织（同乡会、宗亲会、侨联和村委会等）接受华侨华人捐赠，并按照一定的原则和程序发放捐款的捐赠方式。例如，潘世锦先生以个人模式捐赠外，也多次向瑞安慈善总会、旅荷侨胞瑞安教育基金会、坳后村委会和村老人协会等各种慈善机构和民间组织捐赠。

3．政府模式

政府模式是指由政府发动或华侨华人自发地把钱物捐给乡政府、侨办等政府机构，由政府机构发放捐款的捐赠方式。例如，1992 年，桂峰政府规划修建一条从永安乡上埠坦村至桂峰板龙村，全长 25 公里多的永峰公路。这一消息传到海外，桂峰籍华侨华人纷纷捐资。至永峰公路一期工程建成，乡政府共收到侨胞捐资近 200 余万元人民币，占总工程款一半以上。

（二）桂峰华侨华人慈善捐赠的特点

上述三种模式，虽然就捐赠的来源来说，都来自华侨华人，但由于发起者的不同，这三种模式各有不同特点。

个人模式的慈善捐赠具有如下特点：第一，捐赠者和捐赠受益者之间存在较为亲密的关系，这种关系可能是血缘、地缘、业缘关系，或是这三种关系的扩展关系，如朋友、熟人等，由此，双方互相之间比较了解；第二，这种捐赠方式是私下进行的，不张扬，可避免不必要的麻烦；第三，这种模式的慈善捐赠一般量小、分散，具有偶然性和随意性。

民间组织模式的慈善捐赠具有如下特点：第一，民间组织一般按照一定的宗旨、原则和执行程序，雇有一批具有一定技术的专业人员或志愿者以履行组织的职责，这使华侨华人的慈善捐赠具有一定的专业性；第二，采取长期的、大规模的筹集和发放捐款方式，这种模式便于华侨华人进行经常性的捐赠，也有助于他们的捐赠发挥更大的效用；第三，捐赠者和捐赠受益者之间一般是间接的关系。

政府模式的慈善捐赠具有如下特点：第一，公益性。捐赠项目一般是公益事业，公共效益高。第二，号召力。由于海外华侨华人比较信赖政府，也希望和政府搞好关系，因此，政府启动的慈善捐赠活动有着强大的号召力。第三，集中性。政府发起捐赠活动，项目和时间都比较明确，针对一个项目，集中一段时间接受捐赠。

目前，桂峰华侨华人的捐赠活动，首先以政府模式最普遍，其次是个人模式，最后是民间模式。从总体上来说，华侨华人的慈善捐赠具有如下两个突出特点：

1. 做好事不求出名。

桂峰华侨华人把慈善捐赠看作私人行为，不倾向于公开化。例如，2003 年 2 月，瑞安市慈善总会收到一笔个人捐款，计 4 万元，却无捐赠人的任何联系方式。工作人员多方打听，最后得知捐赠人是海外华侨潘世锦先生。朱良璧先生也是热心于慈善捐赠的华侨，可当有人向他了解捐款情况时，他总是以"捐款是自己自愿的无须多说"为理由加以回避。究其原因主要有：一方面，大多数华侨华人接受了中国传统文化教育，崇尚"财不外露"等内敛的处世方式；另一方面，怕出名怕惹是非。由于大多数华人华侨在侨居国较低的社会地位和较艰难的经营状况，华侨华人的捐款情况公开后可能会引起侨居国税务机关和其他部门的注意，增加税负和导致更为严格的督查。笔者到瑞安侨办了解捐款情况时，侨办的同志也十分担心给侨胞惹麻烦，对之非常谨慎。当然，上述"做好事不求出名"的心态，不影响大多数桂峰华侨华人乐意以适当的形式，将自己的慈善捐赠事迹公布于众。桂峰华侨华人捐赠修建的建筑物和购买的物品大都以捐赠者的名字命名或刻上捐赠者的名字和捐赠数额，瑞安市政府定期对主要捐赠者给予公开表彰等公开方式都是受欢迎的，也在一定程度上激励了华侨华人的捐赠热情。

2. 社会关系网络在华侨华人的慈善捐赠中发挥着特别重要的作用。

是否捐赠、捐赠多少，往往取决于捐赠者与捐赠受益者之间的关系，以及捐赠者的影响力。在桂峰，捐赠者与捐赠受益者之间一般有血缘、地缘或业缘关系，给陌生人捐赠的现象较少。同时，捐赠大多数是依靠有声望的华侨华人借助家庭、家族、邻里、朋友等各种社会关系网络实现的。例如，潘世锦先生凭借其在家族中享有的声望，多次发动在海外的家族成员家乡捐赠。

（三）桂峰华侨华人慈善捐赠的动因

桂峰华侨华人积极参与慈善捐赠的主要原因是：家乡传统慈善文化的熏陶和道德的教化，以及海外生活的经历，使得华侨华人有着强烈的爱国爱乡、强国强乡的愿望。

1. 热爱祖国，报效祖国。

桂峰华侨华人的海外艰辛生活经历，使他们深深懂得在国外谋生创业，没有祖国这个靠山不行。因此，他们在海外创业获得初步成功后，总是念念不忘为祖国出一份力。

2. 回报家乡，建设家乡。

桂峰的海外华侨，特别是在桂峰长大后出去的第一、二代华侨，总是有着难以割舍的乡情。他们身在国外，却忘不了养育他们的故土和乡亲，总是想办法回故乡看一看，为乡亲做一点事情。

3. 追求社会声誉，实现更大的人生价值。

华侨华人每一次捐赠，帮助家乡改变了落后面貌，改善了乡亲的生活，同时他们自己也得到了来自各方的赞誉。这是他们追求社会声誉、实现更大人生价值的途径。此外，侨居国先进的慈善文化理念对桂峰华侨华人的慈善捐赠事业，也起到一定的促进作用。当前，桂峰华侨华人给敬老院、红十字会捐赠、扶贫赈灾等活动逐渐多起来，这与西方慈善捐赠文化有一定的联系。

三　桂峰华侨华人慈善捐赠对侨乡的贡献

蔡苏龙在评价著名侨乡泉州华侨华人捐赠效果时，提出从对侨乡教育、公益事业、地方经济发展的贡献三个方面入手[1]。实际上，华

---

[1]　蔡苏龙：《侨乡社会转型与华侨华人的推动：以泉州为中心的历史考察》，天津古籍出版社 2006 年版，第 242—243 页。

侨华人的慈善捐赠对侨乡的贡献有很大的共性，因此，也可以从这三个方面评价桂峰华侨华人慈善捐赠的贡献。

（一）桂峰华侨华人慈善捐赠与侨乡教育事业的发展

桂峰华侨华人乐于捐资兴办教育事业。据不完全统计，自 1979 年至 2000 年年底，桂峰华侨华人为兴办教育事业，共捐资 551.21 万元，共有 64 人参与捐资，捐资数额在 5 万元以上的有 20 人，主要捐赠项目有建校舍，购买教学器材，设立奖学金和助学金①。

2001 年至今，由于在桂峰以至温州地区，校舍等教育基础设施已基本满足需求，华侨华人在教育领域的捐赠相对减少。华侨华人主要通过教育基金会（如荷兰瑞安教育基金会，桂峰籍华侨潘世锦 2006 年被推选为该基金会会长）、瑞安市"侨爱助学"项目、助学金（如潘世锦助学基金会）和奖学金（如詹应考奖学金和朱良璧奖学金）等方式，资助侨乡的贫困生。华侨华人捐赠侨乡教育事业步入了持续性、常规化的捐赠新常态，荷兰瑞安教育基金会捐资助学就是捐赠新常态的一个例证。该基金会是欧洲唯一一个以关心和支持祖（籍）国贫困地区的教育事业为宗旨组建的华人社团，自 1996 年成立以来，通过浙江省瑞安市教育局或其他途径，平均每年资助学生百余名，且每年的资助力度在逐步加大。至今共资助了瑞安和国内多个省份的 1500 多名高中、中专及大学家庭困难学生，资助金额达 650 多万元，为国内的教育事业发展做出了积极贡献。

（二）桂峰华侨华人慈善捐赠与侨乡公益事业的发展

桂峰籍华侨华人资助兴办各种社会公益事业，改善了侨乡居民的生产、生活条件，其中在铺桥修路、兴建文化娱乐设施、解决乡民用水用电困难、改善医疗卫生条件等方面尤为突出。

据不完全统计，自 1979 年至 2000 年年底，华侨华人为修桥铺路，共捐资 3303.4584 万元，共约 144 人参与捐资②。2001 年至 2014 年，修桥铺路捐资共达 178.5632 万元③，其中，捐资额在 5 万元以上

---

① 郑育友：《桂峰华侨志》，香港天马图书有限公司 2000 年版，第 51—57 页。
② 同上书，第 57—69 页。
③ 桂峰社区侨联：《2001—2014 年侨胞捐资调查登记表》，内部资料 2014 年。

的捐资人达 68 人，而在 10 万元以上的捐资人达 35 人。据不完全统计，自 1979 年至 2000 年年底，华侨华人为修筑路亭和寺院，共捐 79.455 万元，共约 18 人参与捐资①。2001 年至 2014 年，主要捐资政府办公用品、修筑路亭和寺院以及文化、体育、娱乐等村民活动场所（桂峰乡文化中心大楼、村老人活动中心、村文化活动中心等），捐资总额达 421.03 万元。据不完全统计，自 1979 年至 2000 年年底，华侨华人为乡民解决水电困难、兴办医疗卫生及其他项目，共捐资 219.49 万元，共有 41 人参与捐资②。

（三）桂峰华侨华人慈善捐赠与侨乡经济建设

桂峰华侨华人资助家乡兴办教育事业、培养人才，资助家乡兴建道路、机耕路、水电等基础设施，为侨乡的经济建设创造了良好的环境和条件。侨乡投资环境的改善也吸引了越来越多的华侨华人和其他投资者直接到侨乡投资搞建设。农业是桂峰的支柱产业。近年来，桂峰乡利用地处高山区，山场宽阔的地理优势，按照市场经济要求和"一乡一品"的思路，走上特色农业发展之路。旅游业则是有良好发展前景的产业。据悉，巾子山旅游资源开发已启动，华侨已筹集 110 万元人民币资助风景区道路设施建设。潘世锦、朱庆局两位先生已着手进行巾子山风景区建设规划，要开辟巾子山风景区旅游业。另外，桂峰华侨华人直接资助乡民发展生产、发家致富的现象也已出现。例如，2004 年 5 月潘世锦先生回乡，便捐资 3 万元，帮助 30 户特困农民解决春耕备耕的燃眉之急。在 2005 年、2007 年两年，潘先生无偿提供 8 万元支援农业发展。2007 年 3 月，潘先生为坳后村养殖业捐赠 5 万元③。

总之，桂峰华侨华人通过慈善捐赠成为侨乡教育事业、慈善公益事业、经济发展的开拓者和推进力量。

---

① 郑育友：《桂峰华侨志》，香港天马图书有限公司 2000 年版，第 57—69 页。

② 同上。

③ 桂峰乡人民政府：《瑞安市桂峰乡 2000—2006 年侨胞捐资调查登记表》，内部资料 2006 年。

四　桂峰华侨华人慈善捐赠的引导和提升

随着改革开放的不断推进，国家提出了构建社会主义和谐社会，建设社会主义新农村的发展目标。相对于桂峰侨乡新的发展目标和任务，目前华侨华人的慈善捐赠活动尚存在一定的不足和问题。一是慈善理念有待进一步提升。大多捐赠者和捐赠受益者还停留在捐赠是一种施舍的认识水平上，这既伤害了一些捐赠受益者的自尊，也制约了捐赠者的热情。二是捐赠渠道有待进一步拓宽。华侨华人侨居国外，行为习性受国外社会影响较多，乐意向"红十字会"等民间慈善组织捐赠。但 2008 年 2 月前，桂峰乡尚未建立专业性的慈善常设机构①，使得大量的慈善资源没能得到充分的利用。三是捐赠领域有待进一步拓展。目前华侨华人的慈善捐赠主要集中在教育、交通道路、路亭寺庙等传统领域，在经济、文化、医疗卫生和环境生态等新的领域的捐赠已出现，可相对于新的发展要求和捐赠资源来说是远远不够的。四是同华侨华人的沟通还需进一步加强。有的华侨华人，特别是在海外出生和成长的华侨华人的后代们，由于长期居住在海外，缺乏与家乡的交流和对家乡的了解，他们对家乡的情感慢慢淡漠以至消失。所以，如不进一步加强沟通，侨乡华侨华人慈善资源将逐步萎缩，以致影响华侨华人慈善捐赠事业的发展。

引导和提升桂峰华侨华人的慈善捐赠，促进侨乡更好更快地发展，侨乡人民和政府组织至少应采取如下措施。第一，加强现代慈善理念的教育。在弘扬传统慈善文化基础上，要加强对桂峰人现代慈善理念的培养和教育。第二，拓宽募捐渠道，提高社会募捐能力。要切实重视培育民间慈善组织，改变侨乡慈善组织数量少、规模小、运作不规范、慈善工作职业化和专业水平低的局面，提高慈善组织的公信力。第三，拓展捐赠领域，推行捐赠的"项目模式"。引导慈善捐赠由传统领域拓展到经济、文化、医疗卫生和环境生态等新的领域。广泛推行

---

①　2008 年 2 月，桂峰红十字会成立，成为瑞安市首个由侨胞捐建的红十字会。成立大会现场，百余位侨胞归侨侨眷共捐善款 178.8 万元。

"项目模式"，要使慈善捐赠由简单的"输血"式项目救助向"造血"式项目救助转变。第四，加强侨乡同华侨华人的沟通与交流，促进互帮互助的爱心联动。网络结构理论承认"情感交流""亲近信任"等主观因素在社会交往中的作用，人们通过这些主观因素发生联系，建立"强关系"①。因此，侨乡政府和乡民应该利用传统文化活动、华文教育服务、网络平台等多种方式与海外华侨华人开展多方面的交流和互动。

第四节　苍南籍华侨的历史贡献及其特点②

苍南县地处闽浙交界处，在历史上一直隶属平阳县，直至 1981 年独立设县。全县现辖 10 镇、2 个民族乡，其中桥墩镇、灵溪镇、龙港镇是县境内出国人数较多的地区。苍南华侨在规模、影响力等方面远不及文成县、瑞安市等重点侨乡，因此，依传统侨乡标准，苍南县远称不上"侨乡"，然而其仍具有鲜明的"侨"特色。

一　苍南县基本侨情

苍南县华侨出国历史可追溯至宣统二年（1910 年）。据已知文献考证，腾垟乡湾底村欧阳东极当年携带其子欧阳宝义③在厦门谋生时被骗往新加坡，开启了苍南人的出洋史④。依此推算，苍南县已有上百年的华侨史，不能说"悠久"却也有分量。民国时期，苍南乡民出国大多是因躲避抓壮丁，流向则大多投奔在新加坡已颇有成就的欧阳宝义。可见，苍南县早期华侨大多集中于东南亚各国，他们中的大部分在第二次世界大战后，随着东南亚各国的相继独立而加入居住国

---

① 郑一省：《多重网络的渗透与扩张：海外华侨华人与闽粤侨乡互动关系研究》，世界知识出版社 2006 年版，第 179 页。

② 本节与柳建敏共同撰写，内容曾发表在《八桂侨刊》2013 年第 1 期。

③ 据《苍南县志》记载：欧阳宝义在其父去世后被一福建华侨收养就学，后来成为万亩橡胶园和两座大型木板厂的老板，同时又涉足政界，担任新加坡华民政事司通事，成为以后桥墩、腾垟等地乡人赴新加坡的中介人。

④ 苍南县志编纂委员会编：《苍南县志》，浙江人民出版社 1997 年版，第 695 页。

国籍成为外籍华人。1949 年以后尤其改革开放以来，国际社会相对稳定，中国所处国际环境日趋良好，政府支持"走出去"战略，放宽出国限制，使得新移民数量逐年增加。特别是进入 20 世纪 90 年代，出国人数大幅增长，像苍南这样的非传统侨乡的民众也加入新移民行列。据 2014 年侨情调查，苍南县共有海外华侨华人 6572 人、归侨侨眷 8491 人，留学人员 1319 人。苍南籍海外侨胞主要分布在新加坡、马来西亚、美国、意大利、南非等 70 个国家和地区，行业分布于金融、制造、餐饮、计算机、教育、医疗、采矿等领域①。需注意的是，苍南籍华侨华人大多数是中华人民共和国成立前后出国的老侨民及其后代，以及 1978 年后出国的新移民，另有"台转侨"的侨民。

在苍南籍华侨中，知识分子群体占据着重要的地位。苍南人的出国留学史是与华侨史同步的，这些留学生大多散居在欧洲和美日等国。其中 1950—1990 年，苍南籍留学人员大部分由台湾转赴美国留学②。他们中具有高级职称的比例较高，从事科技、教育、文化工作的大学毕业生达 400 余人，其中获博士、硕士学位及高级工程师以上职称的 60 余人。截至 2006 年，经苍南县侨联登记在册的留学人员有 300 人，其中博士后 6 人，具有双博士学位 2 人、博士学位 25 人。苍南籍留学生中不乏在国内外较有影响力的人物：如在数学方面颇有成就的苍南县宜山镇人姜立夫，1910 年 6 月考取游美学务处备取生，作为第三届"庚子赔款"留美生。1911 年 9 月进入美国加利福尼亚州立大学伯克利分校学习数学，1915 年毕业后又转入哈佛大学做研究生。他毕生致力于教育事业，对中国的数学研究和数学教育事业做出了突出贡献；科技界人物如任美国俄克拉河马工程公司桥梁部主任、公路局长第一助理的殷作雷，美国坎岗基州大学机械系教授、美国俄亥俄州立大学电机工程博士叶希汉，巴西福特汽车厂总工程师杨乃平，巴日联营钢铁公司总工程师杨乃立等。

---

① 罗渊：《历时一年 浙江温州苍南县完成基本侨情调查工作》，2014 年 11 月 5 日，中国侨网，http://www.chinaqw.com/gqqj/2014/11-05/24881.shtml。

② 同上。

不过,在实地调查海外苍南人时发现,一方面是不少的新移民回家乡探亲访友、从事学术交流和商贸活动,另一方面是老华侨的新生代子女及由"台转侨"的华侨华人与家乡亲人的联系明显偏少,与家乡的感情日渐淡薄。正因此,苍南县各地侨联都积极地将重新建立与海外侨胞的联系作为一项重要工作来处理,"近年来留学生日益增多,但大多与家乡的联系较少,侨联正在筹备留联会,对留学生进行登记入册,通过各种途径建立联系,并通过各种联谊活动维持联系"①。

二 苍南县华侨的主要贡献及特点

苍南县虽未及真正意义上的侨乡,但其华侨对祖国家乡的贡献却是十分的显著并具特色。

(一) 弘扬祖国文化,抗击日本侵略

苍南籍侨胞虽身处异国他乡,依然坚持宣扬中国文化。在抗日战争爆发后,他们积极响应国内抗战号召,纷纷走上街头,讲演募捐,筹集资金支援祖国抗战。在这一时期,陈岳书、王叔旸等人贡献最突出。陈岳书(1900—1971年),苍南大树下村人②,中学毕业后就加入上海三友实业社并被派往新加坡主持中华商店业务。从此便经常来往于东南亚各地,手提肩背,推销中国产品。1923年,与金天放③等发起创办温州旅星洲同乡会④并任副会长。1947年以后,陈岳书接办侨南公学,用华文教育华侨子弟,传播祖国文化,后被选为新加坡中华总商会会长。患病弥留之际,嘱下一代"不要忘记自己的根"。王叔旸(1903—1971年),苍南金乡镇人,1922年考入三友实业社。1925年与陈岳书一起在新加坡开办"新加坡上海书局",经售国内现代进步书刊。1941年太平洋战争爆发后,参加郁达夫等领导的华侨抗日文化工作团,任总务委员。陈岳书与王叔旸在抗

---

① 2012年8月7日对苍南县侨联秘书长的采访笔录。
② 今属苍南县钱库镇新安社区。
③ 金天放(1901—1961年),温州瑞安人。曾受陈嘉庚之邀赴南洋任职,积极从事抗日筹款事宜。回国后,供职南京国民政府财政部,后又主理云南侨务。冤死狱中。
④ 该侨团属于新加坡华人地缘社团,会员多数操木工业,后改为"新加坡温州会馆"(Singapore Wen Chow Wei Khan)。曾创办瓯江公学,即侨南公学。

日战争中曾多方募款、献金，"带头捐献和购买爱国公债10000元，支援祖国抗战"①。

苍南籍华侨不仅积极筹款筹物，支援祖国抗战，还直接投身到侨居国抗击日本侵略的战争中，为侨居地的民族独立、生存做出卓越的贡献甚至奉献生命。如黄世积拍卖掉自己苦心经营的车行，将所得款项连同多年囤积的粮油食品一并献给游击队。后来他遭汉奸出卖，妻子和4个儿女都遭日寇逮捕，仍然只身参加游击队；马站镇华侨陈季华参加苏岛反法西斯同盟，以"大地书店"为掩护，开展抗日救亡活动。后因叛徒出卖，惨遭日军杀害；宜山镇华侨作家陈南，抗日战争爆发后，在新加坡参加中华民族解放先锋队。日军南侵后，他加入星洲华侨文化界战时工作团，任青年战时工作干部训练班流星队指导员，在炮火中训练抗日武装战时工作干部。新加坡、马来亚沦陷后，他又参加马来亚人民抗日军，一直战斗到日军投降。

（二）发展实业，促进家乡经济发展

苍南华侨出国谋生虽历尽艰辛，但到改革开放时，也有不少人积累了一定财富。20世纪80年代以来，在国家"惠侨"政策的吸引和爱国爱乡情感的感召下，他们开始回国投资。20世纪90年代以来，在各级政府的进一步倡导与鼓励下，苍南华侨回乡投资热情度逐渐增高。至2009年，全县11家侨资企业总投资9727万美元，合同利用侨资3514万美元，实际利用侨资3162.4万美元②。截至2014年11月，全县侨资企业31家，华侨回乡直接投资人民币10.57亿元③。

分析20世纪80年代苍南县侨资侨属企业发展情况（见表10-9），可以看出老一代侨胞创办的侨资侨属企业为振兴家乡经济所起的良好作用。

---

① 苍南县志编纂委员会编：《苍南县志》，浙江人民出版社1997年版，第696页。
② 2012年8月7日对苍南县侨联的采访笔录。
③ 罗渊：《历时一年　浙江温州苍南县完成基本侨情调查工作》，2014年11月5日，中国侨网，http://www.chinaqw.com/gqqj/2014/11-05/24881.shtml。

表 10 - 9　　　　20 世纪 80 年代苍南县侨资侨属企业发展一览　　（单位：万元）

年份	产值	创利润	缴税金
1983 年	15.4	2.2	0.7
1984 年	38.9	1.9	1
1985 年	365	9	23
1986 年	590	9.7	41.8
1987 年	928	9.72	67.9
1988 年	303	2	25.4
1989 年	202	4.1	14.13
1990 年	92	3.2	7.6

资料来源：依据苍南侨联 1983—1990 年的历年总结报告的内容而统计所得。

　　从上表中不难得出，华侨华人及其家属投资创办企业，最为直接的贡献就是促进地方经济的发展，弥补当地建设资金的不足。仅在温州被批准为沿海开放城市的 1984 年，苍南侨资侨属企业产值就达 38.924 万元，创利润 1.9679 万元，上缴国家税收 1.0762 万元[1]。当年，这些企业为港商加工男女服装 14.4 万件，加工苎麻和装订书籍的产值达 7.88 万美元，折合人民币 21.276 万元[2]，为吸收外汇和支援祖国建设做出了有效贡献。侨资企业的创办还为民众特别是侨属提供了就业岗位，提高了家乡人民的生活水平。1986 年全县已兴办 3 个工厂，职工数达 69 人，其中侨眷占 94.5%[3]。1987 年全县已有 4 家侨资侨属企业，共安排归侨、侨眷子女 63 人就业[4]。可见，苍南县侨胞投资家乡不仅有助于振兴苍南地方经济，而且对扩大侨属子女就业、改善侨属生活状况起到积极的推动作用。

　　分析苍南全县 2012 年的侨胞投资企业（见表 10 - 10），可概括出苍南侨资侨属企业的一些发展特点：

---

　　① 苍南县归国华侨联合会：《关于 1984 年侨联工作情况总结和 1985 年工作意见的报告》，内部资料 1985 年。

　　② 同上。

　　③ 苍南县归国华侨联合会：《关于 1986 年侨联工作总结和 1987 年工作意见》，内部资料 1986 年。

　　④ 苍南县归国华侨联合会：《关于 1987 年侨联工作回顾和 1988 年工作的初步打算》，内部资料 1988 年。

表 10 - 10　　　　　　　2012 年苍南县侨胞投资企业名录

企业名称	地点	投资者	投资者旅居国	经营范围	企业类别	成立日期
温州佳利士不干胶纸业有限公司	龙港镇	蒙特·迪富从	法国	生产、销售不干胶纸品	合资	2001 年
温州鑫荣纺织有限公司	龙港镇	董美仙	阿根廷	生产、销售针棉织品、礼品及文具	合资	2003 年
浙江路斯圣郎服饰有限公司	灵溪镇	朱旭伟	法国	制造、销售服装	合资	2005 年
温州杉友文具礼品有限公司	钱库镇	王美妮	美国	生产、销售日用工艺品、礼品盒	合资	2005 年
温州明珠游艇海口度假有限公司	炎亭镇	黄志明 侯传仪	美国	宾馆经营服务	合资	2005 年
温州信宇旅游开发有限公司	灵溪镇	郑子宇 李信亮	美国	旅游宾馆建设、经营	独资	2005 年
温州俊杰滤清器设备有限公司	灵溪镇	戴跃飞	法国	生产、销售滤清器设备	合资	2005 年
温州瑞新礼品有限公司	龙港镇	邹长新	巴西	生产、销售皮具礼品	合资	2006 年
温州亚通文具礼品有限公司	钱库镇	EUGENE YING-JIE ZHANG	美国	加工、销售文具礼品	合资	2006 年
温州宏恩服饰有限公司	灵溪镇	南非金威进出口有限公司	南非	生产、销售服装	独资	2006 年
温州金威镭射科技有限公司	龙港镇	徐一维	加拿大	生产、销售激光镭射直镀纸	合资	2007 年

资料来源：依据苍南县侨联提供的材料整理而成。

其一，投资者侨居国集中于欧美发达国家。其中欧盟国家有4 位,美国有 3 位，巴西、加拿大、阿根廷、南非各有 1 位，欧美国家华侨投资创办侨资侨属企业数量占 63％。可见，苍南县侨资侨属企业在投资者来源国方面存在一定的偏向性。其二，产业结构不合理。侨资侨属企业投资领域主要集中在房地产、旅游设施建设，以及苍南县传统优势产业上，如日用工艺品、礼品盒、针棉织品、文具、服装、皮具和包装材料等劳动密集型的轻工业领域，几乎未涉及技术密集型和资本密集型产业。其三，地域分布不平衡。侨资侨属企业主要集中在灵溪镇、龙港镇，而桥墩、金乡、马站、藻溪、赤溪、矾山、宜山等乡镇几乎没有。其中，作为苍南县重点侨乡的桥墩镇同样没有人创办侨资侨属企业，其原因主要在于投资环境差、"工业用地比较紧张，华侨回乡投资兴业的很少"①，这就阻碍了海外侨胞回乡投资办厂的积极性，从而造成全县侨资侨属企业分布不合理的格局。

由此可知，侨资企业既在很大程度上推动了地方经济的发展，也存在结构偏轻偏低，大型、高端的生产性企业较少，这对苍南县经济转型升级难以产生示范或引领的效应。加之，苍南县本身的投资环境也不容乐观。为此，当地政府应该在宣传投资环境、推介招商项目以及牵线搭桥跟踪服务等方面多做工作，尤其在土地政策等方面给予侨胞一定的倾斜，以最大可能地发挥侨胞爱国爱乡的热情。

（三）捐资办学，促进家乡教育事业的发展

捐助家乡教育事业是海外侨胞报效桑梓、回馈家乡的重要方式。苍南建县后，旅居各国的华侨华人，为振兴家乡，纷纷捐资办学。至1990年，已达20多万元②。苍南侨胞对家乡教育事业的捐赠主要集中在20世纪80年代（见表10-11），但近年来由于"华侨经济实力无法与国内相比较，捐钱给政府的热情并不高"③。

表10-11　　　　　　　苍南县海外侨胞捐资办学一览

捐助时间	地区	受助学校	捐资者	捐助内容	侨居国
20世纪30年代	金乡镇	金乡一小	王叔旸	银元500筹建西楼、赠送《小学生文库》等图书	新加坡
1948年	金乡镇	金乡一小	王叔旸	助建7字形教室一个	新加坡
1983年	金乡镇	金乡一小	李思寅	捐资2万元建校友礼堂	新加坡
1985年	桥墩镇	腾垟乡大田后小学	唐书邓	1.5万元助建学校	新加坡
1985年	金乡镇	金乡一小	李思寅	1000元图书	新加坡

---

① 2012年8月7日对苍南县侨联的采访笔录。
② 苍南县志编纂委员会编：《苍南县志》，浙江人民出版社1997年版，第696页。
③ 2012年8月7日对苍南县侨联的采访笔录。

续表

捐助时间	地区	受助学校	捐资者	捐助内容	侨居国
1986 年	灵溪镇	苍南一中	杨忠道	姜立夫数学奖学金	美国
1986 年	金乡镇	金乡中学	李思寅	2.5 万元校门	新加坡
1987 年	桥墩镇	腾垟乡垟心小学	欧阳亦婉	3000 元助迁址建校	新加坡
20 世纪 80 年代	桥墩镇	嘉乡中学	吴招坤	捐资助建	马来西亚
1987 年	金乡镇	金乡一小	王弘人	侨房补偿款 4086 元设立奖学基金	新加坡
20 世纪 80 年代	金乡镇	金乡二小	李思寅	1.5 万元造池塘边水泥路	新加坡
1987 年	金乡镇	金乡中学	李思寅	1000 元购买图书	新加坡
1987 年	金乡镇	金乡中学	宋志鸿	1 万元助建学校"知识长廊"	新加坡
20 世纪 80 年代	金乡镇	金乡幼儿园	李思寅	捐资助建	新加坡
1988 年	金乡镇	金乡中学	王弘人	4000 元侨房补偿款设"王弘人教育奖励基金"	新加坡
1991 年	灵溪镇	苍南一中	杨忠道	3500 元购置图书资料	美国
1992 年	桥墩镇	嘉乡中学	吴昭荣	吴家林奖学奖教基金会	马来西亚
1992 年	桥墩镇	桥墩小学	吴昭荣	吴家林奖学奖教基金会	马来西亚
1993 年	灵溪镇	苍南一中	杨忠道	1200 美元祝寿礼金购置图书	美国
20 世纪 90 年代	灵溪镇	苍南一中	池云祥	助建图书馆	美国
1993 年	龙港镇	龙港一中	陈时钧	捐资 3 万元作为奖学金	美国
2005 年	桥墩镇	桥墩小学	吴昭荣	为校庆捐献 10 万元	马来西亚
2006 年	马站镇	苍南县霞关小学	荷兰瑞安教育基金会	挡风板（防范台风灾害）	荷兰

资料来源：依据苍南县侨联提供的材料整理而成。

毋庸置疑，侨胞捐资办学活动在客观上具有正向性的社会影响和经济效应。对受助学校而言，捐资捐物促进了学校的办学条件，改善了学校的教学环境，提升了学校的办学质量，对学校的发展起到明显的促进作用。对当地政府而言，侨胞对教育事业的捐资，不仅缓解了政府在教育方面的财政压力，提高了当地的教育水平，同时也为当地慈善事业的发展起到模范带头作用。

分析上表，可以粗略得出苍南县侨胞捐资办学的主要特点：

其一，捐资时间较为集中。苍南侨胞捐资办学的高潮在 20 世纪 80 年代，是有主客观因素的。一则是 20 世纪 80 年代从事捐资办学的侨胞大多是早期出国的，他们中的大多数因自身的文化水平较低，没有或较少受过教育，在国外从事贩卖、打苦工的经历又促使他们深刻认识到教育的重要性。二则是 20 世纪 80 年代的苍南各级政府办学经费匮乏，地方政府的财政支出不足以支撑当地学校的发展。

其二，捐资主体偏单一。苍南县侨胞捐资办学活动大多以个人名义进行，而且所有的捐赠项目都明显地由少数热心侨胞"包揽"了。12 位侨胞资助了上表中统计的 23 个捐赠项目，平均每人约 2 项，特别是旅新加坡侨胞李思寅先生①独自捐资 6 项。

其三，捐赠范围呈多样性。苍南县侨胞捐资办学的对象选择上比较广泛。在学校类型方面涉及温州地区的大中小学；在具体捐资内容方面，既涉及学校教学楼、校门等硬件设施，也涉及购置图书、设立奖学金等软件资源建设。其中捐助学校图书、设立奖学金较普遍，这对提升学校的办学水平、提高师生的教学积极性都起到一定的促进作用。如在金乡镇从事捐资办学活动较突出的李思寅从 1983 年出资筹建金乡一小校友礼堂开始，便不断地为家乡教育事业捐钱捐物。从学校的基建设施到软件建设，他都热心参与。1983 年李先生夫妇被邀担任金乡一小校友名誉理事长时，就一次性捐献人民币两万元。1985 年 2 月，他又托在金乡的内侄彭鸣銮赠送人

①　李思寅 14 岁时经温州到上海工作，数年后乘船经台湾基隆到新加坡，在侨兴国贸有限公司潜心专营中国国货，长达四十年之久。1971 年创办思明公司经营黑人牙膏业务，一年后成立马来西亚思强公司，开始了新马婆三地的黑人牙膏经销业务。

民币 1000 元，以作母校金乡一小图书馆购置图书之资。还有为金乡二小的教学楼、原金乡高中的台门捐过资。1985 年随同新加坡温州会馆回乡考察团最后一次回乡时，又参与捐助了温州大学星洲楼①。而荷兰瑞安教育基金会出资制作台风挡风板，捐助因遭 2006 年"桑美"台风突袭而破坏的马站镇霞关小学校舍的捐助行为，在侨胞捐资办学活动中是较少出现的。这也为侨胞捐资助学提供了新路径。

其四，捐资动机大多是出于乡情或校友情结。美籍华人杨忠道教授 1986 年在苍南一中设立姜立夫数学奖，意在纪念其老师、已故数学家姜立夫先生，同时鼓励该校师生积极钻研数学、提高教学质量。多年来，杨教授坚持每年捐赠，从不间断。1991 年又寄来 1000 元用作姜立夫数学奖学金，后又将回乡讲学的讲课费 2500 元赠给苍南一中作为添置图书经费。此外，也有出于个人回报而进行的捐助行为。如新加坡华人王弘人 1987 年因当地政府为他落实了土改华侨私房政策，很受感动，将一部分侨房补偿款（4000 元）用作教育基金费，以资助金乡中学②。同时将剩余的 4086 元人民币，资助金乡镇第一小学作为教学资金③。

其五，捐资行为存在偶发性。以个人名义进行的捐资助学行为一般量小、分散，具有偶然性和随意性，通常是"一次性捐资"，很难长久持续下去。如 1993 年旅美侨胞陈时钧在龙港一中设立的"陈时钧奖学金"，是其回母校参观时的"一次性捐助"，以后并没有持续的、后续的资金注入。但学校一直采用减少发放金额的方法以延长陈时钧奖学金的使用时间，一直坚持到两三年前才停止。调查还发现，很多学校原有奖学金在经过数年、十几年连本带息的发放后基本用尽，但为了继续宣传侨胞爱国爱乡之举，学校往往采取一种"名存

---

① 金乡小学百年校庆筹委会编：《百年金小留芳集（1905—2005）》，内部刊印 2005 年，第 109 页。

② 苍南县人民政府侨务办公室：《关于同意金乡中学接受新加坡华人王弘人捐赠的报告》，内部资料 1987 年。

③ 苍南县人民政府侨务办公室：《关于同意金乡镇第一小学接受新加坡华人王弘人资助的报告》，内部资料 1987 年。

实亡"的方式处理侨胞捐资助学行为——保留侨胞奖学金之名、实际发放经费由学校财政或社会资金来注入。这种客观情势，无疑加大了学校的办学压力，也淡化了侨胞捐资办学的积极意义。为此，地方政府、涉侨部门要在继续鼓励侨胞个人捐助办学的同时，改变侨胞捐资办学活动数量少、规模小、运作不规范的局面，引导侨胞抱团助学。如荷兰瑞安教育基金会就是一种比较成功的捐赠运作模式。可以说，只有不断地获得"侨捐"等社会资金力量的支持，地方教育事业才可能得以持续性的发展。

其六，捐资活动趋向减缓。苍南侨胞经过 20 世纪 80 年代的助学高潮后，20 世纪 90 年代以来的捐资办学活动明显减少以至为零。这一方面是地方乡镇区位调整、当地学校生源减少的结果。如腾垟乡大田后小学、垟心小学"在 21 世纪初乡镇学区调整时，由于地处苍南县偏僻山区而被合并，校址、校舍被改作敬老院或做他用"[1]。这就使得一些办学历史较长的学校消失，当地学校总数也减少，加之侨胞大多选择在母校或者出生地所在的学校进行捐资，导致侨胞捐资助学的可能性大大降低。另一方面是与当地经济的发展水平有关。"二十年前华侨与国内差别很大，那时华侨捐款捐物存在显摆、炫耀因素，而此时华侨在国外仍是原地踏步、国内经济水平则发生巨大变化，华侨在国内已不再是值得炫耀的了。现在华侨回国捐资主要出于家乡情结、想做点善事，主要是针对台风等自然灾害的捐资。"[2] 不仅如此，如今的侨胞在主观上已由"不想捐"向"不敢捐"转变，他们认为侨胞对学校的捐助力量早已不值一提，也不会引起学校或者当地政府的重视。这就使得侨胞捐资助学活动总体趋势不断减弱。而马站镇霞关小学某老师以半开玩笑的口吻道出的一种受助方心声，耐人寻味，"要感谢台风，使得这所偏僻的、办学资金不足的学校得到上面重视，引来华侨捐助。如果可能，还真希望再来台风，这样就可以再得到社会捐赠了"。这就客观地说明，一些偏远地区学校现今依然存在

---

① 2012 年 8 月 8 日对腾垟乡小学校长的采访笔录。
② 2012 年 8 月 7 日对苍南县侨联的采访笔录。

办学资金不足和政府财政补助偏少的事实。所以，包括华侨捐赠在内的社会各界的捐助，仍是乡镇学校所渴望和期盼的。这也就需要当地政府加强与侨胞的沟通交流，为想捐赠的侨胞与需受助的学校之间搭建有效桥梁。

第五节　平阳籍华侨慈善捐赠的调查分析①

平阳县自西晋太康四年（283 年）建县以来，境域几经变迁。五代十国时期为吴越国辖地，始称平阳至今。现与瑞安市、文成县、泰顺县、苍南县接壤，辖 9 镇和 1 个畲族乡。其中鳌江镇是平阳县的重点侨乡。至 2014 年，全县拥有海外华侨华人、港澳同胞 6767 人②，分布在意大利、美国、西班牙与荷兰等约 60 个国家和地区，较之于76.17 万的总人口③，无疑是零头数。但平阳籍侨胞心系家乡、情牵桑梓的热情与善举却从未间断，他们乐善好施，带动了家乡公益事业的迅速发展。

一　平阳县基本侨情

平阳县素称"六山一水三分田"，人口多集中于沿海平原地区，山区、海岛的居民较少。地狭人稠使得平阳人自清末就开始谋生海外。平阳县华侨历史大致可分为以下三个发展阶段。

清末至"一战"结束是平阳县华侨出国的初始阶段。该时期的平阳人出国行为具有一定的偶发性和零散性，大多在国外充当劳工苦力。清末时期，西方殖民主义在中国沿海的贩卖华工活动加剧了温州海外移民活动。道光二十七年至同治五年（1847—1866 年），"有洋人到浙江温州府平阳地方，招到十几人同到澳门"④，这些被招募的

---

① 本节与王敏君（江苏省地方志办公室）合作撰写。
② 唯敏：《温州侨情详细数据新鲜出炉》，《温州日报》2015 年 1 月 8 日，第 11 版。
③ 平阳县人民政府：《人口就业保障》，平阳县政府门户网，http://www.zjpy.gov.cn/rkjybz/index.htm。
④ 陈翰笙主编：《华工出国史料汇编》（第二辑第二册），中华书局 1985 年版，第583 页。

华工被送往澳门猪仔馆，然后被拐卖到古巴哈瓦那当苦力。光绪三十年（1904 年），"又有十几人迫于生计，被洋人招募到南非德兰士瓦金矿做苦力"①。"一战"期间，由于战争时期经济建设需要，欧洲参战国在中国招募大批华工。昆阳镇蔡疾夫就于 1918 年在上海被招募到法国煤矿当工人②。清末民初的 70 年间，平阳县华侨多因招募而出洋，几乎无自发出国行为，因此在这一时期平阳县并没有形成民众出国的群体效应。

20 世纪 20 年代至 20 世纪 40 年代末是平阳县华侨出国的奠基阶段。该阶段的平阳人出国不但具有一定的自发性和连带性，而且形成了移民海外热潮。如 1926 年，水头镇蒲潭垟村青年农民卢荣邦等从厦门到新加坡。在温州同乡会的帮助下，到锡矿、橡胶园做工。随后该村又有 20 多名青年相继出国。同年，凤卧镇凤山等村青年农民黄美洗、施加理等去往马来亚，在橡胶园从事开荒、除草、割路藤等劳动。此后，这些村先后有 40 余人通过兄带弟、亲帮亲的方式，相继前往马来亚。该时期出国的平阳人绝大多数都因当时农村灾荒，经济凋敝，为生活贫困所迫。1929 年"8 月 18 日至 11 月 5 日大旱，虫灾爆发，农田无收，饿殍载道"③，迫于生计，不少县人才出国谋生。20 世纪 30 年代初中期，受日本发动侵华战争影响，平阳县人出国绝大多数以东南亚为目的地，这与之前县人多去南洋存在相当关系。"二战"结束后，有些侨居东南亚的华侨，加入了侨居国国籍，成为外籍华人；有的则从东南亚转移到欧、美各国谋生或另创新业；有的则在抗战胜利后前往台湾，后再由台湾转到欧美④。可见，寻求生计成为平阳县人此 30 年间出国的主要动因，并且自发地在亲友乡邻的连带下，投奔到东南亚各地，从而为日后更多乡民出国做了良好的铺垫。

---

① 章志诚主编：《温州华侨史》，今日中国出版社 1999 年版，第 26 页。
② 平阳县志编纂委员会编：《平阳县志》，汉语大词典出版社 1993 年版，第 742 页。
③ 同上书，第 11 页。
④ 同上书，第 742 页。

　　新中国成立后尤其是改革开放以来是平阳县华侨出国的增长阶段。其间，平阳籍华侨不仅流向有新变化，而且出现新的出国高潮。据统计，1982 年，平阳县华侨华人及港澳同胞累计 2047 人，1986 年增至 2051 人[①]，主要分布在法国、荷兰、意大利等欧洲国家和新加坡、马来西亚、印尼等东南亚国家，以及美国、日本、香港、澳门等 30 多个国家和地区。与第二阶段的以侨居东南亚为主的情况有很大转变，旅居欧美等国的华侨人数已占 36%。归侨侨眷主要分布在鳌江镇、昆阳镇、水头镇，三镇的华侨出国人数占平阳县华侨的 80% 以上。其中鳌江镇、昆阳镇的华侨主体为新移民，他们与家乡的联系较多。而水头镇的华侨多为 1950 年前移居海外，与家乡的联系较少。

　　平阳人出国谋生异常艰苦，尤其是第一代华侨，大多都是农民，均为摆脱贫困生活而背井离乡。但许多人因路途险恶，往往没有到达目的地就因意外或生病而命丧途中。即使到达目的地后，也受到当地殖民政府的残酷压迫和剥削，在生活、生命都没有保障的情况下，生计也往往没有着落。他们大多文化程度低下，只能从事低层次的劳动，如苦工、行商和小贩等，少数经营餐饮、批发等行业。第二次世界大战以后，随着世界政治经济局势的稳定，以及中国国际地位的提高，平阳县籍华侨在海外生活大体安定。第二、三代华侨已经基本摆脱祖辈的噩梦，在艰苦奋斗中走上了富裕道路。他们的文化程度普遍提高，职业结构也发生相应变化，出现了许多企业家和专家学者。平阳籍华侨华人在各个领域都涌现出一些突出人物：在海外侨领方面，有曾任旅法华侨俱乐部第二、三、四届副主席、第五、六届主席的刘友煌，曾分别任新加坡温州会馆会长、副会长的池传楹、李基中，曾连续 5 届担任旅荷华侨总会副会长、会长的梅仲微，曾任旅荷华侨总会会长、全荷华人社团联合会主席的梅旭华，曾任法国华侨华人会副会长的金慎宝等；在学术研究方面，有普林斯顿大学教授、数学家李

[①]　平阳县志编纂委员会编：《平阳县志》，汉语大词典出版社 1993 年版，第 743 页。

信明（又名李学数），脑神经外科专家、旧金山大学游兆平博士，加拿大皇家科学院海洋微生物学专家陈钦明博士，等等。他们在实现自我价值的同时，也努力报效桑梓，回馈家乡。

二　热衷侨乡慈善事业

平阳华侨捐资家乡教育事业，最早可以追溯到抗日战争时期。如1938 年，旅新加坡华侨李基中汇款给青街小学购置校产①。1979 年改革开放以后，中国政府实行一系列积极的侨务政策，增进华侨与祖国的感情，提高了他们建设家乡的热情，华侨慈善事业也迎来高潮。平阳县政府也紧紧抓住这一契机，力图发挥侨乡优势，借助侨胞力量，加快经济建设步伐。平阳籍华侨积极响应政府号召，纷纷慷慨解囊，尤其对教育和文化事业的捐赠为重，为平阳文教事业及社会福利的发展做出了重大贡献。

（一）乐捐教育领域

教育对于个人和国家民族的发展意义深远，远在海外的华侨也深知其中道理。早先远赴海外谋生的平阳人大部分是破产的农民和手工业者，没有文化或受过很少教育，因此只能从事低层次劳动，这种艰难经历使他们深刻认识到教育的重要性，因而在有所成就后最愿意辅助家乡教育事业。

抗日战争时期，青街畲族乡人李基中虽身居新加坡，却通过各种渠道多次向青街小学秘密汇款，共计 9 万元用于购置校产。同时他为学校购置田亩，以佃租发放教师工资，作为学校办公费用②。改革开放以后，平阳籍侨胞更频繁地捐资兴办教育事业，20 世纪八九十年代达到捐赠高峰，捐赠流向主要有建校舍、购置教学设备和设立奖学金等（见表 10 - 12）。

---

① 平阳县志编纂委员会编：《平阳县志》，汉语大词典出版社 1993 年版，第 748 页。

② 张君：《李基中：致力于家乡文化教育事业》，2010 年 3 月 30 日，平阳新闻网，http://py. 66wz. com/system/2010/03/30/010198933. shtml。

表 10 - 12　　　　20 世纪八九十年代平阳县侨胞捐资办学一览（部分）

捐助时间	受助学校	捐资者	捐助项目	侨居国
1987 年 1988 年	平阳中学	梅旭华、梅仲微	设梅旭华奖学金 2 万元	荷兰
1999 年			设梅旭华奖学金 3 万元	
1990 年		梅旭华、孙雨澄	设梅氏奖学金 1 万元	
1989 年		胡从乃	设奖教金、捐造教学实验楼 2 万元	荷兰
1998 年		周学兵	资助贫困生 1 万元	法属圭亚那
1991 年		杨忠道	设"苏步青数学奖学金"，时限为 10 年，每年 1 千共 1 万元	美国
（不详）	湖岭乡陈岙小学	马曙才	捐资助建学校	新加坡
1987 年	鳌江小学	梅旭华、梅仲微	捐购教学设备 5 千元	荷兰
1988 年	蒲潭小学	卢立创	捐资 5 万元，建造教学楼及小学后门的桥梁	马来西亚
1990—1992 年	云祥中学	池云祥	捐资 33 万元兴建校舍	美国
1998 年			5 千元捐购彩电	

资料来源：依据平阳县侨联档案和笔者实地考察整理而成。

　　分析上表可以看出，平阳县侨胞捐资办学活动多以个人名义进行，时间集中在 20 世纪八九十年代。这与当时平阳县政府教育经费匮乏、财政支出不足有很大关联。平阳华侨捐资发展教育事业对政府、学校、学生都有直接的影响。对政府而言，在一定程度上弥补了教育财政投入的不足；对受助学校而言，大大推进了学校的办学条件，改善了学校的教学设备，提升了办学质量；对受助学生而言，奖学金和助学金的设立缓解了家庭教育的负担，在一定程度上增强了学生的学习积极性。正是在海外华侨华人的热心捐赠下，2000 年以后，平阳县学校校舍等教育基础设施已基本完备。

　　（二）热心公益事业

　　历史上，平阳县经济发展一度缓慢，人民生活贫困。1949 年后

30 年，城乡建设发生重大改变。20 世纪 80 年代以来，全县加快了城镇新区开发，街道延伸，高楼林立，公共建筑不断增加①。其中，平阳籍华侨通过积极开展公益活动，为改变家乡面貌做出了毋庸置疑的贡献。

平阳县境山路较多，道路崎岖，为方便乡民出行，许多侨胞都慷慨解囊，铺桥修路。如巴拿马华侨冯志初共捐资 40 多万元，为家乡昆阳镇石塘山前村修桥筑路。荷兰华侨梅旭华除捐资修桥铺路外，还在 1979 年汇 20 万荷兰盾作为无息贷款，兴建鳌江华侨电影院，丰富家乡人民的娱乐生活。梅旭华在他母亲百岁华诞之际，向县慈善总会捐资 5 万元，用于农村孤寡老人生活补助②。

出生于鳌江镇东河村的胡从乃是"旅荷华侨总会"创始人之一。虽在荷兰生活了 50 多年，却依然心系故土，热心公益事业，为家乡做了许多好事。如在东河村兴建凉亭，为村民提供休憩纳凉场所；发起成立平阳县华侨慈善基金，为贫困归侨、学生等需要帮助的人群送去社会关爱。2012 年，享年 73 岁的胡从乃因病在荷兰逝世，但是他的爱心之举却未因此中断，其家属根据他的遗嘱，为鳌江施粥亭捐资 5 万元人民币。此款项可以维持施粥亭近 50 天的开支，惠泽 5000 多人次③。旅居荷兰的华侨胡大沛是鳌江镇岗山村人，1984 年出国定居荷兰。2012 年回乡探亲时，发现村里的老人活动室破旧不堪，急需修复。他主动找到村委和老人协会负责人，出资 1 万多元予以修复，为老年人提供了一个舒适安全的活动场所，得到村民的尊敬与称赞④。

从捐赠学校教育、道路交通、基础设施到扶贫敬老，平阳籍华侨

① 平阳县志编纂委员会编：《平阳县志》，汉语大词典出版社 1993 年版，第 344 页。
② 温州侨办：《平阳籍华侨捐资设立助学奖学金》，2006 年 8 月 25 日，温州侨网，http：//www. wzqw. gov. cn/view. jsp？id0 = z0hnztlwo4&id1 = z0gkrwi47k&id = z0glirobep。
③ 施瑞芳：《温州平阳籍旅荷华侨胡从乃的爱心故事》，2012 年 11 月 27 日，温州侨网，http：//www. wzqw. gov. cn/view. jsp？id0 = z0hnztlwo4&id1 = z0gkrwi47k&id = z0ha0j25ry。
④ 鳌江侨联：《浙江温州平阳籍旅荷华侨捐资修建村老人活动室》，2013 年 3 月 4 日，中国新闻网，http：//www. chinanews. com/zgqj/2013/03 - 04/4612208. shtml。

对家乡的慈善公益活动深入社会各个方面。尤其是在县政府资金短缺的情况下，侨胞的民间慈善义举弥补了政府行政力量所不及之处，成为侨乡社会救助弱势群体的重要力量。而他们的善举更是受到当地人的推崇和肯定，具有引领社会进步的示范与推动作用，带动了更多人积善行德，形成了社会共襄公益事业的良好氛围，促进了侨乡社会的和谐发展。

三　平阳华侨华人慈善捐赠的动力

（一）华侨华人浓烈的乡情，留芳故土

平阳籍华侨华人成长于艰苦的山区，移民海外后又在陌生的环境里拼搏奋斗。为了在异国他乡生存并获得成功，往往需要同乡之间的相互帮助、相互扶掖。他们在积极参与以血缘、地缘为基础的各种互助性社团活动过程中，塑造起讲感情、重仁义的性格。对于家乡，他们总是有着难以割舍的故乡情，难以割裂的社会网络，因而在有所成就后造福乡亲邻里，以自己力所能及的方式回馈家乡，实为情理之中，是其情分之事。与此同时，他们通过捐赠、投资等渠道贡献祖籍地时，理当受到地方政府的肯定，社会舆论的关注，也必然得到民间街坊的赞誉，由此获得较高的社会声誉，实现新的社会认可与价值体现。

（二）基层侨联扎实工作，赢取侨心

平阳县华侨慈善公益事业的发展离不开各级侨联的努力。平阳县侨联成立于 1962 年 7 月，是温州市最早成立的县级侨联。至今共有4 个镇级侨联、1 个社区侨联和 7 个片区侨务联络组。平阳县基层侨联组织的覆盖面虽不广泛，但侨联组织工作的力度却不轻。平阳侨联积极搭建平台，拓展海外联谊，每年圣诞节前都向海外侨胞、港澳同胞寄贺年卡，每年春节、中秋节均举行茶话会，邀请在家的"三胞"参加。平阳侨联对于回乡的侨胞更是热情接待，1979—1990 年共接待回乡探亲、观光、旅游和洽谈业务的侨胞、港澳同胞 600 多人[1]。其中对重点人物的工作，事先掌握信息，及时了解动态，在回乡期间主动会

---

[1]　平阳县志编纂委员会编：《平阳县志》，汉语大词典出版社 1993 年版，第 749 页。

见。通过每年与海外侨胞的联谊活动，加强了侨胞与家乡的联系，暖了侨胞的心，从而为侨胞投资、捐赠家乡奠定了有效的心理效应。

当然，在充分肯定平阳华侨华人对家乡慈善公益事业作用的同时，也应该看到这种社会行为存在的一些不足。比如，不论是捐资办学还是参与公共活动，基本都以个人名义进行，而这种个体捐资行为或因金额较少或因短期行为，往往很难持续。所以，一方面，侨乡社会应当发展多种捐赠模式。如依靠民间慈善组织，将华侨华人捐赠进行集中管理与发放，既可方便个人或企业对公益事业的投入，又能对受助对象进行持久有效的捐赠。另一方面，华侨华人慈善捐赠终究是一种民间性质的社会救助行为，其捐赠的积极性离不开政府的精神鼓励，以及给其捐助对象以政府性的社会救济。此外，各级政府应完善相关规定，保障捐赠人的权益和捐赠款的合理使用，有效监管捐赠项目的进行等，使得民间善行得到充分彰显，侨务资源得到充分发挥。

第六节　青田籍华侨参与家乡建设的调查[①]

青田县位于瓯江下游，始建于唐景云二年（711 年），与毗邻的温州有多重情缘。康熙六年（1667 年）属温处道，民国初期属瓯海道，1949—1963 年 5 月隶属温州专区，现为丽水市下辖县[②]。青田有着"华侨之乡""石雕之乡"和"名人之乡"的美誉，是全国著名侨乡。

---

① 本节与蔡慧燕（浙江省青田华侨中学老师）合作撰写。

② 本著作之所以要撰写现归属丽水市的青田县的华侨内容，主要是基于如下考虑：第一，青田县在 20 世纪 50 年代归属温州市管辖，当时青田人出国都由温州市公安局开具证明；第二，更重要的是，青田和温州同属瓯越文化，所说方言极其相近，许多青田人都能讲温州话。两地素有重商之传统，手工业相当发达。不仅如此，两地的社会和经济交往非常频繁，温州市可以说是青田人在经济和社会方面的向往之地，以致许多青田人倾向于迁移到温州市生活和工作，温州市事实上成为包括青田在内的浙南地区的区域中心。正因此，王春光、李明欢等学者们在其论著中述及温州人时往往就包括了青田人。参见拙作《发挥乡　土优势　借助多重资源开展"温州人"研究》，《华侨华人历史研究》2009 年第 1 期。

一 青田华侨概况与《青田侨报》创办

青田人走向世界与青田石雕有着密不可分的关系。据民国二十四年《中国年鉴》记载:"早在十七、十八世纪,就有少数国人循陆路经西伯利亚前往欧洲从商,初期前往者以浙江青田籍人为多,贩卖青田石制品"。"光绪末年,县人陈元丰携带石雕经海道到法国,获利甚多。亲友闻讯,纷纷前往。"① 由此可见,早在明末清初,勤劳智慧的青田人就携带青田石雕远渡重洋,到海外谋生,开创了青田华侨史。至清末,青田华侨已初具规模,青田亦在石雕和华侨的"合力"下,由一个落后偏僻的山区小县城变成了如今的著名侨乡。长达300多年的海外移民史,使青田拥有丰富的华侨资源。

据2014年侨情调查报告显示,青田县共有华侨华人22.9653万人,18万侨眷,分布在世界五大洲124个国家和地区②。其中,改革开放后移民的新华侨华人在青田华侨中所占比重较高,他们善于开拓新事业,是个性较鲜明的群体。他们人数相对集中在欧洲大陆,总体文化水平较低,基本从事中低档类职业,较难融入当地社会③。这些特点对青田华侨的进一步发展壮大以及他们为家乡的建设带来了双重影响,也为如何更好地利用华侨资源提供了参考依据。

青田的海外赤子和所有海外华侨华人一样,始终关注祖国的繁荣和家乡的发展,热心祖籍地的现代化建设,大力支持地方各项事业。特别是改革开放以来,在青田县为打造全新青田而向海外华侨发出回乡参与建设的号召下,广大的海外青田人更是多层次、多领域地投身到祖籍地建设中来。在这样的内外互动情形下,为了有效凝聚侨心,着力拓展侨务,也为了弘扬青田华侨的桑梓情怀,让更多人了解青田侨乡的发展,一份具有浓厚"侨"味的特色报纸——《青田侨报》应运而生。

---

① 青田县志编纂委员会编:《青田县志》,浙江人民出版社1990年版,第641页。
② 青田侨联:《青田华侨分布图》,青田侨联网,http://www.qtxql.com/common/Model/ShowArticle.aspx? WHICHID=3373。
③ 郭剑波:《青田籍新华侨华人若干问题初探》,《钱江侨音》2010年第4期。

《青田侨报》的前身是创办于 1992 年 12 月 13 日的《青田侨乡报》。该报由中共青田县委宣传部主办，以报道侨民、侨情、侨事、侨务为主要内容，忠实地记录了青田华侨华人队伍发展壮大的历程和侨乡社会的变迁，在沟通海内外、传递乡音、介绍侨乡、服务侨务方面都发挥了积极作用，在侨乡与海外华侨之间搭起了一座桥梁①。2004 年，《青田侨乡报》更名为《青田侨讯》。2006 年 3 月 23 日，又更名为《青田侨报》，特设"国门内外"专版来宣传青田华侨。其中的"龙脉青田"专栏，专门报道著名的青田籍华侨在海外创业或参与家乡建设的优秀事迹。解读青田侨胞在海外开拓事业和反哺家乡的报道，可以很好地分析出青田华侨捐助祖籍地建设的方式、影响、作用和意义。

二　青田华侨捐助祖籍地的表现

青田华侨或直接注资，或以探亲、旅游、寻根和捐赠等形式参与家乡公益事业，这些善行义举都不同程度地推动了侨乡的发展，给当地社会带来了多方面的影响。

（一）经济贡献力

青田华侨对侨乡经济的发展起到了至关重要的作用，是青田走向富强的强大后盾。为了发展侨乡经济，建设现代化侨乡，青田县政府积极号召华侨要素回流，青田华侨也采取了多种方式来支持侨乡的经济建设，其中最主要的方式就是投资和捐赠。青田海外侨胞的慷慨捐助，促进了青田医疗卫生事业、慈善公益事业和交通水利设施的发展，带动了青田的新农村建设，直接或间接地促进了侨乡青田的经济和社会建设。

1. 华侨要素回流。

青田华侨在海外取得巨大事业成功的同时，也积累了丰富的商业资本和经验，转而把目光投向国内，促进自身事业的进一步发展，同时也带动了家乡各项事业的发展。进入 21 世纪以来，青田华侨回乡

---

① 徐文永：《青田华侨华人与侨乡研究综述》，《丽水学院学报》2011 年第 6 期。

投资迅猛发展。据统计，2003 年，青田华侨直接投资实际金额达到384 万美元，比上年同期增长 33%。2004 年增长 80%，增至 690 万美元，2005 年的投资额更是超过 2 亿美元①。侨资的迅猛增长体现了侨胞反哺家乡的强大意志，也与青田县政府积极推动华侨要素回流有着密切的关系。

2009 年 11 月"青田华侨总部经济论坛"举行，活动邀请了知名专家、学者以及青田华侨华人代表出席，共同为青田发展华侨总部经济出谋献策。通过此次论坛，青田县政府进一步利用了华侨资源，发展华侨总部经济，促进青田社会经济的快速发展。以餐饮业为例，近年来回乡探亲、旅游的青田侨胞越来越多，归侨和侨眷也与日俱增，使得餐饮业一直十分火爆。县城临江路一带的 100 多家独具欧陆风格的餐厅、咖啡吧和酒吧，更是满足了回乡华侨和本地青年的需求，从而进一步促进了青田餐饮业的迅速发展，同时带动了其他相关产业的发展。餐饮业的兴盛只是青田华侨要素回流的一个缩影，而青田华侨大规模的捐赠更是显示了侨资在现代化建设中的巨大作用。

2. 助推医疗卫生事业。

医疗卫生事业的建设与侨乡青田的整体发展密切相关，青田华侨亦因此历来十分关心家乡的医疗卫生事业。早在民国时期，青田华侨就为县医疗卫生事业做出了很大的贡献。民国十八年，油竹乡旅美华侨金美斋资助 1000 银圆，建设县立医院；1987 年，旅荷兰、德国、巴西等国侨胞集资 30 余万元建设县人民医院住院部大楼；1994 年，季苏梅姐弟六人捐赠 10 万元建造县中医院急诊楼②。青田华侨不断支持县立医院的建设，不仅促进了青田县医疗卫生事业的发展，同时还为青田县人民提供了更好的医疗卫生服务。

除了支持县立医院的建设外，青田华侨还把目光投向了自己所在的乡镇医疗卫生事业。1995 年 1 月，方山华侨金东林等捐资

---

① 吴晶主编：《侨行天下——青田华侨文化研究》，大众文艺出版社 2006 年版，第179 页。

② 周望森、陈孟林主编：《青田华侨史》，浙江人民出版社 2011 年版，第 240—241 页。

30.5 万元建造"博爱楼"，后改名为方山医院；1996 年，旅法侨胞集资 42 万元重建东源镇红光卫生院①。正是由于这些华侨的捐赠，青田乡镇的医疗卫生水平和人民的健康才获得了更多的保障。此外，为了全面地支援家乡医疗事业的建设，华侨们还向各类医院捐赠医疗仪器设备和药品。尤其是在"非典"期间，海外侨胞纷纷献出爱心，不仅捐资，还为家乡的部分医院捐赠手持体温检测仪。意大利青田同乡会总会、罗马华侨华人联合会把 100 台手持体温检测仪从罗马运到青田，捐赠给青田县人民医院。这些都充分体现了青田海外侨胞的赤子之心。

3. 热心公益慈善事业。

在祖国和家乡遭遇严重的灾害时，青田海外侨胞纷纷伸出援助之手。1941 年，山口乡石雕外销中断，乡民经济窘困，粮食奇缺，被迫自缢、投水者不少。山口籍旅美华侨及旅沪同乡，集资 10500 元，购番薯干、大麦、大米，急施救济。山口旅美华侨林晋南，1947 年回乡探亲，携来药品，治病救人，并捐款为地方兴办慈善、工商事业②。这些救济在缓解乡民生产生活困难的同时，也为侨乡经济的恢复起到了一定的作用。

改革开放以来，青田华侨继续发扬爱国爱乡优良传统，踊跃支援家乡各项事业的建设。1996 年青田县发生水灾后，海外侨胞伸出援手，资助家乡人民抗灾救灾，重建家园。罗马尼亚青田同乡会捐资 12190 美元，西班牙青田同乡会在平山捐助重建一所被洪水冲垮的学校。1999 年 11 月，青田县慈善总会成立后，海外青田籍侨胞积极捐赠以充实慈善基金。2001 年，法国青田同乡会为残疾人捐赠 19.5 万法郎；2003 年，旅意侨胞夏式清向慈善总会捐资人民币 7 万元。截至 2006 年，华侨向慈善总会共捐款捐物 300 余万元③。由此可见，青

---

① 周望森、陈孟林主编：《青田华侨史》，浙江人民出版社 2011 年版，第 241 页。

② 作者不详：《华侨概况》，中国青田网，http：//qtnews. zjol. com. cn/huaqiao/hqgk. asp？i＝46169。

③ 周望森、陈孟林主编：《青田华侨史》，浙江人民出版社 2011 年版，第 242—243 页。

田海外侨胞作为青田县慈善总会的中坚力量，为推动青田慈善公益事业的发展做出了巨大的贡献。

青田华侨长期身居海外，父母大多不愿意离开故土，仍居于国内。他们担心在国内的父母无人照顾，同时在回乡探亲、旅游的过程中，也发现很多老人生活艰辛，无人照料。这一现象引起了青田县侨办和华侨的关注。奥地利侨胞王丽民捐资 10 万元在阜山前王村设立敬老基金。2008 年 10 月 14 日，旅法华侨项龄燕女士捐赠 100 万元人民币，建立以自己名字命名的福利院，为加快全县社会福利事业的发展做出了表率①。此外，青田华侨还热心捐助滩坑移民，对贫困移民给予关怀，促进了移民工作的顺利开展，同时促进了青田的经济建设和社会稳定。

4. 捐建交通水利设施。

"要致富先修路"的道理很多人都明白，走向海外的青田人更是深切领悟。青田是个山区县，交通滞后曾经严重制约了侨乡经济发展。为此，1972 年旅日侨胞林三渔先生就捐资 22 万元人民币，建造山口至汤洋公路，后又追加资金建造山口、仁庄、冯洋等六处凉亭，供路人歇脚②。始建于 1976 年的阜山至青田的道路，20 多年来受损严重。为改变路面状况，2000 年，地方政府开始实施改建和硬化工程，项目总投资 1750 万元，其中沿线两乡一镇的华侨、侨眷捐资达 650 多万元③。

青田县境内的大小桥梁，大多数都是由侨胞捐赠建成的，如瓯江大桥、太鹤大桥、温溪大桥等。瓯江大桥修建时，华侨捐资 300 多万元；兴建太鹤大桥时，华侨也踊跃捐资 200 多万元。海外侨胞建路修桥，极大地改变了青田的交通运输状况，加强了青田同其他地区的经济和文化联系。除了支援交通设施的修建外，青田华侨还捐资兴建了

---

① 张爱微：《大爱无言 大爱无边——项龄燕，情系桑梓的"铿锵玫瑰"》，《青田侨报》2008 年 10 月 27 日，第 3 版。

② 林毅斌：《斯人已去 风范常存——纪念林三渔先生逝世十九周年》，《大青田周刊》2006 年 9 月 21 日，第 3 版。

③ 周望森、陈孟林主编：《青田华侨史》，浙江人民出版社 2011 年版，第 270 页。

一大批水利工程，促进了青田水利、电力事业的发展，并满足了人民生产生活所需。这些基础设施工程（见表10－13）的兴建，无疑为带动青田地区经济的发展起到了重要的作用。

表10－13　　　　　**青田籍侨胞捐资家乡交通水利建设统计**　　　（单位：万元）

国别	姓名	项目	金额
意大利	徐志勇	坦下村	45
奥地利	邹继铭	建路（主要在小舟山）	25.8
瑞典	叶克清	仁庄东坪	22
法国	郭玉桓、郭胜华	西门瓯江大桥	20
保加利亚	林友勋	仁庄坳头	20
罗马尼亚	徐伯光	仁塘湾	20
西班牙	夏志杰	船寮石才	18
荷兰	周伯平	方山望乡桥	14
瑞典	夏王生	仁宫慈溪大桥	12
巴西	陈孟英	雅林自来水	12
美国	饶及人	引坑村	10
西班牙	金碎明	仁庄洋坑	10
法国	严志照	阜山周垟公路	10
法国	厉爱华	八源防洪堤	8

资料来源：周望森、陈孟林主编《青田华侨史》，浙江人民出版社2011年版，第272—276页。

5. 助力新农村建设。

改革开放以来，青田华侨华人经济实力逐渐增强，社会地位也得到大大提升。一批在海外事业有成的华侨放弃了现有的发展机会，把国外先进的管理理念介绍到家乡，回乡参与治理新农村，当起了"华侨村官"，并运用自己在海外闯荡多年积累下来的财富，为改变青田农村的落后面貌做出了巨大的贡献。

船寮镇朱店前村村民主任洪树林，放下在柬埔寨的公司，跑回老家当起了华侨村官，带领全村人民发家致富。他为村里奉献了200多万元人民币建立了新办公楼和文体活动中心大楼①。葡萄牙华侨徐定陆在担任青田温溪镇港头村村长期间，开通港头至温州的公交车，解决了村里交通不便的问题，开办港头菜市场，解决村民生活问题，并为村里新建小学，支持村教育发展②。青田"华侨村官"为村民做了很多实事，《中国青年报》《新农村商报》和中新网都曾对其进行过深入报道，"华侨村官"现象已经引起了各方深度关注。随着履职能力的不断提高，青田"华侨村官"将结合当地农村的特点，采取因地制宜的方式，更好地为青田县新农村建设服务。

新农村建设也是青田县政府积极引导华侨要素回流的重要表现。侨资已经成为青田县新农村建设的重要推手，捐赠投资改变了青田农村的村容村貌，同时缓解了农村的就业压力。在"十村示范、百村整治"工程中，全县华侨共捐资1200余万元，进一步改善了农民的生产生活条件。以方山龙现村为例，该村于2004年被列为整治示范村，村委积极动员华侨捐资，采取为捐资华侨立碑纪念等措施，充分激发华侨的爱乡之情，迅速掀起了华侨资助村庄建设高潮，共接受华侨捐资累计达100余万元，先后完成了村两委办公楼、老人亭和机耕路建设，2005年该村被授予"市级示范村"称号③。同时，华侨还大力支持农村的教育、文化、医疗等事业发展，促进了农村精神文明建设。青田县还利用侨资通过"乡村康庄工程""万里清水河道""千万农民饮用水""百名华侨助百村"等

---

① 梅蓉：《华侨当村官——访船寮镇朱店前村村民主任洪树林》，《青田侨报》2009年2月9日，第3版。

② 徐晔：《青田侨商村官干得既"欢"又"累"》，《解放日报》2010年8月26日，第8版。

③ 马飞平：《侨乡妙打"侨牌"打出一片艳阳天》，《青田侨报》2006年11月6日，第3版。

工程，启动了 12 个示范村、74 个整治村的建设①。这些举措极大地促进了青田农村社会经济的发展和农民生活水平的提高。

（二）文教支持力

青田华侨受教育程度普遍偏低，在国外的创业范围亦因此受限。在海外艰难打拼的日子使他们认识到教育的重要性，进而促使他们积极地支援家乡的基础教育事业。他们同时努力保护和弘扬青田的石雕文化、华侨文化和田鱼文化，捐资开发青田的旅游文化资源，推进文化遗产保护工作，使青田的民俗文化在世界舞台上发光。此外，他们还关注青田体育事业的发展，增强青田人民的体魄。

1. 捐资助学。

青田华侨捐资教育不仅人数众多，而且方式多样（见表 10 - 14），如捐资兴建教学楼、设立助学奖学金、捐赠书籍和图书馆等。著名的旅日华侨林三渔先生在青田中学兴建了"三渔礼堂"；旅意侨胞孙明权、孙焕然、胡守珍等集资兴建中山中学教学大楼；旅德侨胞吴国良兴建了吴岸学校教学楼。奖学金的设立更为普遍。林三渔在青田中学设立"林三渔振兴中华奖学金"；孙明权、陈玉华夫妇设立育才奖学金，奖励本县高考优秀学生。

表 10 - 14　　　　　**青田籍华侨捐资教育事业统计**　　　（单位：万元）

姓名	旅居地	受助方	时间	款物	备注
王泽厚	意大利	阜山中学	1989—1996	12	购电脑 36 台
			1997	1（美元）	奖金
			2008	30	80 周年校庆
		青田华侨中学	2007	25	50 周年校庆
		县教育局	2003	3	县奖教基金
白品洲	比利时	青田中学	1989	1.3677	50 周年校庆
			1997	10	购图书

① 夏凤珍：《从世界看浙南非法移民》，南开大学出版社 2008 年版，第 201 页。

续表

姓名	旅居地	受助方	时间	款物	备注
孙焕然	荷兰	中山中学	1987—1990	6.7	
		孙山小学	1987	5	
		华侨中学	1992	1.5	35 周年校庆
			2007	1	50 周年校庆
邹继铭	奥地利	小舟山乡校	1993	2	
		船寮镇小、小舟山乡校、小舟山平岩头村小	1999	5.6	影库一套
郭胜华	法国	青田华侨中学	1992	8	35 周年校庆
			1997	5	40 周年校庆
			2007	88	50 周年校庆
		石溪乡校		10	育才奖学金
		石溪小学		145	校舍、操场、围墙
		青田中学	1999	3	60 周年校庆
杨壁如	法国	魁市小学	1999	100 +	
		庙后小学	1998		
徐志勇	意大利	阜山中学	1986—1997	800（里拉）	
			2008	20	80 周年校庆
郑同舟	奥地利	青田中学		10	园丁奖
				5（美元）	解困助学金
				5	航模资金
			1989	1.35	40 周年校庆旧址校标
				40	新校区标志性建筑
				1.09	彩电 3 台
			1999	1	60 周年校庆
		人民小学		1	

资料来源：周望森、陈孟林主编《青田华侨史》，浙江人民出版社 2011 年版，第 249—270 页。

2. 出资开发旅游文化。

华侨文化和石雕文化是青田文化的两大特色，两者息息相关，石雕文化由青田华侨推向世界，青田华侨借助青田石雕走向世界。因此，青田华侨也把大量的资金投向石雕产业，旅居荷兰的吴焕民、吴洪刚华侨家族为青田石雕界捐赠 50 万元人民币[①]。每年来青田购买石雕的外国游客很多，古老艺术奇葩青田石雕在国际上大放异彩。海外侨胞在弘扬石雕文化的同时也带动了青田旅游业的发展。为了弘扬青田华侨文化，展现青田华侨艰苦奋斗、爱国爱乡的史实，全县华侨华人、归侨侨眷捐资 260 余万元，建立青田华侨历史陈列馆，后因兴建青田县文化会展中心被拆除。作为青田地方性的报刊《青田侨报》从创刊发行开始，一直得到海外华侨的支持和捐助。

青田是国家级生态自然保护区，有国家级森林公园石门洞风景区，中国百年名寺阜山清真禅寺，还有太鹤公园、千丝岩、九门寨、小石门等著名旅游景点。这些景点的亭台楼阁大多是由华侨个人或集资捐资建造的。这些景点每年接待大量的游客，大大促进了青田文化和旅游业的发展，同时也丰富了青田人民的生活。法国华侨王景石斥资 4000 余万元，准备运用海外旅游的先进理念，把青田九门寨打造成一个集漂流、峡谷拓展于一体的温泉度假区。王景石说，家乡的山水养育了他，回乡开发旅游，既是看好青田旅游发展的前景，也是一次回报家乡的机会[②]。在青田，几乎人人都知道刘基，为了推广刘基文化，青田县专门建立了刘基广场，侨资也参与了广场的修建。

青田县有着优良的传统文化，华侨华人为了传承和弘扬文化，以各种方式支持家乡的历史文化遗产保护工作，同时把传统文化的保护和旅游开发结合在一起。青田方山乡是著名的田鱼之乡，当地政府以建设生态文明为中心，精心打造田鱼品牌，使之游出国门，扩大了方山田鱼在国内外的影响，良好的生态环境又吸引了海外侨胞回国捐

---

① 叶肖忠:《同胞兄弟创造荣誉历史——访丽水市荣誉市民吴焕民、吴洪刚兄弟》，《青田侨讯》2005 年 11 月 23 日。

② 作者不详:《世界青田人盛会开启"世界青田"建设新旅程》，《青田侨报》2011年 8 月 8 日，第 3 版。

赠，促进了方山乡的整体建设。旅西班牙侨胞吴广平向县文物保护管理委员会捐赠人民币 100 万元，修复吴乾奎旧居，使历史文化遗产"吴乾奎旧居"与非物质文化遗产"田鱼"文化融合成龙现村文化旅游的主题①。在广大侨胞的支持下，青田县立足资源特色，把丰富的自然风光和人文景观结合在一起，形成了独具特色的旅游发展新格局，给游客极大的感官享受。

3. 捐资保护民俗文化。

青田华侨也非常重视民俗文化的保护。龙凤灯表演已经消失 40 多年了，这个传统民俗节目，再登舞台展风采，离不开华侨"村官"吴贵权的不懈努力。旅西班牙华侨吴贵权在仁庄镇冯垟村担任村委主任期间，为了恢复龙凤灯，收集资料、破解技术难题，再现了龙凤灯的舞蹈和节奏，使濒临失传的龙凤灯重新舞了起来，并计划把龙凤灯带到欧洲，使其走向世界②。如今，冯垟村的群众文化活动开展得红红火火，不仅有龙凤灯表演队，还有马灯、鱼灯等多个表演团队，大大促进了青田民俗文化的恢复和发展。

鱼灯也是侨乡青田的民间传统艺术，是国家级第二批非物质文化遗产保护项目。现在青田的鱼灯表演已经走向国际，成为欧洲许多国家重要活动的表演项目。在第十三届远东国际电影节开幕式上，由青田华侨、意大利东北四省华侨华人联合总会组织的青田鱼灯队作为特别演出节目，成为文化交流活动的一大亮点③。青田鱼灯表演走向世界跟青田县政府努力打造"世界青田"有很大的关系，同时也离不开青田华侨对民俗文化的支持。

4. 捐建体育设施。

青田华侨对体育事业也关心备至，贡献良多。1993 年，旅比利时侨胞夏延元携夫人杨爱娥捐资 100 万元，在鹤城镇建造了"夏康

---

① 蔡秦、洪旭伟：《丹心一片报故乡——侨领吴广平捐资百万支持家乡历史文化遗产保护事业》，《青田侨报》2009 年 6 月 12 日，第 3 版。

② 梅蓉：《"要把龙凤灯传遍欧洲"——致力于保护民间文化的华侨"村官"》，《青田侨报》2009 年 6 月 12 日，第 3 版。

③ 徐晓军：《青田鱼灯舞进意大利》，《浙江日报》2011 年 5 月 7 日，第 8 版。

体育馆",丰富侨民的文化体育生活①。从此,青田重大的文化娱乐活动、露天不能开展的体育活动赛事,都可在馆内进行。备受媒体关注的"公益型华侨村官"洪树林带领村民建立了文体中心,发展村里的文化、体育事业。现在青田乡村很多的文体中心是在华侨的捐资下兴建的。为了满足学生对文化体育活动的需求,青田华侨还积极地向学校捐赠体育设施。

三　青田华侨反哺家乡的意义

（一）积极作用

海外华侨华人是集人力资源、文化资源、政治资源、资本资源、科技资源、信息资源和网络资源等于一体的资源集合体②。青田作为侨乡,华侨资源丰富,青田的繁荣发展离不开青田华侨华人的鼎力支持,青田侨胞的发展壮大也需要青田作为后方基地,两者息息相关。青田侨胞在支援家乡建设的过程中,不仅自身的社会地位也得到了提升,同时也促进了侨乡社会经济的蓬勃发展,从而使华侨与侨乡的发展形成了互动的良性循环。

青田华侨捐资领域涉及城市建设、效益农业、水利、教育、卫生、旅游休闲、公益慈善等领域。青田华侨的善行义举促进了相关产业的发展,带动了青田的现代化建设,为打造经济、政治、社会、文化等全面发展的"世界青田"做出了突出的贡献。青田的很多华侨来自农村,他们当年大都是因为贫困而奔赴海外的,因此他们在事业有成之际,尽力地支持农村建设,努力提高农民生活水平。他们捐助农村修桥铺路,修建公共休闲场所,改水、改厕,实现村容整洁等方面,使农民的生产生活和环境得到了明显改善。同时青田华侨还捐资促进青田生态农业的建设,提高青田的农业效益,增加农民收入。

中国农业正处于市场经济的转型期,谁先懂得利用农业政策优势,谁就抢占了先机。青田华侨正是用他们打拼世界的智慧,捕捉来

---

① 周望森、陈孟林主编:《青田华侨史》,浙江人民出版社 2011 年版,第 249 页。
② 叶肖忠:《华侨九闽》,中国文化艺术出版社 2011 年版,第 61 页。

自农业的商机。于是一些华侨放弃了自己在海外的事业，把大量的资金投向农业，并从海外引进先进的农业技术和产品，在青田推广。据青田县农办统计，自 2007 年以来仅全华侨就有 100 多人筹资 3500 万元投入生态农业项目，实现土地经营权流转 1.2 万亩①。而在民间，还有上百亿资金正在寻找机会。这正符合青田政府"反哺"现代农业的决心，也让侨胞获得了实实在在的收益。

总之，华侨对青田的社会经济发展做出了巨大的贡献，有力地支援了侨乡的建设事业，为全县脱贫、奔小康、实现现代化提供了强大的动力。1997 年，青田县脱掉了国家级贫困县、省级贫困县的帽子。2007 年，青田县在全国县域综合竞争力达到第 221 位②。可以说，正是由于海外侨胞的积极支持，才使侨乡的社会经济、文化教育、交通运输、医疗卫生、基础设施、公益慈善等方面都有了长足的进步。

（二）负面影响

青田华侨在改变家乡面貌的过程中，也客观上产生了一些不利因素或负面影响。华侨捐赠、投资在促进侨乡经济发展的同时，在一定程度上影响甚至浪费了青田的农村和农业资源，以致农村很多土地被闲置。他们对农村文化教育事业的捐赠，无意间造成了城乡公益事业的差距。青田华侨在支援家乡建设的过程中，会把大量的资金投向自己所在的乡村，这又造成地区发展的不均衡性。青田华侨积极响应政府提出的"华侨要素回流"工程，使得青田的房价和消费趋向不合理性，这给青田当地的社会和居民家庭的生存与发展带来了不小的压力。青田许多地方的传统民俗随着"西化""欧化"而走向消亡。在出国潮的影响下，很多学生过早地放弃学业，选择出国打工，这既不利青田教育事业的稳定发展，也造成当地人才流失等。

---

① 徐晓军：《让土地充满想象 3000 万海外资金回归青田农业》，《青田侨报》2009 年 1 月 15 日，第 3 版。

② 作者不详：《改革开放三十年 华侨巨变 侨乡巨变》，《青田侨报》2008 年 9 月 8 日，第 3 版。

四 完善青田华侨捐赠的努力

针对青田华侨在支援家乡建设过程中出现的问题与不足，青田县政府、侨联和华侨通力合作，努力优化侨胞贡献祖籍地的方式与效应，把如何发挥自身优势，合理充分地借助华侨资源，作为今后青田县侨务工作的重点。

首先，青田县政府及其各部门积极为华侨回国投资、捐赠创造良好的环境。青田县政府积极开展侨界优秀人物的评选活动，表彰为侨乡做出突出贡献的海外侨胞。2009年，青田侨界"六十杰"评选活动积极开展，评选出"十大历史名人""十大杰出侨领""十大创业精英""十大杰出青年""十大爱乡模范""十大杰出女性"①，这些候选人都为青田的公益建设事业和其他的各项事业做出了巨大的贡献。这项评选活动在肯定他们功绩的同时，也激励更多的青田人为青田的未来出力。青田华侨郭胜华在慈善公益事业方面做出了杰出的贡献，"胜华慈善基金"是由郭玉桓、郭胜华父子捐赠2000万元人民币设立的，是当时由个人捐赠、数目最大的冠以捐赠人本名的慈善基金。郭胜华先后获得国家民政部授予的"中华慈善奖"，中华慈善总会授予的"中华慈善事业突出贡献奖"②。青田县侨联要积极发挥各级侨联的组织动员作用，大力开展海内外联谊工作，加强华侨与侨乡的合作交流，调动归侨、侨眷和海外侨胞捐助家乡建设的主动性和积极性；教育部门要通过宣传教育，端正学生出国态度，尽量减少因出国而造成的人才流失，对归国的小华侨积极开展华文教育，让新一代的华侨传承中华文化，确保华侨资源的可持续发展。

其次，青田华侨要平衡侨资的流向，促进青田各项建设事业的均衡发展，对于青田现代化建设的薄弱环节，要适当地予以资金倾斜。目前，青田农村与城镇的差距还很大，华侨可以借鉴国外先进的农业

---

① 作者不详：《青田侨界"六十杰"评选活动候选人名单》，《青田侨报》2009年10月19日，第3—9版。

② 洪旭伟：《郭胜华：海外游子的赤子情怀》，《青田侨报》2011年11月14日，第3版。

技术，也可以加强与青田农业局以及科技部门的合作，提高青田县的农业生产技术，造福青田山区的农民；华侨在青田的各乡镇比例不一，有些地方华侨众多，所在区域获得的资金也就集中，但反过来也使侨胞的捐资范围被局限于本区域；华侨应当在政府的引导或自己的意愿下，加强与其他乡镇的合作，促进其他区域的共同发展；青田的福利事业建设还存在较大的发展空间，老人和小孩仍缺乏良好的社会照顾，华侨可以与政府合作，选择最佳区域为这些群体创造温暖幸福的共同家园。

海外华侨华人也应该积极支持华文教育，提高子孙后代的中文素质，让他们清楚地意识到自己是中国青田人，为以后参与家乡建设奠定基础。旅比利时华侨夏廷元就曾呼唤创办当地中文学校，并把它当成是旅外华侨群体最重要的事。在办校过程中，他自己带头捐献，还挨家挨户地上门募款，在筹办中文学校的过程中接受了爱国心的重塑造①。

总之，华侨资源是侨乡社会的重要优势，侨乡政府应当优化侨胞贡献祖籍地的方式和效应，鼓励更多的海外华侨参与家乡建设。海外华侨在捐助祖籍地建设时，也要从家乡人民的切身利益出发，探寻建设侨乡的最优模式。而随着全球化的不断深入，青田海外华侨与侨乡青田必将更加紧密地结合在一起，找到更能促进彼此共赢的发展模式，为建设更富、更美、更和谐的侨乡而通力合作。

第七节　何朝育的"温州情结"与慈善人生②

何朝育（1916—2008 年），温州市瓯海区三垟乡池底村人，著名实业家、慈善家。1949 年定居台湾后，经过数十年的艰苦创业，其创办的"正大尼龙股份有限公司"于 20 世纪 80 年代跻身台湾百大企业之列，他也因此成为台湾化纤界举足轻重的人物，被岛内誉为

---

① 叶肖忠：《夏廷元：中文学校凝聚爱国心》，《青田侨报》2010 年 8 月 23 日，第3 版。

② 本节内容曾刊载于 2009 年 6 月 1 日的浙江侨网。

"四大豪门"之一。何朝育艰苦创业历程不仅令人称道，他对家乡温州的无私反哺情怀更令人钦佩。他曾兼任台北市温州同乡会名誉理事长，特别是 1991 年起，不顾 75 岁的高龄携夫人黄美英女士先后 8 次回温，累计无偿向温州市捐赠 1.3 亿元人民币，是迄今为止向温州市捐款数额最多的温籍乡亲，捐资兴建了"育英"系列项目，有力地助推了温州教育卫生事业的发展。他心系家乡，感念温州，一生都带着浓厚的"温州情结"。

一　传承美德 艰苦创业——"温州情结"的萌发

何朝育的行善美德源自其父母。其父亲何啸秋（字永寿）最初开办药店，却因经常萌动恻隐之心而对病人无偿赠送药物，由此导致药店亏损严重，直至关门大吉。1912 年春，当宁波商人王香谷在温州双莲桥置地盖楼筹办协利电灯公司因筹款搁浅而欲转让不动产时，正是何啸秋的一份惦念乡亲和孩子们在模糊黯淡的菜油灯下劳作和学习的焦虑之心，才促成他联合多位乡绅借机收购并筹集新股金而创建了普华电灯股份有限公司①。何啸秋的这份乡情使温州城在 1914 年 3 月 27 日夜晚亮起了温州的第一盏电灯。此后，发家致富的何老先生还给温州瓯海医院即现在的温州医学院附属第一医院捐过一笔可观的钱款②。何朝育的童年是在父辈亲手点亮的光明和温暖中度过的，然而，好景不长。在他 14 岁那年，父亲英年早逝，家里的经济支柱倒了，境况一下子陷入窘迫之中。年轻守寡的何啸秋妻子李夫人以其坚强的毅力和顽强的精神拉扯着四个孩子并教给他们坚韧乐观、积极向上、慈祥博爱及乐善好施的为人处世之道，母亲无疑是四个孩子的典范和榜样。后来由于家道中落，何家的境况越来越差，但李夫人依然不会怨天尤人，依旧处变不惊，并且极尽所能地帮助其他比自己更穷的乡亲。何朝育先生的独子何纪豪先生对此曾说道："我相信我的奶奶对我父亲来说有蛮大的影响。虽然当时也很清苦，但是只要自己

---

① 大致位于现在的温州市小南门口头下温州市电业局地块。
② 冯强生：《造福桑梓的富豪侨俩》，《世界温州人》2005 年第 4 期。

有，她就会给别人一点。她一给别人，她就很开心。"①

　　父辈的宽广胸襟和热心公益的举动在他幼小的心灵留下了深刻的烙印，并引领他在人生的道路上不断前行。同时，父亲的早逝也让他不得不过早地扛起家庭的重担并备尝人世的艰辛。迫于生计，少年何朝育辍学回家后便从事各项生计。他曾在大罗山上放过牛，也曾在荆棘丛中砍过柴；私人钱庄里，他当过学徒，常背着铜钱往返于各店铺之间，奔走在蒲鞋市老街和梧田南塘的田间小路上；街头弄口，他也曾卖过香烟，小小的年纪就体味了人间的世态炎凉。何朝育先生后来回忆起这段经历时说："吾 14 岁丧父，大哥亦英年早逝，二哥大我 8 岁，三哥大我 3 岁，母亲含辛茹苦照顾、关心我三兄弟。父丧后，即奉母命在钱庄学生意，此事对我一生影响至大。光复后，个人来台数次。于 1949 年，夫妇来台定居，旋即向友人借贷，往来台港跑单帮。稍有所得，即汇给母亲，以慰亲情。"②

　　何朝育先生当年经常跑经销，从上海、宁波等地进货，然后带到温州卖。有一次，在经过雁荡山的时候，因遭遇强盗，全身都被强盗扒光了，只剩一条裤子回来，这给他留下非常惨痛的回忆③。何朝育在跑单帮积累第一桶金后，凭着自己的勤劳诚恳，逐渐博得周边人的认可，生意也越做越大。之后，他靠着积累的资金与其他人共同创办起"正大袜厂"。之所以取"正大"两字，就是取其"正大光明"的意思，一语道出了何朝育先生为人处世的风格和态度。正大袜厂在何朝育等人的苦心经营下不断发展壮大，并在兼并温州针织厂后开始从事针织业，从而为以后在台湾创办"正大企业"打下了良好的基础。在抗战期间，为拓展生意，何朝育便与二哥何传槐轮替着将袜子等针织品带到台湾销售。那时，温州到基隆每天有一班轮船，每次到台湾后，他们都要待上一段时间。1949 年，何朝育先生带着身怀六

　　① 温州大学：《育英情怀》，2008 年 8 月 12 日，温州大学网，http：//www. wzu. edu. cn/2008/hcy/text2. htm。

　　② 金丹霞、王微芳：《何朝育的慈善人生》，《温州日报》2008 年 8 月 18 日，第 1 版。

　　③ 王微芳：《巍巍丰碑——记爱国台胞何朝育先生的慈善人生》，《世界温州人》2008 年第 3 期。

甲的妻子黄美英、大女儿何蝶坐着温州到台湾的最后一班交通船前往台湾接替二哥，不料这一别，竟与母亲成为永诀，时隔 40 多年才踏上令他魂牵梦萦的故土。

在台湾创业之初，日子依然很艰难。他们当时住在基隆，为了便于产销经营，全家搬到台北。一直跟在何朝育旁边学习管理的内当家黄美英女士回忆说："来台定居时，我先生第一次去香港购买暗扣（铁扣）及棉绒布等，第二次去菲律宾买尼龙伸缩的男女袜子及小孩毛衣等。那时台湾没有此种产品，所以利润很好。后来很多朋友跟着买此种货品，进口太多，造成亏损，我们夫妇二人商量决定今后做制造方面。我先生第二天即去台北办理登记正大针织厂，并加入针织公会，很快得到配给之棉纱，正大针织厂便开始制造，用人工手摇机器五台织女长袜子。我先生用手搅拌染袜，染好用模型烘干，整理包装，自己送到台北去卖。住基隆不便，决定搬到台北。我跟先生学习，学到一些管理之事。约过了五年，袜子没利润，先生对我说想去日本看做袜子原料（尼龙伸缩丝）的机器。从此开始，正大扩充设备制造尼龙丝原料之产品。我很尊重先生的为人处世。"[①] 凭着温州人灵活的经营头脑和不怕吃苦的精神，何朝育、黄美英夫妇从家庭作坊起步，一点点发展起自己的事业。1963 年，他们成立正大纤维工业股份有限公司北投厂，1967 年又成立正大尼龙股份有限公司新店厂，1975 年再设立淡水分厂，最终在 20 世纪 80 年代跻身台湾百大企业之列。不仅如此，他们还创办了海事专科学校，其子何纪豪便是毕业于此校的航运管理系，台湾首富——鸿海集团董事长郭台铭是他的同班同学。

后来，由于社会的变迁，行业竞争的加剧、劳工工资的上涨等诸多因素，正大公司的经营出现了危机。何朝育先生虽说文化程度并不高，但善于在实践中摸索经验，在商界多年的摸爬滚打让他眼光敏锐、反应快捷，他抓住时机迅速转型，停止经营制造业，转为服务业

---

① 白荣发：《育英情怀：何朝育先生何黄美英女士捐资温州十年纪实》，《温州台办》2003 年第 9 期。

和租赁业。正大创业逾半个世纪，其间遭受多次大小水灾，尤以"六三"水灾、葛乐礼台风等损失最为严重。时至今日，那一幕幕仍然令何纪豪记忆犹新。他说"六三"水灾发生时，公司一楼的机器全部被水所淹，父亲不等不靠，在大水消退后即刻冲洗机器，很快复工，又请日本技师指导调整机器，并撰写公文给各银行及工业局等，要求各有关机关的借款延期，利息照付，但却拒绝政府给予的无息救济贷款①。何朝育先生不等不靠，凭借自己的能力，利用以前赚来的钱，自我恢复生产。不仅如此，他还每天买来很多面包点心，让所有参与复建工作的员工吃。在那个时候，吃面包是很奢侈的，但这也是何朝育先生对大家的一个激励。

何朝育先生很讲原则，他经常对儿子何纪豪先生说："你自己要守规矩。"何纪豪先生说："他不会打你，他不会骂你，但他就会告诉你——你要守规矩。因为你知道你不守规矩的结果会是什么，所以你最好自己守规矩。"在公司里，他跟公司的员工，跟会计单位，跟生产单位讲："你把东西给我做好，规规矩矩。"他跟做账的讲："你不能错噢，绝对不能错，错了你是要坐牢的。"所以他就是说，一切守规矩，事情要做好，要负责任。什么事情都要规规矩矩，他常常讲："正大正大，光明正大！"②

何朝育先生正是凭借这样的魄力与坚韧，以坚强的毅力与自强不息的精神，使他的事业不断扩展、蒸蒸日上，直至成为台湾经济界的"四大豪门"之一。

二　忧思难忘　终有归时——"温州情结"的显露

何朝育先生当年踏上温州到台湾的最后一班轮船时，怎么也没想到这一别竟是四十年的光阴。水乡的石板桥，河岸边的大榕树，榕树后的关帝庙，常常走进他的梦中，而含辛茹苦的老母亲更让他魂牵梦

---

① 王微芳：《巍巍丰碑——记爱国台胞何朝育先生的慈善人生》，《世界温州人》2008 年第 3 期。

② 温州大学：《育英情怀》，2008 年 8 月 12 日，温州大学网，http：//www. wzu. edu. cn/2008/hcy/text2. htm。

萦，然而老母亲已于 1973 年离世。

何朝育在世时，曾以不同方式多次提到自己长期在他乡经商办企业，但始终没有忘记自己是中国人。因为，一个人要是忘了祖国，忘了故乡，他就是忘本！"我在家呢坚持说温州话，这样呢，让自己全家都记得，我是温州人。"① 何纪豪可以说是在台湾出生在台湾长大的，但他讲的却是地地道道的温州话。他说父亲对自己亲人的那份萦绕脑海半个多世纪无法消退的深切思念和对故乡的拳拳眷恋，给了他极为深刻的印象，也深深地在他的心中留下了难以磨灭的烙印。何朝育先生家中挂有一张他母亲的画像，每逢过年过节，他和夫人都会对着母亲的画像跪拜。故乡的情结，是任何人都抹不去的。何朝育先生自小受母亲的影响很大，对家乡对乡亲都有着深切的眷顾和慈祥的爱护。何朝育外甥郑明新说，因为年事已高，何朝育那时候已经很少出门，但坚持每天看报纸，特别关心大陆的信息，经常和他们聊祖国的发展、家乡的建设。"只要一听到温州两个字，他就显得特别精神，连身板也挺直了。"②

1991 年 11 月，海峡两岸长期隔绝的坚冰逐渐融化，已过古稀之年的何朝育先生偕妻女，终于踏上了归乡的路。阔别四十余年，梦里几度相见，今日踏上故土，了却多少遗憾。"少小离家老大回，乡音无改鬓毛衰。"当何朝育偕妻携子走出舱门，疾步走下舷梯，踏上故乡温州的土地时，难以抑制心中的激动，他喃喃地自言自语："到家了！到家了！终于回到家了！"在接待车从机场开往人民路的过程中，他看到繁华的城市，特别是见到大南门桥边的那棵大榕树时，竟感慨万千地像小孩一样哈哈大笑："啊，我终于回来啦！六十年啊，还看到这棵树。不容易，不容易！"③ 1992 年清明前后，何朝育先生回到了位于三垟水乡的池底村——他生于斯长于斯的童年家园。面对

---

① 温州大学：《育英情怀》，2008 年 8 月 12 日，温州大学网，http：//www. wzu. edu. cn/2008/hcy/text2. htm。

② 占昭昭、陈蕾琦、王微芳：《弥留之际他依然牵挂家乡》，《温州都市报》2008 年 8 月 12 日，第 1 版。

③ 温州大学：《育英情怀》，2008 年 8 月 12 日，温州大学网，http：//www. wzu. edu. cn/2008/hcy/text2. htm。

眼前的这一切，他感到既陌生又熟悉。面对祖宗牌位，身着西装革履、锦缎旗袍的夫妇俩倒头便拜：列祖列宗，我们回来了！在争先恐后来迎接或看热闹的乡亲中，他辨认出几张熟悉的脸庞，紧紧抓住他们的手，颤抖着半晌说不出话来，只是不停地摸出一个又一个大红包分塞给他们。"他都是一千一千地塞，那时候的一千元几乎相当于现在的一万元。"① 远游归来的何朝育先生就用这种最朴素的方式，急切地表达着自己对家乡父老乡亲的热烈情感。

何朝育先生回忆首次重归故里时曾说："家乡的何氏宗祠，每次来温都要去拜见的。我致电联络温州侄女玲珠等，负责重建何氏宗祠之事宜，2001 年重建完成。"② 每次回到家乡，他做的第一件事情，就是要好好拜拜他父母亲的灵位。他到关老爷殿，就说，爸爸妈妈我来了。每次要回台湾了，都会过去看一下：爸爸妈妈我走了，明年再来看您③。他对家乡的男女老少都非常慈祥。有一次，一位称自己是他奶妈儿子的老乡来看他，说到他奶妈已经去世时，何先生就马上拿出两万元钱，亲切地交给他，要他把奶妈的墓修好④。因为他是吃奶妈的奶长大的，现在没有机会给奶妈一个回报，以此补过。他"有恩必报"的传统美德，在家乡人民中留下了美好的口碑。

三 舐犊情深 桑梓情浓——"温州情结"的成熟

母亲健在时，何朝育将辛苦所得报答母恩。母亲去世了，热心公益的热血在他体内沸腾不息，他最终选择了将一生创业的积蓄报答乡情。当年在台湾，他们多半通过台北温州同乡会印行的《温州会刊》了解家乡的变化和发展。1990 年和 1991 年的两期会刊连续刊登了时任温州大学校长魏尊清所写的《温州大学简介》，希望初具规模的温

① 温州大学：《育英情怀》，2008 年 8 月 12 日，温州大学网，http：//www. wzu. edu. cn/2008/hcy/text2. htm。
② 白荣发：《育英情怀：何朝育先生何黄美英女士捐资温州十年纪实》，《温州台办》2003 年第 9 期。
③ 温州大学：《育英情怀》，2008 年 8 月 12 日，温州大学网，http：//www. wzu. edu. cn/2008/hcy/text2. htm。
④ 同上。

州大学得到海内外同胞的资助，以及温大需建造图书馆，恳请乡亲大力支持。这个消息让牵挂家乡的何朝育夫妇记挂在心：一个人一个人的捐钱要捐到什么时候呢？不如我们独立承担吧？夫妻俩商量着以黄美英的名义捐 400 万元人民币（后来追加到 628 万元）①，在温大捐建一座图书馆。这也是何朝育夫妇 1991 年决定回乡的明确目的。1991 年 11 月 15 日，何朝育先生和著名数学家、温州大学名誉校长苏步青一起，兴致勃勃地为温大育英图书馆奠基。在接下来的日子里，何朝育夫妇不顾年事已高，四处奔走，迫不及待地安排一个又一个的捐资项目。

　　然而，究竟什么是温州最需要的？捐资什么才能为家乡人民带来最大的幸福？这些问题着实让何朝育烦恼了一阵。当考察到一座设在家乡旧祠堂里的小学时，他终于找到了能为生他养他的故乡奉献绵薄之力的支点。因为少年时代迫不得已的失学生涯给他留下了深深的遗憾，文化程度不高一直是他心头的痛；而自身的从商历程也使他深知事业的迅速发展与壮大是一步也离不开科技与人才的。黄美英女士回忆，"小时候没机会读更多的书，现在做事甚感不便，吃尽了亏，因而对子女教育很严，5 个子女都已大学毕业，自创实业，而家乡的教育还不够，捐资为家乡教育办一些实事便成了他最大的心愿"②。于是，教育事业成为何朝育捐资的重点方向。当他来到温州医学院附属第一医院，也就是当年他父亲捐资过的瓯海医院，发现看病的人非常多，而医院地方拥挤，好多患者不得不捧着肚子蹲在地上等待挂号就医的情景时，他感到无限的悲哀。为了使子孙后代不再受人欺负，为了使家乡的父老乡亲能方便地看上病，他又把目光聚集在了医疗事业上（见表 10－15）。

---

　　①　白荣发：《育英情怀：何朝育先生何黄美英女士捐资温州十年纪实》，《温州台办》2003 年第 9 期。

　　②　陈晋廷：《乡情最浓——访温州台胞何朝育黄美英夫妇》，《温州晚报》1994 年 4 月 3 日，第 1 版。

表 10 - 15　　　　　　　何朝育夫妇捐资温州市主要项目一览

捐赠年份	捐赠项目	捐赠金额
1991 年	温州大学育英图书馆及皇冠轿车、图书	628 万人民币
1991 年	温州医学院附属育英儿童医院及丰田救护车	1500 万港币
1992 年	温州师范学院育英大礼堂及皇冠轿车	1200 万港币
1993 年	温州医学院附属一院育英大楼及皇冠轿车、丰田救护车、空调冷水机组、磁共振设备	295.5 万港币
1993 年	温州市台联会面包车	5.1 万美元
1994 年	温州医学院育英学术馆及皇冠轿车	400 万人民币
1994 年	温州医学院附属二院育英大楼及三菱电梯	700 多万港币
1994 年	瓯海区啸秋小学	100 万港元
1995 年	蒲州育英学校及慎志图书馆，电脑、图书等	150 万人民币
1996 年	瓯海区啸秋中学、育英岛花园及助学金等	570 万港币
1996 年	温州育英学校	400 万港币
1995 年	温州育英老年康复中心	400 万港币
1997 年	三垟池底啸秋大桥、茶山卖鸭桥、路等	近百万人民币
1997 年	温州医学院附属二院育英门诊综合大楼	400 万港币
1999 年	瓯北育英新村	100 万人民币
2001 年	资助六名视光学博士研究生赴美学习	近百万人民币
2001 年	池底村基础设施建设等	100 万港币
2006 年	捐资温大育英图书馆购置图书及设备	100 万港币
2007 年	捐资育英事业发展促进会，用于育英慈善事业的促进与发展	550 万人民币
2008 年	捐资开展温州市"幸福微笑"公益医疗救助活动，救助贫困唇腭裂患儿	10 万美元

资料来源：育英事业发展促进会编《育英情怀》，内部刊印 2008 年，第 15 页。

　　教育与医疗，一个是修身养性，另一个是强健体魄，资助两者就等于相辅相成地为家乡和祖国现代化建设培养了更多的人才。以捐资建设温州医学院附属育英儿童医院为例。温州医学院附属第二医院建于 1976 年，1988 年兼挂儿童医院牌子。然而当时的儿童门诊仅有一个科室，几位医师，门诊量很少，很难适应温州儿童就诊的需求。1991 年 6 月，何朝育先生和黄美英女士得知这一情况后即派代表抵温对儿童医院进行了实地考察，之后捐资港币 1500 万元在附属二院内建成 9000 多平方米、可设 300 张床位的儿童医院门诊、住院大楼①，并经省卫生厅批准正式命名为"温州医学院附属育英儿童医院"。该项目是温州市医疗卫生事业建设中的一个重大工程，有力地推动了温州市儿童医疗事业的快速发展。1993 年 10 月 13 日，儿童医院正式对外开诊，当年儿童门诊量就高达 50 万人次②，现为浙南地区唯一的儿童专科医院，较大程度地满足了浙南地区儿童就诊的广泛需求。与此同时，何朝育伉俪还非常关心儿童医院的设施配备，特地从香港购买 2 台"日本三菱全电脑控制医院乘客电梯"，TOYOTA救护车、面包车各一辆赠送给儿童医院，价值 295.5 万港币③。此后，何朝育夫妇又捐巨额资金建造了温州医学院附二医的育英门诊大楼、资助 6 名眼视光学博士研究生赴美学习深造等改善医疗状况的重大项目，为促进温州医学院及附属医院快速发展立下了汗马功劳。

当然与此同时，何朝育夫妇在救助受灾民众、改善民生等方面同样予以了极大地扶助。如 1999 年，当得知永嘉瓯北镇箬岙底村因特大暴雨成为当时四个重灾区之一时，立即捐献 100 万元用于灾民安置房建设④。当地村民将这个新村称为"育英新村"，并在新村入口处立了一块牌坊，作为永久的纪念。1997 年以来，何朝育还频频为故乡建桥造路捐资近百万元。

在 1991—1998 年的 8 年间，何先生伉俪年年来温，一个个以他们二人名字联合命名的"育英"系列项目——温州师范学院育英大礼堂、温州医学院育英学术馆、温州医学院附属一院育英门诊楼、温

---

① 白荣发：《育英情怀：何朝育先生何黄美英女士捐资温州十年纪实》，《温州台办》2003 年第 9 期。

② 同上。

③ 陈晋廷：《乡情最浓——访温州台胞何朝育黄美英夫妇》，《温州晚报》1994 年 4 月 3 日，第 1 版。

④ 王微芳：《巍巍丰碑——记爱国台胞何朝育先生的慈善人生》，《世界温州人》2008 年第 3 期。

州市医学院附属二院育英门诊综合大楼、温州市育英老年康复中心、蒲州育英学校以及瓯海区啸秋小学、啸秋中学等，也相继奠基、落成、开放。每次捐赠时，何朝育常常对受赠单位说：拜托你们了！希望大家重视这些捐赠项目，抓紧时间建好，及时发挥作用，早给家乡人民带来好处！① 而每个项目落成时，何先生都要自掏腰包摆下盛大的答谢宴，感谢这些项目的建设者、经营者和管理者用好了他们夫妇提供的资源，使这些财富能真正做到泽被桑梓、造福后代，"其意义不可谓不广阔深远"②。

对何先生伉俪反哺桑梓的强烈情怀，数次陪同来温的邱清华这样评价道：他们并不是最有钱的，比他们有钱的人多得是，但难能可贵的是，他们肯拿出来给家乡。他说自己就像是站在球场外看打球的人，使不上什么劲，就鼓鼓掌表示对他们的支持③。

四　育英情长 万古流芳——"温州情结"的延续

1998 年 9 月 26 日，何朝育夫妇来温参加温州医学院附属二院育英门诊大楼奠基仪式以及育英老年康复中心、温州育英学校落成典礼。12 天后，他们离温返台。自此，老先生再也没能回到温州。毕竟 80 多岁的高龄，而且因冠心病接受了心脏支架介入治疗，不宜长途跋涉，然而，他委派儿子何纪豪为代表，继续接过了爱心接力棒。而这位"温州制造，台湾交货"④ 的何家独子耳濡目染了父母对家乡温州的眷念，父母的慷慨捐赠、乐善好施更是影响了他的人生品格。何朝育先生的慈善精神在他身上得到了最好的传承。"我感到自己每一份的付出都能得到精神上的一次升华，就是对温州人爱心的一次展示，这对于我而言就是一笔最大的财富！"⑤ 何纪豪先生如是说。10 年来，何纪豪背负着父母的重托，在温、台两地间不断地奔波，平均

① 金丹霞、王微芳：《何朝育的慈善人生》，《温州日报》2008 年 8 月 18 日，第 1 版。
② 同上。
③ 同上。
④ "温州制造，台湾交货"是指黄美英在温州期间怀孕上何纪豪，在台湾分娩。
⑤ 刘曜、林明、吴敏：《何纪豪的"微笑"情缘》，《温州日报》2011 年 4 月 3 日，第 1 版。

每年来温州两趟。而何老先生虽然自己不能常回家看看了，但依然时刻惦记着温州，经常打电话询问各个育英项目的运转情况。他说要叫儿孙们都能回来看看家乡的变化，因为他们的根在温州。

2002 年中秋，何纪豪再次来温视察各捐赠项目，并宴请各受赠单位领导。宴会中，何纪豪用手机接通在台的父母，通过扩音器话筒，传递了何朝育夫妇的思乡深情和欣慰之意。何纪豪当时说了这样一番话——捐赠事业像给各位造了一艘艘新的龙舟，要靠大家齐心协力使劲划，才能永远向前，创造更好的明天[①]！全场掌声雷动，在座者无不动容。

2008 年 1 月 14 日，温州育英事业发展促进会成立大会在温州大学育英图书馆召开，何纪豪先生代表何朝育先生、黄美英女士向温州育英事业发展促进会捐赠 550 万人民币[②]。他说："以前父亲来温州进行慈善捐赠会带上我，让我学会关爱、学会善待他人，这是对我人生很好的教育。现在，我也要把自己的孩子带到家乡，让他们学会我当年所学的，我要让善行一代代相传。"[③] 温州育英事业发展促进会将这 550 万元设立为"温州育英事业发展基金"，计划在生态园区建造育英公园及社会捐赠等。该会的成立是为了广泛联系育英项目受赠单位和个人，增进了解，发展友谊，加强团结，扩大交流；同时，向社会各界介绍何朝育先生和黄美英女士捐助教育卫生事业、回报桑梓的爱国爱乡事迹的情况，使育英精神世代传承，流芳百世。以此为契机，也能促进温州各界人士积极工作，开拓进取，全面推进建设，为温州医疗卫生教育事业多做贡献。

现今在温州，提起"育英"两字，从孩子到老人，那是无人不知，无人不晓。对于"育英"二字的来源，何纪豪先生曾这样解释：那还是在捐款初期，他在香港的堂兄对他说，现在捐款的钱已经到位

---

① 王微芳：《巍巍丰碑——记爱国台胞何朝育先生的慈善人生》，《世界温州人》2008 年第 3 期。

② 占昭昭：《"育英"事业再添 550 万》，《温州都市报》2008 年 1 月 15 日，第 1 版。

③ 占昭昭、王微芳：《何家爱心接力棒》，《温州都市报》2008 年 12 月 23 日，第 1 版。

了，必须有一个捐款人的名字，这个名字必须由何先生家里的人来定。何纪豪先生知道父母的脾气，决不能用父母的名字报上去。最后他无意中看到排在一起的二老的名字，发现两人名字的最后两字"育英"排在一起倒是非常的巧妙。于是就将他们两个人的名字最后两个字摆在一起，很有意义，也很有纪念性。"育英"已经成为爱的象征、奉献的标志，"育英"事业将永远地载入温州的历史。近 20 年来，何朝育夫妇捐赠的项目均得到很好的发展，在各自的领域里都发挥了巨大的效能。中共温州市委、市人民政府高度赞扬何先生伉俪的慷慨义举，称在这些项目的建设与经营中产生了一种体现中华民族传统美德和温州人务实、创新精神的"育英精神"，其意义与影响都是深远的。浙江省人民政府教育基金会授予其荣誉证书和"捐资助学、功垂千秋"的牌匾以示表彰。

　　2008 年 8 月 10 日晚 5 时 38 分，何朝育在台北家中向独子何纪豪说了人生的最后一句话——"你什么时候再到温州去？"[1] ——便安然长逝，享年 93 岁。何朝育先生围绕着"温州情结"的人生落下了帷幕，但他的这一情结已经在他儿子身上得到了最好的传承，温州人民也将发扬他的育英精神，努力建设温州。

---

　　[1]　王微芳：《温籍台胞何朝育 93 岁高龄辞世》，《温州日报》2008 年 8 月 12 日，第 1 版。

附录

附录Ⅰ 天下温州人善行天下

——温州慈善事业发展研究报告[*]

导言 从商业富人迈向慈善达人

温州是典型的移民社会，自瓯越先民建东瓯国以来，"北迁南移"而来的族群不仅演进为现代温州居民，而且随身带来的各具特色的文化汇聚成充满"移民基因"的温州区域文化。喜流动、好迁移的温州人，跑码头、闯天下、四海为家、足行天下，以至于如莫言所言，地球上有鸟儿飞不到的地方，但没有温州人到不了的地方。恋家不守土的温州人不但"能吃苦、能耐劳、敢想敢闯、永远不满足现状、充满了幻想力和冒险精神"，且深受永嘉学派之事功思想熏陶而"善进取，急图利，而奇技之巧出焉"。温州文化的"重商因子"不仅催生了名闻遐迩的温州模式，更是将温州人塑造成"东方犹太

---

[*] 2012年11月至2013年1月，受温州市社科联委托，温州大学和温州市慈善总会成立"温州慈善问题"专项课题组，进行温州慈善事业发展的调研。课题调研具体由徐华炳负总责，蔡瑞霞、刘芸和林舒舒为主要成员。调研总报告《天下温州人善行天下——温州慈善事业发展研究报告》约3万字，由徐华炳、蔡瑞霞和刘芸共同完成。其中，蔡瑞霞撰写第一部分的第一、二章，刘芸撰写第三部分，徐华炳撰写第一部分的第三、四章，第二、四部分，最后由徐华炳负责统稿。此调研报告在2013年2月以《温州社科成果要报》呈报温州市委市政府，得到时任温州市委书记、浙江省副省长陈德荣的两次批示。2013年5月7日，节选内容以《推进社会道德建设事业又好又快发展——以温州慈善事业为研究对象》为题刊发《温州日报》，引起极大社会反响。2013年6月14日，在温州市第三届"爱心温州·善行天下"研讨会上作为主报告宣读。2013年10月30日，以《温州社会道德建设事业发展研究——以温州慈善事业为研究对象》为题，全文刊发《温州学刊》。此后，被温州网、温州宣传网等多家网站转载。为了保持调研报告的原貌，文中数据均未做更新。

人"。具有超强商业意识的温州人以"四千精神"商行天下，造温州街、建温州城、办温州商场、创温州商会，打造着温州人的商业帝国。如今，有170万温州人在国内200多个城市创业，有60多万温州人足迹遍及110多个国家和地区。从首都北京到特区香港，从东海之滨的上海滩到西南边陲的凉山州都有忙碌的温州人身影；从西欧到北美，从澳洲到非洲，世界的每个角落都有人说着难懂的温州话。世界温州人不仅坚守轻型的服装、皮革和餐饮业，进军大型的房地产和采矿业，也涉足新型的科技环保和文化产业，叱咤全球市场。不但如此，移民特质、地理环境和赚钱自觉，促使着温州人合力求生、抱团行事。210多个异地温州商会和300多个温籍侨团，不仅彰显了温州人的"世界性"，而且体现了温州人的"群体性"。团行天下的温州人联手创业、共进商海、群聚科技、问津政坛，以至小地方的"温州人"业已成为一个响亮的全球性品牌。

足行天下的温州人不但商行天下、团行天下、智行天下，也善行天下。

善是人类的美德，中华民族素有行善积德的传统。温州自古以来民风淳朴，好善成风，现代温州人更是"富而有义""富而好礼""达则兼善天下"。从古代士绅到当代商人、从近代同乡会到现代企业、从地方官员到平民百姓、从共产党员到宗教人士、从海外侨胞到国内商会，无论是在外的温州人还是本土的温州人，无论是温州本地市民还是温州新居民……几乎每一位天下温州人都乐于行善富于善心。从修桥铺路到助学助医、从扶危济困到赈灾救险、从慈善功德会到新温州人艺术团、从温暖动车到幸福驿站、从慈善微基金到慈善盛宴，无论是草根的红日亭还是政府的一日捐，无论是个体的兰小草还是团体的明眸工程，几乎每一项社会公益项目都凝聚着温州人的爱心。

温州慈善不仅历史悠久，而且时至当下，已成天下温州人行善天下之态势。温州现代慈善无不折射出当代温州人的精神追求和价值诉求，无不透视出温州社会的道德自觉和文化自觉，由此也极大地提高了温州的城市知名度和美誉度。可以说，"慈善"已成为温州城市的新名片，"慈善达人"已成为温州人身份的新形象，"爱心温州·善行天下"已成为温州慈善的新品牌，温州慈善之路业已成为浙江乃至全国慈善事业发展的新模式。

那么，温州慈善根源于什么，温州人何以从"商行天下"跨越到"善行天下"，"善行天下"究竟反映了怎样的时代精神和价值内涵，温州慈善事业有哪些发展经验，未来慈善工作又将如何开展，等等，都是值得关注与探究的。

第一部分　温州慈善的历史轨迹

人之初，性本善。人们关怀而有同情心，仁慈而善良，乃成慈善。《魏书·崔光传》曰："光宽和慈善，不忤于物，进退沉浮，自得而已。"慈善事业是伴随人类对自我和社会关系的认识而产生与发展的，它是一种有益于社会与人群的社会公益事业。温州有着悠久的慈善历史和慈善文化。自永嘉建郡以来，温州慈善点滴累积，积善成德、积微成著，在经历了从个体性到社会化、从传统性到现代化、从精英性到平民化的嬗变后，终成现代慈善事业大厦。

一　古代温州人的行善心路

古代温州慈善事业的发展和温州社会经济与文化的发展是同步的，温州慈善事业的发展也表现出明显的阶段性特点。

（一）东晋至唐：温州慈善事业的初始期

温州在东晋南朝以后才得以开发，东晋至唐是温州慈善事业的初始期，可知文献所记载的慈善内容大多是以官员为主体的赈饥救灾与兴修水利。

温州慈善的记载，最早是在南朝时期。当时有安固（今瑞安地区）大族出身的张进之，历任五官主簿、安固县令，家世富足，碰到荒年，散财救济乡里。到了唐代，主要是关于官员慈善的记载。如唐肃宗上元年间（760—761年），温州农业歉收，代理温州州事的宗室李皋开官仓几十万斛存米救济灾民。府中僚吏劝他先请示朝廷，等候皇帝旨意。李皋答道："夫人日不再食，当死，安暇禀命！若杀我一身，活数千人命，利莫大焉。"① 于是开仓放粮赈济，救活灾民甚众。李皋自己担当所有责任，派人飞马上奏自请处罚。皇帝知道后不但没怪罪，反而优诏嘉许他，升为少府监。唐代宗大历年间（766—779 年），乐成（今乐清）、横阳（今平阳）两县水灾频仍，任温州刺史的路应动员民众疏浚河道、高筑堤坝，使两地农田水源大为改善，产量得以提高；横阳县江北、江南耕地免于水患，江南大量土地得以开发。韩愈为此撰写"神道碑"，颂其功德。唐武宗会昌四年（844 年），温州西北有水入江为害，刺史韦庸发动群众开凿疏浚，修筑堤堰，凿湖十里灌溉农田。郡人为铭记他的功德，称其湖为会昌湖，堤为"韦公堤"，至今仍是鹿城区的游赏胜地。

（二）宋代：温州慈善事业发展的重要期

宋代尤其宋室南迁临安后，温州社会经济文化的发展达到了一个顶峰，慈善事业也空前兴盛。从官方推行慈善之政到民间的乐善好施，善举频频、慈善之风延绵不绝。

1. 官方的慈善之政。

宋代以文治国，注重仁厚政治，朝廷重视推动赈贫恤患等慈善救济事业，同时许多地方官员也主持并大力推动水利设施的兴修，造福一方。故此，宋代成为官办慈善的鼎盛时期。温州慈善亦以地方官府施行赈饥救荒和兴修水利等善政为主，同时开始设立一些慈善机构和奖励官民善行。

（1）慈善机构

政府专门设立了安济院、慈幼局、婴儿局、漏泽园等慈善机构。据文献记载，庆元元年（1195 年），温州知州曾炎设立过养济院，医治和赡养残疾及生病而无依者，还由政府出钱雇用产妇给弃儿哺乳。平阳甸洋山还曾设置过官置公墓性质的漏泽园，专门埋葬贫病路倒无依者，一度废弃后，庆元三年（1197 年）平阳知县舒璘又重新修治。

---

① （后晋）刘昫：《旧唐书》，中华书局 1975 年版，第 3637 页。

（2）奖励官民善行

宋高宗绍兴二年（1132年），宣抚使孟庚率师征讨福建范汝为，路经温州，要求地方筹资犒师。知州洪拟不愿增加百姓负担，就承担责任，擅自动用了作为内库储备的"封椿钱"以应付。孟庚军队到平阳后，官民因害怕军队搜刮四处逃避，平阳士人潘安固自己拿出钱粮犒劳将士，平阳城赖以度过一劫。事后，朝廷下诏褒奖洪拟，加秩一等，召为礼部尚书，迁吏部；召潘安固为宣德郎。绍兴二十六年（1156年）张九成为温州知州，刚上任就"惇礼贤者以美风俗"，写信向热心于地方公益事业的永嘉善人刘愈致敬："公孝于亲悌于长，孝义闻于乡里，敬致州郡礼焉。"[①]并力请刘愈担任州学学正。宋宁宗嘉定年间（1208—1224年），知州杨简广泛采集民间士民的善行，编成《乡记》，并把它刻在温州州学之内，用以劝告下一届知州。

（3）赈饥救荒

探花出身的南宋名臣郑刚中绍兴年间（1131—1162年）出任温州通判，时遇百年大旱，因此提出"以工代赈"之方针，缓解灾情；郑刚中还自己出俸禄劝粜赈济。嘉定年间（1208—1224年）知州吴泳赴任温州途中听说温州发生饥荒，就奔赴处州（今丽水地区）求援，饥民四万八千多人得以活命。

（4）兴修水利

温州地处东南沿海，每年几乎都要遭受台风的侵袭，平阳（包括今苍南）、瑞安、乐清最为严重。两宋时期正值温州农田拓殖的高峰期，因此修筑堤塘防止海水倒灌（海溢），修建陡（斗）门等水利设施，既能防灾减少水患，又能保证农田的灌溉，同时也有利于各地之间的交通。因此，两宋时期在政府的主导下，民间积极参与，在平阳、乐清、瑞安、永嘉等地兴修了大量的石塘、斗门、堰坝等水利工程。

石塘：绍兴六年（1136年）乐清知县刘默发动民工修筑自乐清至珸头的50里官塘，沟通了县治和郡城间的联系，后人称为"刘公

---

① （宋）薛季宣：《薛季宣集》，上海社会科学院出版社2003年版，第521页。

塘"。绍兴十六年（1146 年）乐清县令赵敦临率众重修北宋始修的东西溪石塘，"为工五千，费财百万，益壮固于旧"，后人称为"赵公塘"①。淳熙十三年（1186 年）知州沈枢筹资 1100 万重修南塘，发动民众整治疏浚温州到瑞安长达 70 多里的七铺塘河，修缮河东岸的石堤，铺设石板，辟为"南塘驿路"，从此"水行御舻，陆行蹑蹻"②，成为温州（永嘉）和瑞安的水上交通大动脉。庆元二年（1196 年）秋，海水倒灌酿成灾害，乐清一带尤甚，知州曾炎奏请蠲钱数千缗。水退后，曾炎又发动沿海居民修筑堤塘，起自邱埠（今龙港下埠）东至斜溪（今舥艚方城洪岭下一带），与后来兴修的阴均陡门相接，合称东塘或外塘，以阻海水之冲力。

陡门：陡门又称"斗门"，据统计宋代温州所修斗门约有 37 座。平阳最大的斗门当属阴均陡门与沙塘斗门，都始建于南宋，后来历代均有修缮。阴均陡门始建于开禧二年（1206 年），平阳县令汪季良与当地乡绅林居雅等人，在金舟乡阴均山脚筑阴均埭 80 余丈，埭旁建阴均陡门三孔，使江南洪水直泄入海，附近八个乡、数万亩农田旱涝保收。汪季良还提供粮钱让人打理埭旁之涂地，以为社仓，赈贷平阳十乡细民不计息，遇饥岁还对民众实行蠲免。地方人士建"阴均庙"，立汪季良像以示纪念。元、明、清等朝，阴均斗门虽经历至少 9 次的重修，但至今仍在使用中，并与清时所修东魁水闸，以及 20 世纪 60 年代所建的"新四孔"水闸统称为"舥艚水闸"，成为今天苍南县江南平原的一座重要水利工程。沙塘斗门，始建于南宋绍兴十五年（1145 年），太常博士平阳人吴蕴古倾家捐资数十万修筑，"乃用巨木交错若重屋者凡七间，周以厚板，柜土其内，用以壅截河流，连络塘岸，虚其中三间之上层置闸焉。其左右上下又沉石攒楗，功不可计，以护土力，以敌水势。"③ 建成后，瑞、平两邑的四千多顷农

---

① （明）王瓒、蔡芳：《弘治温州府志》，上海社会科学院出版社 2006 年版，第 78 页。

② （宋）陈傅良：《陈傅良先生文集》，浙江大学出版社 1999 年版，第 495 页。

③ （明）王瓒、蔡芳：《弘治温州府志》，上海社会科学院出版社 2006 年版，第 520 页。

田有了稳定的灌溉水。历史上，沙塘斗门多次被洪水冲毁，曾经五成四坏，南宋时期多次兴役重修。绍兴十六年（1146年）秋，洪水冲垮了沙塘斗门，次年范仲淹曾孙、平阳县丞范寅孙组织平阳和瑞安两县民众重修斗门，经过一年多时间才告竣工，"役工四千，糜钱百余万，皆二邑民辅之。"六月后，斗门遭遇了一场洪水，但稳固而无损伤，经历了严峻的考验，"虽神造鬼设不过是也。"① 乾道二年（1166年）海溢，将沙塘斗门及附近一些斗门塘埭一扫而空。直到淳熙二年（1175年），瑞安令刘龟从、平阳令杨梦龄率两县三乡民众又重新修筑。淳熙十二年（1185年），斗门复毁，平阳县令赵伯僧与吴蕴古的后人筹划经久之策，向官方申请拨款二十万，加上民众出资购买巨材，新修的斗门更为坚固壮丽。他们还募人在沿江的涂滩上开发耕种，用每年三百石的谷租收入来充当斗门的维修资费。同年，瑞安令刘龟从劝募民钱六十万，自助五万重修了石冈斗门。其他较有名的斗门还有平阳进士林仲夷于淳熙八年（1181年）出资，在家乡建乌屿、新潜（今夏宅）、湖南三陡门，并开凿及疏浚河道55.59万丈，灌溉四乡农田；嘉定五年（1212年）知州杨简在平阳筑下涝、塘湾、江西（在今灵溪区）、楼浦（今流浦）、萧家渡（今平阳萧江）和河上浦（今新陡门）共6座陡门，后沿称为"嘉定六陡"；杨简还在前任曾逮所筑八十余丈石塘的基础上，在郡城修成瞿屿斗门等。

（5）一些官员出私财行善或补公益经费的不足

如南宋绍兴年间，通判高世则捐献自己的俸禄钱二万缗，用来补充温州官府费用，减少了民众的负担；淳熙四年（1177年），知州韩彦直用州郡余钱四十余万，自己出资五十万募人开浚郡城河道；淳熙十四年（1187年）重修南塘的时候，前任知州李籹出钱三百万，勾姓提举、岳姓提举出米四百斛；嘉定年间武科进士朱元升出资在水头镇建造堰坝，引凤卧溪东流灌溉农田，代代受人称颂，人称此堰为"朱官堰"。

---

① （明）王瓒、蔡芳：《弘治温州府志》，上海社会科学院出版社2006年版，第507页。

2. 民间的乐善好施。

中古温州民风淳朴，好善成风。宋代永嘉学派代表人物薛季宣曾记录了当时的一句谚语："适乐成不见贾元范，楠溪不见刘进之，是浮洞庭而不尝橘之食也。"贾元范，即乐清人贾如规，南宋状元王十朋的表叔；刘进之，即永嘉人刘愈，是薛季宣的少年友人，也是永嘉学派集大成者叶适少年时曾从学的老师。二人"俱以善称一乡"，因此也"见重于时"[1]，因行善而被视为地方名士。无独有偶，叶适也曾提到，乐清当时有三贤人："名节为世第一，士无不趋下风者"王十朋，"孝悌醇行，为善如嗜欲"钱尧卿，"恻怛长者，惠贫恤孤"贾如规。虽然王十朋是南宋状元，官居龙图阁大学士，"天下独知乐清有王公"，但在乐清民间，地方上却更推重未曾出仕却为善一方的钱、贾二人，叶适称"邑人高此二公……以为此二公固亦其地之所有也"[2]。不难看出，温州民间自古就以慈善为先，慈善人士被视为当地名流，其威望甚至还超过一代名臣。

宋代民间慈善的主体多为贾如规、刘愈、钱尧卿这样的士人与乡绅富民，他们在地方上拥有较高的社会地位和声望，也有相当的财力和势力，积极参与地方福利事业，广泛地活跃在民间慈善的各个方面：

（1）赈饥救荒

南宋时期，温州发生的灾荒，民间都通过多种方式积极展开救助。

绍兴六年旱灾：（1136 年）瑞安发生旱灾，到了冬天，百姓就食艰难，瑞安进士张颀到陶山湖，动员豪户拿出备谷，分发给饥民，千余家免除饥饿。他还组织饥民一同修筑陂塘，用以蓄水，以备灌溉。附近很多人仿效他，既赈济饥民，又兴修了水利，效果显著。

庚午大饥：绍兴二十年（1150 年）春天温州爆发了"庚午大饥"，永嘉人刘愈雇人平治险道方便饥民出行，又开放自家山林让饥

---

① （宋）薛季宣：《薛季宣集》，上海社会科学院出版社 2003 年版，第 521 页。
② （宋）叶适：《叶适集》，中华书局 1961 年版，第 149 页。

民随意伐薪卖钱以自给，还以家产为抵押向州府贷米三百斛分赈乡里贫困者，秋天收获之后刘愈自己出粮归还所贷粮食。平阳章公逸也同样把自家所有的粮食都分发给贫者，饥荒过后也不要求偿还。

甲申楠溪饥疫：隆兴二年（1164 年）即甲申年春天三个月无雨，农夫没有麦苗无法播种，再加上连年受困于台风，饥荒与疫病同时爆发，贫民只能挖蕨根舂粉做饼果腹，结果腹胀而死，还有很多人四处乞讨。当时又值温州守丞皆缺任，朝廷也不知晓温州有饥荒。刘愈派人去都城投书瓯函[1]，要求朝廷发常平仓米，并出卖度僧牒到他郡转籴粮食以赈济饥民。宋孝宗知道后让新任知州袁孚全部按刘愈的要求去做。刘愈与同乡徐谠找寻出北宋名臣赵抃《救灾记》作为救灾方略，协助袁孚赈灾，"生者得食，病者得药，死者得葬，孩提之委弃者得以长养"[2]。楠溪江一带乡老以为能逃脱这场厄运，全托赖于刘愈。

辛卯郡城大饥：乾道辛卯年（乾道七年，1171 年）温州郡城发生饥荒，斗米涨到五六百钱，守丞怕担责不敢上报朝廷。徐钺通过朝中朋友把情况告诉丞相，并上达皇帝，结果守丞罢职，朝廷下令出浙东常平仓粮食以赈济温州。

庚子大饥：嘉熙庚子（嘉熙四年，1240 年）温州大旱，因饥荒而死及流徙四方的人不可胜数，各地士人乡绅都大力赈饥救荒、济贫恤穷。永嘉王致远在僧寺设置粥局施粥，日食千人；后来，周边饥民聚至八千人，王致远自己无力承担，就向巨室借助，一直持续到麦熟才结束施粥。灾后王致远办了居养院安置老弱之无归者，办慈幼院哺养弃婴，医治病人，殡埋死者，还创建永嘉书院及义仓。乐清陈光庭以自家节约下来的粮食设置了东、西二仓，令乡人春天拿东西为抵押交换谷物，秋天收成后交还谷物取回抵押品，不计利息，帮助贫穷者度过青黄不接的时候[3]；又捐田八十亩，用田租的收入来埋葬遗骸，

---

① 瓯函即"检函"，专用于臣民百姓上书投诉。

② （宋）薛季宣：《薛季宣集》，上海社会科学院出版社 2003 年版，第 522 页。

③ 这是温州较早的典当业，却是不以盈利为目的的慈善典当业，可以说是温州先民的智慧创新之举。

帮助因家贫不能婚嫁、生病不能医药者；还写诗十章以讽劝那些藏谷之家行善救荒。瑞安曹沂倾其所有，拿出三百石以赈济贫民。平阳金城每日施粥，救活了不少饥饿的人。薛叔仔拿出自己的俸禄赈济饥民，先后煮食共一万八千石。

（2）兴修塘埭斗门

宋代民间不仅鼎力支持官方水利工程，也出资出力在地方上修建了大量的塘埭斗门。民间力量的参与是南宋时期温州水利建设进入高潮的重要原因。如乾道九年（1173年）瑞安来暮乡曹汝闻率众用工一千五百，浚通浦西水，修建浦道二千五百余丈；绍兴十六年（1146年）瑞安涨西乡乡民修筑了棠梨埭；乾道二年（1166年），郡城蒲州埭与朱浃埭被大水冲垮，不久塘岸也被台风吹毁，膺符、德政、吹台三乡居民协力重新修筑；淳熙九年（1182年），瑞安涨西乡径浦埭为潮水所坏，乡民重筑径浦埭以捍海潮；庆元六年（1200年）秋粮收获前发生涝灾，永嘉五都陈熙兄弟请求官府速决茅竹埭排涝，秋粮收成因此没有受到影响；事后他们又自己重新修复了茅竹埭，并在边上修建了茅山斗门，分流泄江，遂免决埭之患；嘉定年间瑞安来暮乡张金部建塘东斗门等。

一些较大规模水利设施往往经历几朝几代人的努力，屡毁屡修。如瑞安涨西乡丁湾埭，始于崇宁三年（1104年）陈提举之祖修建的周田埭，水流绵延三百多丈，东距大江，南至平阳，西抵三港，北接二十都，灌溉农田三万亩。南宋淳熙以后屡筑屡坏，嘉泰初年（1201年）乡人王仲章、陈烈倡议在周田埭故址修丁湾埭，始有蓄水泄水之利。瑞安芳山乡湖北埭，建炎三年（1129年）王汝晖买地开凿东河灌溉农田；乾道九年（1173年）王确又出力浚河，并修筑了湖北埭；淳熙十一年（1184年）潮水冲毁了湖北埭，王确不折不挠，大规模地重修湖北埭，并建斗门。平阳万全塘，自平阳县北至瑞安飞云渡35里，旧为土堤，因年久失修圮坏。宋绍兴年间（1131—1161年），乡人徐儿倡筑铺石，功未成而卒。乾道二年（1166年），海溢塘坏，朝廷派员斟察，将万全塘内迁数百步小加修复。淳熙年间（1174—1189年），徐谊与蔡必胜倡议筑石堤更替原有的土堤，为费二十万余缗，乡人税户按财力分摊，有钱出钱有力出力。此后经元大德九年（1305 年）及明弘治十三年（1500 年）重修，后又遭风潮圮毁。至嘉靖二年（1523 年）知县叶逢阳、县丞唐佑，主持大修海堤，这次工程是自宋以来，万全海堤最大一次重建。此后一直到民国年间，万全塘都是温州经瑞安、平阳通往福建的塘河官路。平阳县坡南塘的修建也是如此。平阳南西出道仓二十五里，南出江口二十五里，旧有土塘，后来由屿门郑濂仲倡议用石版加固。嘉泰元年（1201 年）砌南塘，淳祐七年（1247 年）砌西塘，到元大德八年（1304 年）才最终修成坡南塘。

（3）修桥铺路

北宋元祐二年（1087 年），乐清书生万规因为所居海滨赤水港交通不便，倾献家资，率领乡民运石筑堤造桥。由于水深流急，冲塌桥基，他们屡塌屡建，耗资三百余万，元祐八年才告竣工。乡人为颂其美德，称该桥为万桥。平阳陈瑾虽出身贫贱，却以一家之力，裁石取底，修复沉没于水中的县驿道，人以为德，称之为"东塘陈氏"。平阳坡南夹屿桥外南北岐各二十五里塘岸屡修屡坏，郑濂仲倡议用石头筑甓修复塘岸，方便乡民出行。乐清石帆慈济桥为南宋朝廷高官刘黻之母解氏舍钱建造。刘黻是南宋后期著名爱国人士，南宋灭亡后毅然离家，前往福州协助端宗复国。刘母慈惠勤静，深明大义，舍钱造桥是其离世前的义举。

此外，特别值得一提的是，据相关文献记载，早在宋代，温州出现了最早的民间医疗慈善基金会。当时，由郡城人顾仲、丁显、曹氏、林氏四人倡导，共八十余家参与。立约每家十天交一钱，共同推选一个公平可信的人掌管，遇到生病给钱一贯用于买药治病，若有人亡故则给钱二贯办理丧事。这种早期的慈善基金，体现出古代温州人邻里相恤、扶危济困、共渡难关的慈善精神。

3. 宋代民间慈善具有代代相传的特点。

如绍兴"庚午大饥"倾家赈济饥民的章公逸，其曾孙章峇在疫病流行的时候舍榇千具，又捐地为义冢安葬死者，大有祖父遗风；瑞安曹绛遇歉年，率族众减定乡里谷价，其子曹沂能继父志，庚子

年大饥倾廪三百石以赈贫民①；建三陡门并开凿及疏浚河道的平阳
进士林仲彝，是倾家赀参与修建阴均陡门的林居雅的父亲；瑞安集
善乡王奕在淳熙二年（1175 年）倡修新曹斗门，后毁坏。元延祐
六年（1319 年）其孙王宗泽改创斗门三间，跨以石桥，并建来安
亭供行人休息。

（三）元代：温州慈善事业的短暂衰微

由于社会动荡，元代温州地方慈善事业一度衰微，以政府为主导
的水利兴修与赈灾救济活动比之宋代大为削弱，最重要的发展是在医
疗慈善方面。

1. 官办慈善活动。

（1）水利兴修

比较有作为的是大德年间（1297—1307 年）平阳提控多目滕天
骥。他在大德八年（1304 年）带领民众修完南宋末以来一直兴修的
坡南塘；大德九年，又带领民众重修阙陷的万全塘，并大兴工役修筑
了外塘；大德十年，滕天骥发起捐修江口"平安渡"码头（今龙江
渡口），北岸长一百二十丈，南岸长六十丈、高、宽各七尺，两岸各
有拱形石门，额曰"平安渡"，此渡口后来一直是平阳县通往江南、
金乡、蒲门、福建之要津。

（2）赈灾救济

由于经济实力有限，元代往往由地方长官出面向地方豪民劝赈。
如至正元年（1341 年）夏饥，贫民流移者众，达鲁花赤（地方最高
军民主管）斤海涯劝率上户出谷赈粜；至正十六年饥荒，肃政廉访
分司宋伯颜不花劝民赈粜。

（3）医疗慈善

元朝在地方设置"医学"作为地方医疗主管，设置惠民药局提
供医疗救济工作。温州路的"医学"是延祐五年（1318 年）由温州
路总管赵凤仪在惠民局的北边兴修的，而乐清、平阳等地的"医学"

---

① （明）王瓒、蔡芳：《弘治温州府志》，上海社会科学院出版社 2006 年版，第
327 页。

则附在三皇庙内。

2. 民间宗族慈善。

元代的民间慈善活动比之官方要活跃得多，尤其是宗族和乡里开展慈善活动是当时较为普遍的现象。元代温州大多同宗同村居住，既是宗亲，也是乡邻，对宗亲的周恤也是对乡邻的接济。如永嘉楠溪苍坡李永孙遇到乡间有急困，毫不吝啬自己的财物；平阳处士彭宜翁多次赈济乡邻，碰到饥荒，施粥给饥饿者，并赈济粮食给邻里不能自给者；平阳韩汝楫与吴举也都经常补助宗族乡党婚丧嫁娶费用，周济贫穷；平阳刘祖衍捐田三顷、山二顷建交川义塾，延师教育乡里子弟。

元末战乱期间，民间慈善义举更为普遍。如元末永嘉王仁，平生好义乐施，发生饥荒的时候曾输粮五千石赈济灾民，下雪的时候他登上高楼，如果看到有人家屋顶不冒炊烟就派人馈送食物，人称其楼为"望烟楼"；平阳州桃源里人陈思礼曾任赣榆县儒学教谕，辞官回乡后创设义田，每年以义田的收入来赒恤宗族邻里贫苦者，又设置书塾，教育族中子弟；吴江州学教授孔文栩经常接济宗族父老，解衣推食于亲故乡邻。由于战乱、疫病流行，很多地方富户为生者提供钱钞、米粮等救助，积极救治病人，迅速掩埋死者尸体以杜绝疫病的蔓延，如平阳岭门林元彬、林均翁、叶益等人。

水利路桥的建设也主要由民间自行出资出力修建，即使政府有所兴作，也大多倚重地方乡绅。如至元十八年（1281 年）平阳黄一龙、吴纯夫、陈则翁重修坏圮的沙塘斗门，后因台风再次毁坏，至正二十二年（1362 年）周诚德率三乡之民重建；至元二十四年（1287 年），平阳义士郑存耕率众修缮江口斗门；至大四年（1311 年）瑞安集贤乡张声之建昭仁斗门；泰定二年（1325 年）瑞安集贤乡谢觉行请工倚山凿岩，造苍山斗门；元统年间（1333—1335 年）平阳金舟乡王岙村王原京倾产捐修将军里大桥，还修造了连接桥梁的道路一百多丈，全部都是自己一人出资；至正元年（1341 年），阴均陡门坏圮，平阳金舟乡瀛洲陈文俊带头倾资，率众倡修阴均陡门，文人陈高为之作《陈君惠泽记》，立于灵峰堂内，以颂其德。

3．宗教慈善。

在民间兴修水利活动中，特别值得注意的是，有很多僧人积极参与其中。如大德九年（1305年），平阳州判官皮元集资修理阴均陡门，芦浦报恩寺僧融受皮元委托，劝化信众，一时乐助者甚众，帮助工程顺利竣工。周诚德重建沙塘斗门的时候也由僧清所负责整个工程，一年多后竣工；僧无说号召民众参与修建平阳上河埭，并利用塘沟以利航运，方便两岸往来。

（四）明清：民间慈善事业走向鼎盛

明清时期随着社会的稳定，温州的慈善事业走向鼎盛。尤其是明代，由于温州民间社会日益成熟，慈善之风深入人心，民间慈善的活跃成为这一时期最鲜明的特点。

1．政府鼓励民间慈善。

地方政府主要集中于推行教化，鼓励民间的慈善行为。如宣德五年（1430年）就任温州知府的何文渊在任职的六年期间，经常询问耆老乡绅地方上有无善行，又让人把乡人的善恶写在簿籍上，以起到劝善惩恶作用。弘治年间（1488—1505年）温州知府邓淮发布"旌善亭谕俗文"，宣示要修缮旌善亭，并将在其中设榜文书写善人的姓名及其善行，以此使"善者有所歆慕而益劝于为善，恶者有所羞愧而益惩于为恶"①。

明代官方尤其奖赏民间出粮赈灾的慈善行为，往往通过旌"义民""义门"或授予"义官""散官"或减免徭役等方式加以鼓励。如平阳人柳靖因正统二年（1437年）出谷1250石助充赈济，旌为"义民"并免除赋役。同年，平阳人周普安出粟1500石赈济，也被免赋役。成化十六年（1480年）永嘉知县刘逊亲自撰文推广儒家及理学的义利之辨，并下谕有固定资产的家庭如果贡献财富作为预防灾荒的储备之用，那么官府可以根据他们的意愿，或封官职，或建牌坊，或刻碑石予以表彰。本地富裕民众都争先恐后，踊跃参与，离郡

_____

① （明）王瓒、蔡芳：《弘治温州府志》，上海社会科学院出版社2006年版，第653页。

城不到百里的驿山程氏兄弟就是其中之一。老大程韬向官府捐粮食（输粟）一千斛，弟弟程奕也捐了八百斛。刘逊嘉许其尚义，建牌坊以表彰其兄，立碑石以表彰其弟。永嘉枫林人徐尹沛在成化十八年（1482 年）也响应刘逊的号召，捐纳粮食赈济乐清饥民渡过难关，获赐建"旌表徐尹沛尚义之门"。徐尹沛的二弟徐永汤也因弘治十四年（1501 年）捐粮六百石赈济饥民，授承事郎。平阳人陈仲泰在成化十九年（1483 年）出粟一千石赈饥，捐资建预备仓并自己带头纳粟千余石而被赐予七品散官。万历年间平阳人孔之昂出粟一千石赈济，朝廷建坊旌表。

　　清代地方官员则以立碑送匾额的方式对民间慈善活动加以表彰。如乾隆二十一年（1756 年），平阳金舟乡巴艚东魁大桥久圮失修，乡人谢一聪将平日积累的资金全部献出，带头倡修，一时乐善者解囊景从，集资七百余缗，于次年冬竣工。竣工时，知县徐恕亲临慰劳，并撰文立碑铭表彰其事。瑞安人洪守一在道光后期，捐资巨万兴修温瑞塘河、塘口大石桥及瑞安城西门外沿江二十里江堤。知县孙源亲自撰写《重建瑞安官塘碑记》，立碑予以表彰。同治九年（1870 年）金乡人潘哗园乐善好施，独资修建金乡卫城第五桥（木桥），并西门风水桥（吊桥）；又为县育婴堂赠送腴田三百亩，为平阳通福门至坡南修建坦道，捐资 2000 银元。平阳县令薛赞襄亲授"旧德犹存"匾，且命乐队奉送至金乡，额其大厅。

　　2. 民间慈善日常化。

　　在明清政府的大力鼓励与推动下，温州各地善人善士层出不穷。民间善士的行善也不再局限于荒年，而是变成了一种日常行为。平时善士经常会对贫苦乡人施行赈粮、施药、施棺、助学、宽免欠款、助人婚嫁等慈善活动，发生饥疫时，更是慷慨解囊，提供钱米，竭尽全力从事赈灾活动。

　　如富甲一方的瑞安义士李孟奇，积德行善，热心公益，多次慷慨解囊，营造郡邑、廨舍、学宫，设义塾、义仓、义冢、义渡，等等。明英宗正统三年（1438 年）灾荒，他先后捐赠粮食一万余石、白银一千余两。他曾在瑞安陇头家门口煮粥施舍，为此定做的日食千人的大铁镬至今仍保存在李氏旧宅内，供后人观赏。李孟奇不仅在家乡放粮赈灾，他还拿出白银350两，赈济邻县永嘉，赢得"一朝赈谷余万石，五县驰名第一家"的美誉①。其善行受到朝廷表彰，英宗皇帝特派专使黄恕带玺书来温，嘉奖李孟奇的善行，旌为"义民"，表其门为"尚义"，还敕赐营建"敕书阁"和"旌表李氏义门"。永嘉吕斌富而好义，助人不遗余力。成化二十二年（1486年）丙午发生饥荒，他代纳通都户口盐米；穷人死后无法入殓，他必定资助购买棺椁；他还在海坛江边造渡船方便瓯江两岸的往来，在渡口办馆舍让行旅之人有休息的地方，还沿渡口修路二千多丈；其他如石奥、东岸、大塘、大坝接等桥，以及乐清馆头十多里的塘路都是他独立出资兴建，动辄花费几千两银子。弘治十四年（1501年）孝宗皇帝下诏旌其门，敕为"义官"。平阳人林天爵立义塾、施伏茶、造桥梁、浚塘河、修圩岸，弘治三年粮食歉收，他每日煮粥施舍。晚年输粟赈济，政府减免徭役并授予散官，弟弟信爵也因出谷1250石赈济旌为义民。乐清人赵钦善施粥赈饥，建宗祠、置义冢、施棺材、筑桥梁，明武宗正德年间（1506—1521年）赐建尚义坊。永嘉王希文乐善好施，其子王思昌能嗣承先志，设置义仓以便赈恤，立义塾以教乡之子弟，建旅舍以便行旅休息，造渡船以利交通。朝廷赐玺书旌其义，并免去三年徭役；地方政府为了推广他的慈善行为，特意给他修建了高大的门闾。泰顺陶灌嘉靖三十九年（1560年）庚申大饥荒时凡有人来借贷粮食，有求必应，救活不少人；还捐资助学，帮助贫困不能自给的友人，县令送匾称其为"罗阳高士"。清初永嘉人谢包京设置义田资助族人，捐田400亩重修学官，战乱煮粥赈济难民。在他的倡议下，更多的人参与救助，无数难民得以存活。同治三年，舥艚东魁陡门坏圯，楼下人郑观岳、夏八美、夏成瑚率众倡修，因海潮作梗，屡筑屡圯，众口交讧，郑观岳毫不动摇，独自出资二千余金，于次年三月完工。郑又捐助县育婴堂田一百余亩，乐助庙学钱一千余缗，其善行受

---

① 政协瑞安文史资料委员会编：《瑞安文史资料》（第21辑），内部刊印2002年版，第72页。

到赞颂。道光十八年（1838 年），永嘉平民陈遇春以老迈之年，参与重建西山护国寺和新建乐清大荆三溪九星桥，并各写有碑记。其重视文教、关心社会公益，深得官府和民间共同信赖和称赞。清嘉庆二十五年至同治十二年（1820—1873 年）的五十多年间，绅士叶际运、叶仙佳、戴景勋、陈应涵、叶信钟、叶调宾、叶芳、叶芝寿等人捐资大修温瑞塘河塘路，水陆通行无阻。道光十五年（1835 年），平阳万全沙堤陡门内外为泥沙所涨塞，瑞安、平阳三乡农田四万顷受涝。平阳 64 岁的老农钱显名不顾众人取笑，三年间每日荷锄挖掘泥沙。近水处因遍生海鳅，众人翻土捕鳅，淤泥松动，一日遇大雨，河水从浚沟冲出，夹带淤泥乘势入海，陡门浦上下内外开通，民间奔走相告，众人乘势疏浚。钱显名又私人出钱，供给民工午餐，只数日就竣工，使三乡民众大悦，后人称钱显名是个治水"老愚公"。清道光咸丰年间，泰顺司前邑绅陶化龙父子两次造桥失败后，陶化龙之孙陶鹤年不畏艰难再度造桥终获成功，取桥名为回澜桥。陶鹤年不仅亲自主持修桥，还独自承担建桥经费 1.45 万贯。祖孙三代出资修筑桥梁，热心慈善的佳话在当地广为流传。

这些善人善士的善行义举不仅遍及公私多个方面，而且他们在民间极有威望。如明代胡峰林家境富裕，慈善行为涉及兴建漏泽园、文笔塔、庞公祠、横春堤、江津渡，还有捐租施粥、葺治桥道等，数不胜数。族人中有不善念头的人，因敬惮他而不敢行动，名士侯一元称赞他为"魁奇杰士"。平阳人叶溥好善乐施，不断修葺父亲所建象口义渡，捐资 50 万两为万全塘建桥，岁饥出米施饭以活饥者、施棺木以葬亡者。乡里百姓发生争执，都会请他出面调解解决。

清代温州慈善另一个值得注意的特点是，民间慈善普遍资助科考的贫困文士。如嘉庆九年（1804 年），陈遇春在温州城区倡设"文成会"，集众人捐款二千八百吊，存典生息，资助贫困文士作乡试、会试的旅费，号称士林善举。随后有永嘉场梯云会、南乡文成会、上乡云程会和武成会等纷纷在温州地区设立，资助武生旅费以参加武举科考等。"文成会"在温州延续百年之久，直至光绪三十二年（1906年）科举废除。

3．民间慈善观念的普及。

民间慈善的盛行改善了温州民间社会风俗，普遍形成了以行善为荣、善有善报的观念。

如现存很多墓志铭都称颂自己的先人乐善好施。明《邵厚墓志》赞颂自己的父亲邵厚"贫者赒之……乐善之情，始终不懈"。明《陈海祖母李朝圹志》称祖母李朝"平生乐善，凡遇患难者怜恤之，孤贫者赈济之，施财以修桥路，给□以济行旅……其好善之心率类此"。明《叶爵圹志》颂扬父亲叶爵"尚义输粟，受国恩以散官荣身，庶几乎一乡善人之归欤！"明《黄一鹏墓志铭》称其在江西武宁知县任上"捐俸治学宫……狱有小罪贫民，先生捐俸金为赎出之；遭疫痢者，为选医市药救济之，因而活生者甚众"①。

又如民间认为行善之人得以长寿。乐清善人赵钦善享寿102岁；乐清人赵文韶捐资建道院书舍，修桥筑亭，砌官路置渡船，饥荒出粟千石赈济，寿九十余；永嘉人陈淮嘉靖三十七年（1558年）饥荒煮粥施药救活不少人，又殡葬贫困无所依靠的亲友故旧，寿至百岁；永嘉人梅光宗万历四十六年（1618年）饥荒出粟五百余石赈济，崇祯三年（1630年）疫病流行，施棺二百、置义冢，其他修城垣、葺文庙、助建巽山塔、筑塘修桥，享寿八十九。

与此同时，温州民间社会行善开始逐渐超越中国传统慈善的以宗族和乡里为行善中心的观念。中国传统慈善基本是内敛性的，不仅以宗族和乡里为行善的中心，而且认为如果有能力不先照顾家族而行善于外，是沽名钓誉行为，这也是中国传统慈善事业发展受到制约的很重要原因。但明清之际平阳人郑思恭在所著的《东昆仰止录》中明确指出，"今人患不好名耳！"应该以刻薄自私为耻，以行善忠厚为荣；今日做一善事，明日做一善事，一年积累下来，就有三百六十多好事了。这样的人，"生可为法，殁可为传，所称古侠士，伟丈夫之流也欤！"

① 温州市图书馆《温州历史文献集刊》编辑部编：《温州历史文献集刊》（第一辑），南京大学出版社2010年版，第183、184、186、199页。

4. 清代育婴机构的发展。

清代中后期慈善事业的一个重要发展是育婴机构的普及，并由市镇向乡村拓展。乾隆年间之后，温州府所属永嘉、平阳、瑞安、乐清四县均设立育婴堂或救婴局。其中始建于乾隆十二年（1747 年）的瓯海道育婴堂规模较大，有堂屋百间，所收孩童的数目一度达两三百人。育婴堂设在温州郡城中心区，其日常运营的经费分别源自热心民众的捐助和政府划拨土地的租金收益。

二　近代温州慈善事业的转型

1840 年鸦片战争爆发，面对社会巨变，近代中国的慈善事业面临严峻挑战的同时又出现重大的发展，突破了古代慈善文化以"救民"为中心的狭隘的慈善观念，发展为以"救国""救亡"为目标，以民族复兴为使命的开放性、社会化的近代慈善文化。在慈善的方式上，也逐渐突破了传统意义上的乐善好施、赈灾救民、扶贫济困的狭隘范围，慈善事业的发展呈现出全新的态势。在此大情势之下，温州的慈善事业也发生着自身的剧烈嬗变。

（一）从育婴堂到救济院

清中后期地方政府设置和管理的育婴堂，20 世纪初由于管理混乱，死人很多，遭社会舆论的指责。1919 年，天主教仁爱会修女接管了瓯海道当地官府兴办的育婴堂，特别是方浪纱修女接任大姆姆一职后，自己出资改建扩建育婴堂，改善管理，收养大批弃婴，直至1943 年病逝温州，为温州育婴堂慈善事业付出了毕生心血，赢得人们赞誉。另有温州富商许漱玉捐资 500 银元重修温州育婴善堂①，以及陈承绂倡办的北港育婴堂等。

随着温州近代慈善事业的发展，育婴堂逐渐为更大规模的救济院所取代。近代开设的救济院基本上都涵盖了育婴、养老、施药、习艺等多个方面，在传统"养"的基础上，开始强调全新的"教"。如张云雷捐田 31 亩给"虹桥居士林"，内设救济院、孤儿院、国学讲习

---

① 现在的温州儿童福利院前身。

所；同年平阳开设的平阳救济院设育婴、施医、习艺三所；1880 年由天主教意籍传教士董增德创办的温州天主教孤儿院（又称天神会）收养孤女，不仅将她们抚养成人，还教她们手艺，长大后择偶出嫁。直到 1950 年停办，70 年间共收养孤女 800 余人，受到社会各界好评。

（二）从施医施药到开办西式医院

传统的施医、施药等慈善只是在夏秋疫病高发期或个体的慈善行为，不能满足人们治病的需要，影响也不大。近代以来，受西方传教士慈善医疗的影响，医院的开办成为温州近代慈善事业的一项重要内容。1885 年，陈虬与陈介石、陈葆善等人在瑞安城关杨衙里创办利济学堂，同时创办利济医院。利济学堂是全国最早的一所新式中医学校，利济医院为温州首所具有相当规模和较高水平的中医医院。1895年秋，利济医院在温州城区小高桥设分医院，同时设分院学堂于城区周宅祠巷。利济医学堂从 1885 年开办到 1902 年停办的 18 年间，培养了三百多名优秀的中医师，治病救人，做了不少善事，对满足民众的医疗要求和浙南地区中医事业的发展做出了卓绝贡献。利济医学堂停办二十年后，也就是 1923 年，温州工商界开明人士蔡冠夫等，本着"专以施医施药救济贫病者"的宗旨，发起募办"永嘉普安施医施药局"。其间，许多原为利济医院的良医，以及学医于利济医学堂和师从于利济医学堂创办人的学生，皆成为普安施医施药局常驻医师或义务医师。普安施医施药局不仅与利济医学堂有着深深的历史渊源，更是将"利济"高尚的医德医风和善举发扬光大，薪火相传。利济医院院章明文规定："减润应诊，以其广道便民"① 和普安施医施药局"凡遇贫而病者，无论就诊、出诊、施医给药，不取分文……"② 的宗旨，都深受当时浙南贫苦民众的欢迎。

教会医院在温州医疗慈善事业中占据相当重要的地位。1897 年基督教偕我会在市区杨柳巷创办的定理医院，是温州第一座西医院。

---

① 　胡珠生辑：《陈虬集》，浙江人民出版社 1992 年版，第 464 页。

② 　温州市鹿城区政协文史组编：《鹿城文史资料》（第 1 辑），内部刊印 1986 年，第 33 页。

1906 年英国籍教徒白累德创建白累德医院，挂号分初诊、复诊、急诊及免费四种，免费主要是优待穷人。1913 年天主教会办的董若望医院不仅对患者小心施诊，服务态度良好，而且以献爱心为宗旨，对病员收费极低，遇真正贫困者，往往免费诊治。每天上午开设免费门诊施药，每逢星期天，修女们会到东门高殿下、西门横街、南门河屿桥三所分堂义务出诊施药。

除了治病救人外，近代温州医院在数次天灾人祸中都救死扶伤，向贫穷困苦的社会下层赠医施药。如 1929 年温州水旱风虫四灾并发，霍乱病流行，瓯海医院和教会医院都帮助温州众多慈善机构开展灾民施救。

（三）从义塾到近代西式学堂学校

传统的义塾主要是针对宗族的地域性非常强的教育慈善，传授的内容多是蒙学和传统儒学。随着近代西方教育理念的传入和在振兴教育以救中国的思潮的影响下，传统义塾逐渐消失，新型西式学堂和学校如雨后春笋般在温州各地迅速出现，以基础教育为主，承担起开民智、正风气的社会责任。1885 年陈虬等人创办全国最早的新式中医学校——利济学堂，利济学堂与利济医院同时同地创办，集教学、实习、科研于一体，自成制度，为培养新式人才起过卓越作用。戊戌变法前夕，受甲午战败刺激，经学大师孙诒让毅然放弃倾心研究的考据注疏之学，走上居乡兴学的教育救国之路。1896 年创办了浙江省最早的数学专门学校瑞安学计馆，开设中外算学、物理、化学、体操等近代课程。此后，又创办了三所专门学堂：1897 年开办的瑞安方言馆，以学习东西文为主，1901 年为节省开支该馆并入学计馆，改名官立瑞安普通学堂，设中文、西文、算学 3 个班；1897 年开办温州蚕学馆，是一所用科学方法训练养蚕技术人才的学堂；1899 年孙诒让与瑞安金晦、平阳杨景澄、吴庵箴等人集资，在温州城内创办了瑞平化学堂；1902 年，在孙诒让的倡议筹划下，将温州中山书院改办成今温州中学的前身温州中学堂。

近代以来，教会也在温州创办了不少带有慈善性质的教会学校。最早的是 1869 年由内地会传教士曹雅直在寓所内办的私塾，教授

《圣经》和《四书五经》。后为扩大生源，曹氏除免收学费，免费提供食宿、文具、日用品外，还给学生家庭补贴十元银元，故学生渐增，1878 年曹氏夫妇又办起一所女书院。1878 年偕我会传教士李华庆在市区康乐坊赁房设立学校，招收十余名儿童入学。1896 年，学校迁至杨柳巷，定名为"艺文小学"。1897 年偕我会传教士苏威廉创办了艺文小学堂和艺文学堂，艺文学堂也是温州最早的影响最大的中学。1903 年 10 月 20 日，孙诒让在艺文学堂新校舍建成的开学典礼上发表讲演，称赞苏威廉开设艺文学堂是"用西洋文明开发我温州地方的民智……力量既大，心思又细，各种教科无不齐全"①。艺文学堂开办了 20 余年，对温州文化教育的发展产生过积极的影响。

近代温州兴学活动中女学的兴办，是一种值得肯定的解放女性的慈善实践尝试。1901—1912 年温州地区共有 31 所女学，仅 1907 年就创办了 8 所。其中大同女学最为成功，共有甲、乙、丙、丁四个班级，学生国文程度较高，师资力量也较强。孙诒让也曾倡办过德象、毅武、宣文三所女学。

（四）传统赈灾方式变化

传统社会里，赈灾救荒主要依赖政府的赈恤和民间诸多善人的善举，如施粥、设义仓、赈贷、施棺、助葬等。进入近代以后，政府面对频仍的灾荒已经无能为力，民间社会团体及个人便成了近代慈善救济活动的最主要力量。如 1911 年温州水灾，田禾歉收，城乡饥民遍地皆是。温州地方知事在城乡筹设粥厂施放，但由于资金不足，又由温州米业公会经理徐象先、孟鸣皋等筹设赈济会，劝募殷商富户捐集巨款，从江苏无锡购运粮米二万石，分道赈济。1929 年温州大灾荒，温属六县饥民达 40 万以上，温州各地乃至旅居外地的温州人都积极参与赈灾。张云雷主办"民食维持会"，朱铎民、倪文亚等组织筹赈会，积极购粮赈灾；温州旅沪、旅南京同乡会相继成立筹赈会募款；普安施医施药局主持慈善团体成立协赈会，协调赈灾整体工作。1940年夏秋之交，因风雨凭凌，田禾湮没，晚收歉薄，造成严重米荒。时

---

① 　张宪文辑：《孙诒让遗文辑存》，浙江人民出版社 1990 年版，第 436 页。

任永嘉县商会主席、永嘉协济善堂董事、温州旅沪同乡会名誉会董的杨雨农先生即积极展开赈灾活动，于 11 月 22 日电告温州旅沪同乡会，请求救济永嘉米荒。温州旅沪同乡会立刻以此为由，成立"救济永嘉米荒募捐委员会"进行赈灾募捐，先后向温州汇去 20 万元救灾款。11 月 30 日，杨雨农与翁来科、吴锦焘、姜渭英、陈海源、王纯侯、黄寄宙、戴绶先、徐缙卿 9 人成立"永嘉临时购运港米济急会"，董事们各筹垫国币 60 万元，作为购运港米资金。所购粮食拨交本地平粜机关，接济民食。同年 12 月初，永嘉县商会派员前往江西购米 1 万包，米市渐定。12 月 1 日，杨雨农还与王纯侯、戴绶先、翁来科、姜渭英、林萼生等 39 人发起成立"永嘉城区施粥施粮处"，向贫民施粥。1940 年的米荒，温州赈灾和施粥从 1940 年底开始，持续了半年之久。1947 年年底至 1948 年青黄不接之际，温州又一次发生灾荒。以杨雨农先生为首的热心慈善人士及当时的一些社会社团，如永嘉县商会、永嘉协济善堂、温州旅沪同乡会等又为赈灾事务"协力共济，同襄善举"①，均做出了积极贡献。

（五）慈善主体发生巨变

传统的以官府与乡绅为主体的慈善日益衰落，一批接受新学转变观念的士绅、从事工商业的商绅成为慈善的主体。近代温州新兴的慈善项目（新式学校、医院等）都是由他们兴办主持的，赈灾实际上也都是由他们主持。

当然，近代慈善事业的发展更重要的变化是大批民间慈善团体与机构的出现与日益活跃，且呈现出多元化的色调，其组织形式、组织功能及其活动范围都不再单一。温州民间出现的慈善团体有地方士绅商绅成立的各类赈济会、教会慈善机构、中国红字会、温州在外各地同乡会等，均是温州近代慈善事业的主力，这些团体与机构拥有广泛的慈善资源与强大的社会影响力。如温州旅沪同乡会，关心桑梓前途，投入巨大精力、财力和物力，开展募捐赈济、战时难民收容及遣

---

① 温州市鹿城区政协文史组编：《鹿城文史资料》（第 3 辑），内部刊印 1988 年，第 112 页。

送回乡等公益救济活动。尤其是对突发性事件的处置，更是在温州近代慈善事业史上产生过一定影响。如 1918 年 1 月，旅沪同乡会在处理吴淞口"普济轮"沉没事故中，紧急动员，救助数百名罹难同乡，历时数月；1923 年 9 月，日本关东发生大地震，"日人乘地震之际，惨杀（中国）工人，劫持财物"，致使数千温籍侨工避难回国，同乡会组织安置难民、通电交涉、呼吁公道，亦历时数月，并关注经年；1937 年"八一三"抗日之役，难民骤增，同乡会组建收容所，仅一个月即收容温籍难民 500 余人，并租雇轮船遣送归里等。不仅如此，旅沪同乡会的历任会长张云雷、黄溯初、刘景晨、殷汝熊和姚抱真等都是温州同乡中的精英，他们关注民生，慈善为怀，又有相当的社会影响力。如 1923 年日本关东大地震惨杀华工一事，除同乡会多次致电外交部要求向日本政府提出严重交涉、惩凶道歉、赔偿损害外，11 月 17 日黄溯初还通过自己的密友张嘉璈①，致电外交总长顾维钧要求对此事作出批示。11 月 20 日，外交部即批文回复将派专员赴日彻底查明实情。同乡会还致电瓯海道尹请为华工被难收集证据，致电各地同乡会为被害华工呼吁，又函告全国各公团要求声援，还引致《申报》等媒体连篇报道，使这一事件在全国产生极大影响力。

由此可见，正是在这些享有社会声望人士和团体的义举与善行下，温州人内外互动，温州籍民间机构协同合作，社会舆论持续关注，使多起突发事件获得了最佳的妥善处置。这些实践不仅为内外温州人共同行善提供了宝贵经验，而且有力地推进着近代温州慈善模式的建构和慈善事业的转型升级。

三　新中国成立三十年温州慈善的沉寂

新中国成立后，由于认识上的原因和计划经济体制的影响，国家将扶弱济困的工作统统包揽了下来，使得慈善事业在中国沉寂了近半个世纪。但是，温州的诸多特殊因素却使温州慈善实践在 1949 年后

---

① 张嘉璈时任中国银行北京总行董事、副总裁。

30 多年中出现与全国了不完全类似的情形。

1949 年后的温州身处"三线"境地①，加上自然条件差、人多地少②、无大城市依托、交通不便、国家投入少③、集体经济薄弱④，人民生活贫困，2/3 的人处于人均 50 美元的贫困线之下。"平阳讨饭、文成人贩、永嘉单干、洞头贷款（吃饭）"成为当年的生动写照。在此状况下，政府扶助和民众自救势必都显得杯水车薪，但温州社会的慈善活动并未中断。早年闯荡海外的温州人和民间自发人群成为慈善主力军，捐资助学和济困扶危成为主打内容。如 1953 年旅新华侨王少石资助乐清茗屿小学建造教学楼；一些旅新华人在 1956 年集资兴办了永嘉县江北乡礁华学校；一批海外侨胞于 1957—1965 年募集 19.7 万元兴办了温州华侨中学，成为浙江省首批由华侨捐资兴办的学校；还有旅印尼华人杨庭臣则向 1960 年 8 月的平阳桥墩水库大坝塌方灾难中的村民捐赠化肥 190 吨。不少的侨胞还捐资家乡开展修桥铺路挖井筑亭建塔等公益事业；著名侨乡文成县在 1949—1979 年接受侨胞捐资达 54.48 万元。设摊施粥是温州传统的也是最持久的慈善现象，这种具有温州本土风情的慈善行为在 1949 年后依然持续着，并由古近代的以官方、富豪和寺庙为主体，逐渐走向民间、趋向群体。至今已持续 40 多年的市区华盖山下的"红日亭"老人施粥摊就是由数位退休老人在 20 世纪 70 年代初开始的慈善行为。"红日亭"这种行善方式恰恰是温州街坊邻里的普通人乐善好施的典型缩影、最好见证。

四　改革开放以来的温州慈善壮举

1984 年，随着首批沿海开放城市的确立和民营经济模式的起步，

---

①　"三线"是指温州在 20 世纪 50 年代是"前线"（临近台湾，地处前线），20 世纪 60 年代是"火线"（"文化大革命"中两派武斗，炮火连天），20 世纪 70 年代是"短线"（粉碎"四人帮"后，因"洋跃进"而缩短战线）。

②　当时人均耕地仅 0.41 亩。

③　改革开放前 30 年，国家给温州的投资总额只有 5.95 亿元，仅全国同等城市平均水平的 1/7。

④　1978 年全市工农业总产值仅 18.9 亿元。

温州经济社会结构发生了巨大变化，"小商品、大市场"的发展之路让一部分温州人先富裕起来，温州模式创造出令人瞩目的经济奇迹，人民生活水平普遍提高。1978—1990 年国民生产总值增长了 4.8 倍，工农业总产值增长了 4.63 倍，城乡居民收入较大增加，1997 年全市国民生产总值达到 605 亿。全市现有个体工商户 22 万户，民营企业 13 万多家，其中企业集团 180 多家，跻身中国企业 500 强的有 4 家，跻身全国民营企业 500 强的有 33 家。在经济和社会发展带来良好红利的基础上，富裕起来的温州人民不忘回报社会，不忘关爱弱势群体，民众的慈善热情不断升温、慈善意识不断增强，社会的慈善氛围不断浓厚、慈善环境不断优化，温州的慈善事业进入快速、全面的发展阶段，呈现出全民参与、资金稳定、运作完善的可喜局面。

（一）组织机构建立健全

除红十字会、民政局等官方性质的涉慈机构外，温州 NGO 慈善组织争相成立。1998 年 10 月温州首家慈善总会——鹿城区慈善总会成立，2002 年温州市慈善总会成立；2003 年 1 月 19 日，中国内地第一家民企自发组建的慈善机构——乐清市民营企业扶贫济困总会成立，会员多达 162 家企业；2005 年年底，温州 11 个县（市、区）全部建立慈善机构；2006 年，温州第一家民企慈善分会——瓯海慈善总会森马分会成立。温州市慈善总会在 2005 年 3 月建立首个慈善基金，2008 年 2 月创立首个宗教慈善基金①，2009 年 3 月又成立第一个慈善分会②。至今，全市已有直属慈善基金 149 个、直属慈善分会 82 个，覆盖温州城乡的慈善工作网络基本形成（见表附录－1），慈善事业延伸至最基层的村居（社区），使慈善工作更加贴近基层，使百姓更易于接受慈善帮扶救助。

---

① 2008 年 2 月，瑞安仙岩圣寿禅寺住持释显能发起创立那兰佗慈善基金，直属温州市慈善总会。

② 2009 年 3 月 16 日，温州市慈善总会奥康分会成立，成为温州市慈善总会的第一个企业慈善分会。

表附录 - 1 2012 年 10 月温州地区慈善组织基础数据统计 （单位：个）

地区	组织（网络）建设							
	现有乡镇、街道	乡镇、街道建立分会	现有社区	现有村	建立工作站（室）	帮扶基金	直属基金	直属分会
市本级							33	7
鹿城区	8	8			18		9	10
龙湾区	7	7	26	112	49	2	6	10
瓯海区	13	13	85		3	3	18	22
瑞安市	15	7	50	34		2	31	2
乐清市	17	7	23	911	10	2	7	2
永嘉县	27	11	82	904	1	3	10	9
平阳县	11	8	32	600	1	1	30	1
苍南县	12	12	58	859	77	8	4	15
文成县	10	6	25	3	25	3		3
洞头县	6		18	93	6	1		
泰顺县	10	0	63	295	0	1	1	1
合计	136	79	462	3811	190	26	149	82

资料来源：依据温州市慈善总会提供数据整理而成。

（二）善款额度稳步增长

近 10 年来，温州慈善组织多渠道、多形式地向社会筹集善款，资金来源明显增多，惠及人群也不断扩大。政府主导的"慈善一日捐"作为固定性的慈善重要资金来源，主要用于慈善组织机构自主开展的助医、助学、助困、春节慰问等救助项目。在温州地区自 2001 年启动以来，社会各界的捐赠异常踊跃。每年参与"慈善一日捐"的单位 600 多家，捐赠金额仅温州市慈善总会在 2001—2011 年就达到 10891.17 万元，为全市的慈善事业提供了源源不断的动力（见图附录 - 1）。

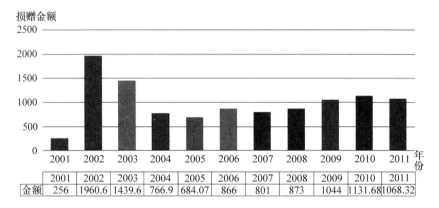

图附录 - 1 温州市"慈善一日捐"历年统计（单位：万元）
资料来源：依据温州市慈善总会提供数据整理而成。

温州地区慈善组织捐助总额虽位居杭甬之后，但善款渠道更具民间性质。2007 年开始，全市各慈善机构首次出现了多家冠名基金、专项基金、企业慈善分会等形式的捐款，使慈善资金增添了多条新来源。如志远助学基金、森马慈善基金、血友病项目基金等。据统计，温州慈善系统募集的各类善款目前已从 1998 年首家慈善总会的 30 万元创始资金剧增至超过 18 亿元（2001—2011 年）①，用于援助各类特困人员的资金累计支出 13.228 亿元，受助人数超过百万人次。

温州民营企业多，有实力且有善心的民营企业家也不少，王振滔、南存辉、林圣雄、邱光和等都是知名慈善家，他们的长期捐赠助旺了温州慈善，他们的义举亦深受社会赞誉。市慈善总会每年的捐赠款中有 85% 以上来自民营企业。在 2005—2008 年的中国慈善榜和胡润中国内地慈善排行榜上，温州老板共上榜 55 次，累计捐款近 15 亿元。毫不夸张地讲，温州民营企业已成为温州慈善的中坚力量（见

---

① 因温州慈善总会从 2000 年 8 月开始筹建至 2002 年 4 月才正式成立，限于工作原因，2001—2003 年的捐资和救助金额合算统计，分别为 14900.83 万元和 6488.76 万元，所以未在上述统计图中表示。另外，2008 年因汶川大地震募集款而高达 45130.08 万元，2009 年同样因汶川大地震支出善款以及因金融危机而募集款减少，致使 2009 年的捐资与救助呈逆向比。

图附录 -2）。

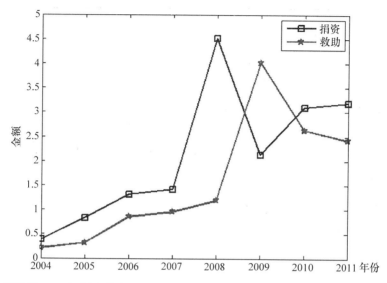

图附录 -2　温州市慈善机构历年来捐资、救助金额统计　（单位：亿元）

60 多万海外温州人时刻不忘家乡，用捐资助学、资助兴办社会公益事业和助推社会主义新农村建设等方式支持温州建设。据不完全统计，改革开放以后，海外温籍侨胞累计向社会捐款 4 亿多元。台胞何朝育先生和夫人黄美英女士作为海外温州慈善家的典范，从 1991 年起 8 次回温，关爱热心家乡温州的教育、医疗卫生等社会公益事业，累计无偿捐赠 1.3 亿元人民币，成为至今向温州捐赠最多的温州人，"育英"也成为温州社会的爱心和奉献的代名词。

（三）救助领域不断延展

温州慈善事业不仅全力确保助孤、助学、助老、助残、助医、助困和赈灾等传统类慈善救助项目，特别是其中的"慈善助学""慈善门诊"和"慈善大宴"等做成了被市民熟知和认可的三项长期救助项目，形成了"宽领域、广覆盖"的救助体系，而且还大胆地开辟或深化救助的新方向、新阵地和新对象，最终打造出涵盖 20 多个慈善救助项目的"爱心温州"慈善品牌。如在助医方面不仅细分出

"慈善启明""慈善助行"等专项救助，还产生了由温州市政府和温州慈善总会共同设立的"爱心温州·造血干细胞移植专项救助基金"和一批民间爱心人士自发成立的"温州太平慈善造血干细胞移植专项基金"；2011年5月，浙江华福慈善基金会①和温州医学院附属眼视光医院联合发起成立了首个全国角膜复明专项基金；2012年12月温州市红十字会在全省率先将消防战线纳入救助对象，创建了首个红十字消防救助消防干警救助专项基金等。

（四）大爱精神持续涌动

行善方式有不同，爱心真情却永恒。温州人行善不仅在模式上从传统转变为现代，而且在价值取向上不断走向道德自觉。亦因此，温州人的善举在瓯越大地此起彼伏，温州人的慈心在全国各地乃至海外播撒，温州慈善事业正从物质层面上升至精神层面。从民间义工自发设立"五元爱心连锁餐厅"到志愿者们持续7年的"春运关爱行动"，从千里献血"感动中国"的美丽女孩毛陈冰到"中国好人"的"诚信老爹"吴乃宜，从署名"兰小草"的慈善使者到创办"慈善大宴"的郑雪君，从"桑美"台风赈灾到汶川大地震救灾，从援建青溪到"7·23"动车事故大救助，从苍南"1+1救援队"到南都公益基金；从海外侨胞捐资兴学到民营企业抱团行善，从"世界温州人微笑联盟"到"爱心温州·善行天下·明眸工程"……这些慈善行为是不同的人群借助不同的物质载体完成的，却传承和诠释着相同的至善之心，传播和展示着共同的大爱精神。他们用至爱之行证明温州是一座大爱天下的城市；温州人是一个大爱天下的群体。

温州慈善自南朝始，一路前行，从永嘉事功学派义利并举的立论之善到近现代科学家群体的报国之善，从改革开放中致富的企业家的济贫之善到普通民众的互助之善。行至当下，天下温州人的天下之善，获得了领导的重视、社会的支持和媒体的关注，赢得了同行的赞佩、公众的赞美、部门的赞许，也大大提升了温州城市的知名度与美誉度。全国人大常委兼法律委员会副主任、民盟中央副主席李重庵称

---

① 华福慈善基金会是郑胜涛等20名温州企业家共同捐资成立的非公募慈善基金会。

赞温州人正从"商行天下"到"善行天下",从经济成功的"富裕温州"走向有社会担当的"爱心温州",从抱团互助拼搏竞争走向广播善缘和谐共赢。

温州慈善,从无到有,从小到大,如今已成为温州的一面公益大旗,成为温州的一大文化品牌,成为温州的一座道德地标。

第二部分　现代温州慈善特征及社会表现

慈善现象古已有之,善行天下之事亦非温州人特有,但当代温州人却凭借自身的财力、智力和实力,精心培育出"爱心温州"的慈善品牌和"善行天下"的慈善特色。近 10 年来,温州慈善事业不仅实现了规模化、网络化、载体化和资本化的发展,走出了一条区别于杭州、宁波等省内城市以及全国慈善"常模"的发展新路,而且逐渐构建起具有创新性、务实性、抱团性和民间性等特点的"温州慈善模式"。

一　慈善理念的先导性

温州慈善从救助方式到公益项目,从物质捐赠到基金运作……无不蕴含着温州人慈善理念的创新性。如微笑联盟工程不只是单纯地唇腭裂修复手术,不只是修复患者的生理缺陷,更是从心理上去修复患者,让孩子们获得自信与尊重,从而有机地糅合了慈善和教育,发挥了慈善的社会教育功能;又如温州慈善大使、瑞安党校副校长郑超豪用简办母亲丧事所得"蜡烛钱"来设立"诚信道德基金",向社会上尊孝行、讲诚信和重道德的家庭或人物颁发"道德之家"牌匾和奖金等,强调"精神慈善"。他还提出"人人可慈善,慈善需人人,慈善惠人人"的理念;企业慈善是温州慈善事业的最大支持者,而民企老板之所以既能做企业家又能当慈善家,是与他们的慈善理念密切相关的。如奥康集团总裁王振滔提炼出"慈善是企业成功的厚度和高度"的理念;森马集团总裁邱光和更是通过在家乡建立扶贫瓯柑生产基地,既探索出了一条长效扶贫机制,也实现了慈善实践由

"一站式"向"造血型"的转变;而浙江省目前规模最大且唯一一家以公益命名的非公募基金会——正泰基金会,其使命是关注并投身于生态文明的建设,以资助优秀的低碳环保公益项目和活动,进一步推动并奖励对节能减排方面的自主技术创新,从而促进整个社会的和谐发展。

二 慈善实践的先发性

温州人是中国改革开放的先行者,创造了以温州模式为代表的众多"中国第一"。同样,温州人在中国慈善事业的进程中,勇于探索、敢于尝试,开创了不少的全国或全省第一。最有代表性的就是温州人徐永光创建的"希望工程",20 年募捐了 1 亿元,救助了上万失学儿童。温州慈善实践充满原创性或开拓性主要表现如下。

第一,慈善机构以创设冠名基金或组建分会的方式来建设、规范或管理慈善组织,既增加了善款来源,又扩大了慈善参与群体。如国内迄今为希望工程捐款最多的林圣雄率先在 2002 年捐资 1000 万设立"圣雄大学生助学专项基金",此后又相继设立"圣雄爱心助学基金""圣雄希望小学奖学奖教跟踪培养基金""圣雄助学助医慈善基金";2007 年,"王振滔慈善基金"经国务院和民政部批准成立,成为中国第一个以民营企业家名字命名的个人非公募慈善基金会;2008 年,瑞安仙岩圣寿禅寺"那兰佗慈善基金"成立,成为温州市慈善总会首个宗教界慈善基金;2010 年,全国第一家"侨"字号的"温州市慈善总会侨爱分会"成立;等等。而温州市慈善总会直属的 33 个基金(见表附录-2),冠名单位涉及个人、企业、医院、宗教、银行、媒体、政府部门等,救助对象涉及疾病患者、大中小学生、外来人群、妇女、运动员和温州的母亲河等。同时,温州慈善的对外援建项目也进行冠名,如四川青溪援建项目建成后都以温州冠名或立碑,并把 800 万元的赈灾援建结余资金在广元市慈善总会建立了温州慈善爱心助困基金,救助地震灾区困难群众,这些举措大大地增强了温州慈善在全国的声誉。

表附录 - 2　　　　　　　　温州市慈善总会直属基金一览

序号	基金名称	序号	基金名称	序号	基金名称	序号	基金名称
1	大发助学基金	10	森马慈善基金	19	爱迪斯助困基金	28	公共民生频道助困基金
2	志远助学基金	11	工行助困基金	20	血友病项目基金	29	运动员关爱基金
3	金迅达助困助医基金	12	交投集团助困基金	21	出租车助困基金	30	中新儿童窝沟封闭项目基金
4	国光助老助困基金	13	国资委助困基金	22	侨联项目基金	31	弘德基金
5	康宁精神康复基金	14	零距离曙光爱心基金	23	金州助医基金	32	保护母亲河发展基金
6	巨一慈善扶贫济困基金	15	闲事婆和事佬爱心基金	24	烟草助困基金	33	电信扶贫基金
7	那兰陀慈善基金	16	交通广播爱心基金	25	商报善基金		
8	百盈助困基金	17	小荧星助学基金	26	现代集团助困基金		
9	妇女关爱基金	18	置信助困基金	27	新居民关爱基金		

资料来源：依据温州市慈善总会提供数据整理而成。

　　第二，温州地方政府及相关部门大力度地出台政策或采取举措，以促进慈善事业的持续、健康的发展，并凸显了良好的慈善吸引力。如温州市政府不仅连续 12 年带头做到做好"慈善一日捐"活动，而且在温州慈善创始阶段曾专门出台"给予一个进城指标奖励"的政策（2000 年）和《优先办理市区外来人口购房入户手续若干规定》①（2001 年）来激励社会捐赠。温州市慈善总会则创新募捐方式，推出"大额留本冠名基金"（2006 年），首创微小基金冠名制度（2013 年），以及通过发行福利彩票、各种义演、义拍、义卖、义诊和发行小额"慈善爱心卡"等渠道，募集创始基金。温州社会既能诞生"红日亭"施粥摊这样充满原生态、原汁原味且坚守 40 年的草根慈善，更能大胆地探索出一条让草根慈善正规化的路子——为龙湾区状

---

　　① 即"在市区拥有 60 平方米房产权，自愿捐赠 1.5 万元以上的，优先办理一人入户"。

元亭施粥摊发放"民办非企业"性质的全国首张施粥摊慈善执照等。

第三，温州地方政府及慈善机构设立一系列奖项，表彰各类慈心善行，以此进一步普及慈善意识和推广慈善文化，弘扬慈善精神，营造全社会的慈善氛围。如 2005 年以来每年评选"感动温州十大年度人物"，温州改革开放 30 年"十大慈善家、十大慈善人物"，百名慈善老人，十大慈善大使，"慈善新闻奖"，以及从 2012 年开始选聘 10 名"温州首届慈善大使"等。

温州人敢为人先、敢闯敢试的地域精神，既让温州慈善在救助方式、活动内容和运作模式等诸多方面都走在全国前列，也使温州慈善事业充满活力和具有生命力。

三　慈善模式的天下性

中国古代思想家们远见卓识地提出了"天下为公""大同世界"等主张，而当代的温州人努力地践行着"善行天下"。"善行天下"的慈善模式不仅彻底突破了中国传统慈善的内敛性，而且成为温州慈善最典型、最鲜明的特色。

温州人之所以能广做天下善事，首先是基于温州人口资源的丰富及人口的善流动。温州本地常住人口 912.2 万人，位居浙江省第一①，还有 350 万人左右的外来人口。如此规模的人口为温州社会广泛参与慈善提供了前提条件。同时，具有"移民基因"的温州人大量外出，遍布全球。分布全国各地和遍及世界 110 多个国家和地区的 200 多万温州人为当地社会提供了"送善上门"的现实保障。其次，温州慈善之所以能走出温州并影响广泛，在于温州人尤其是在外温州人的协同性和抱团性。无论是在外温商还是海外侨商，要立稳当地社会必须具备强烈的群体意识和抱团精神，他们往往通过组建商会或同乡会，聚力互助。而这些民间社团的宗旨大都具有公益性质，近代的温州旅沪同乡会不仅以慈善、民生和联络乡谊为最基本公益，还成为

---

① 据第六次全国人口普查数据显示，温州常住人口在全国所有城市中（不包括四个直辖市）排名第 12 位。

在外温州人从事民间慈善活动的典范；2010 年 5 月由海外爱心华人自发组织的第一个侨胞慈善分会——温州市慈善总会侨爱慈善分会的诞生和 2011 年温籍希腊侨团全力协助利比亚撤侨都充分体现出海外温商不仅群体行商，更是抱团行善。再次，"善行天下"得以实现是与内外温州人的各种资源整合及其互动密切相关的。可以说，既立足本土又面向天下，既"接地气"又"顶天气"的行善方式，使温州人的"善行天下"走得更远更久。"爱心温州·善行天下·明眸工程"大型公益活动就是凝聚了民盟中央各级民盟组织、温州市慈善总会、温州医学院附属眼视光医院、温州市人民政府经合办、温州日报报业集团、温州广电总局、民盟温州市委会等多家单位的力量①，并利用当地温州商会和蜘蛛王集团等企业的定向捐资，将已在温州市几经实践并已推广的由政府部门、慈善机构、医疗单位相结合的白内障复明救助模式②，推广到中西部地区、惠及贫困眼疾病患者的一种慈善模式。民盟中央副主席李重庵对此先进理念和创新实践予以高度评价，认为它是对温州精神和温州模式的拓展和提升，将对新阶段我国的社会管理创新和社会建设做出新的贡献。也同样，旨在为唇腭裂儿童提供免费医疗救助的"世界温州人微笑联盟"同样鲜明地具有温州慈善的"天下性"。它成立于上海，由温籍台胞何纪豪先生发起，以温州医学院为医疗平台，以美国微笑联盟基金会为技术支撑，以中国台湾地区罗惠夫颜腭基金会为医务人员培训基地，以全国温州商会、海外温州侨团为慈善载体，以温州媒体及活动当地媒体为宣传媒体，以温州市及活动当地的相关政府部门、捐资企业为合作伙伴，通过温州市慈善总会搭建的慈善途径，共同开展"幸福微笑"在温

----

①　各主办单位按照其功能分工，各司其职，各负其责，多方联动，形成合力。温州医学院附属眼视光医院负责医疗技术实施，民盟中央各级民盟组织负责结对单位的筛选和后期工程的监督，温州市慈善总会和温州市政府国内经济合作办公室负责资金的筹集，温州日报报业集团和温州广电传媒集团负责发动社会捐款和报道事宜。

②　明眸工程是在温州本土的"爱心温州·慈善启明工程"基础上发展起来的一项走出温州的慈善活动。慈善启明工程从 2002 年开始启动，到 2009 年 11 月 20 日，第 2000 例白内障复明手术在温州医学院附属眼视光医院顺利完成，标志着温州市创建白内障无障碍市"三年计划"的圆满成功。

州及全国各地的公益活动。其目的是展现温州群体的慈善心，提升温
州人形象，赢得全国乃至全世界对温州人的尊敬，打造温州慈善文化
的独特品牌，践行温州人"善行天下"的理念与抱负。

我们确信，凭借内外温州人在慈善实践中最大限度地聚集各种慈
善力量体，"善行天下"的公益旗帜将被高举。我们相信，"哪里有
温州人哪里就有慈善"，"哪里有慈善哪里就有温州人"。

四　慈善主体的多样化

当代温州慈善事业的欣欣向荣首先得益于温州人口资源所提供的
丰富慈善资源。这种人口资源不仅在于近千万的数量，更在于质量对
慈善的可利用性。温州是首批沿海开放城市，是著名侨乡和市场经济
发源地，港澳台侨胞多、民营企业多、商会行会多、富人精英多。这
种人口类型结构不仅使温州慈善参与者呈现多样性，而且构筑了一个
立体式的同心救助体系（见图附录—3）。

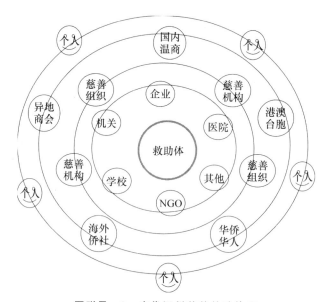

图附录 - 3　当代温州慈善救助体系

在温州慈善活动中，行善主体不仅有普通民众、行政领导、公务

员、事业员工、在外温商、港澳台胞、海外华侨，而且有各种特殊群体或非政府组织加盟。如工青妇等群体团体、商会协会、侨团侨社、宗教团体、医疗机构、大众媒介、新温州人艺术团、"1＋1 紧急援助队"，还有包括召之即来、来之能战的 182 支义工在内的 2 万多名志愿者。医疗慈善是温州慈善的一大亮点。除已经成为全国慈善典型的"爱心温州·善行天下·明眸工程"和"世界温州人微笑联盟"外，"爱心温州·慈善助医"活动的社会反响同样很大。该活动 2010 年 8 月开始，由温州市慈善总会联合温州医学院附属一医、附属二医、附属眼视光医院、附属口腔医院、市二医、市三医、市民康医院、康宁医院以及文成县医院、泰顺县医院等 12 家医院，开展了危重病、慈善启明、眼疾病、精神康复、先天性心脏病、新生儿、贫困心脏病患者、贫困孕产妇、唇腭裂手术、慈善门诊、血友病、幸福微笑等 12 个助医系列项目。这种有多个各具特色的慈善主体既协作行善又各司专长的医疗慈善不仅弥补了温州至今没有专门慈善医院的缺陷，而且创建了一种"不是慈善医院，胜似慈善医院"的慈善定点医院模式。民间慈善又是温州慈善的一大品牌，它彰显的是温州慈善主体的草根性和自发性。事实上，温州不只有媒体广泛报道的鹿城"红日亭"，类似的施粥摊或伏茶点在温州相当普遍。据不完全统计，温州大街小巷的伏茶点已达 1600 多个，大的如红日亭烧茶兼施粥，小的只有一把遮阳伞一个茶桶①。此外，温州社会不仅给来温的农民工等新居民以温暖，还鼓励和吸收外地在温的商会或非正式团体为温州做慈善，这是扩大慈善参与面的一个好点子。

毋庸置疑，温州深厚的慈善资源为温州慈善事业的全速发展提供了相当的条件，而温州慈善事业要获得更广阔的发展前景，务必要充分整合多元化的慈善主体和深度挖掘特色慈善体的价值，建立健全民间慈善组织，发展壮大志愿者队伍，建构慈善的"温州模式"。

---

① 温州地区的伏茶点中，其中每天服务时间最长的是瑞安万松山凉茶点，一年 365 天，天天供应凉茶、白开水长达 13 个小时；历史最长久的伏茶点是瓯海梧田大堡底路 87 号的陈海珍女士家，她家三代烧伏茶数十年。

五 慈善活动的项目化

慈善事业需要人人参与，但仅以个体、个人、个别的零星、分散的方式进行慈善活动必定难以可持续发展。经过多年的摸索，温州打造出以慈善项目为平台，引导民众加入慈善载体，指导社会慈善力量高起点、高姿态的做高标准、高目标的系列慈善活动。通过慈善项目，把热心的慈善人士、有实力的赞助单位、需帮助的弱势群体，以及政府的行政力、媒体的宣传力等多元"慈善体"有效维系起来，齐心协力，有针对性地实施慈善救助。

目前，温州社会除慈善启明工程、明眸工程、微笑联盟和幸福微笑列车等跨入国家先进行列的慈善项目外，还有众多持续时间久、参与人员多、救助范围广、社会反响强的品牌项目。如市慈善总会成立10年来，几乎历年都组建慈善项目，至今已有20多项（见表附录-3）。

表附录-3　　　2001—2012年温州市慈善总会慈善项目

序号	项目名称	启动时间	备注	序号	项目名称	启动时间	备注
1	"慈善一日捐"	2001年	持续	15	慈善活动月	2008年	持续
2	结对助学	2001年	持续	16	先天性心脏病救助	2008年	持续
3	慈善助老	2001年	持续	17	大病救助	2008年	持续
4	微笑列车（唇腭裂修复手术）	2001—2005年	结束	18	新温州人高危孕产妇医疗救助	2008年	持续
5	慈善门诊	2002年	持续	19	四川汶川地震赈灾	2008年	结束
6	慈善启明（针对本地）	2002年	持续	20	微笑联盟	2009年	持续
7	春节慰问	2003年	持续	21	护牙慈善行	2009年	结束
8	慈善宴	2003年	持续	22	爱心温州·明眸工程（针对外地）	2009年	持续
9	慈善安老工程	2004—2007年	结束	23	服务企业共克时艰	2009年	结束

续表

序号	项目名称	启动时间	备注	序号	项目名称	启动时间	备注
10	慈善和平整形	2006	断断续续	24	爱心温州·慈善助医（慈善助医系列活动）	2010	持续
11	桑美台风赈灾	2006	结束	25	青海玉树地震赈灾	2010	结束
12	为特殊教育学校捐资	2006—2009	结束	26	善行文成	2012	结束
13	精神疾病救助	2007	持续	27	"村级慈善帮扶基金"	2012	持续
14	慈善助行	2007	持续				

资料来源：依据温州市慈善总会提供数据整理而成。

其中由《温州晚报》发起的，市四套班子领导均亲临会场的迎春"慈善大宴"，10年从未间断。市红十字会也坚持开展"人道救助工程""应急救护培训'五进'工程"和"实施生命工程"。在外的温州人也积极搭建平台，报效桑梓、扶助弱势群体。如1994年旅荷华侨总会成立"荷兰希望工程基金会"，2006年美国纽约温州同乡会捐资100万元实施"春蕾计划"资助特困女童就学等。"红日亭"既是典型的平民慈善行为，也是一项原生态的慈善工程。它不仅让一群充满善心善德的老人有了行善的载体，也让成千上万的支持它的好心人有了为善的平台。它不是一个慈善项目，却胜似一个系统慈善工程。这是值得注意的，也是需要呵护的！

慈善活动的项目化不仅充分调动和利用了温州丰富的慈善资源，使有限资金发挥最大的社会效益，也让各层级的"慈善体"通过良好载体行善，最大程度地获得心理愉悦感和实现社会价值。这种模式不仅能将专业化的技术手段（如白内障治疗、唇腭裂修复、社工服务等）最大化的受益于救助者，而且能借助媒体的报道传播慈善意识、弘扬慈善文化和增强温州慈善的社会影响力，进而让更多的"慈善体"加入慈善行列、实现"人人可慈善"的慈善蝴蝶效应。

六　慈善运作的资本化

温州民营经济、个体经济发达，民间素有集资传统，这种社会经济环境使民企慈善为主的温州慈善也充满资本运作。该特征不仅表现在基金冠名和创始基金增值等环节上，也体现在非公募慈善基金会的创立及其运行过程中。南都公益基金、王振滔慈善基金会、正泰公益基金会和金州永强慈善基金会都是具有代表性的非公募慈善基金会。其中王振滔慈善基金会从资金注册、项目运作到受助承诺上都充满资本性，其最大特点就在于资助贫困大学生的运作上采用全新的理念和接力模式，要求受助大学生在工作之后资助一名贫困学生，让慈善基金变成"种子基金"，使资助大学生的数量呈几何级数增长。郑超豪成立的8个慈善基金则通过"留本取息"来确保原始基金稳定性的基础上，创造性盘活基金，增加善款来源——将只可存四大国有银行的慈善基金改存股份制商业银行，在获得正常利息的同时，同意银行将本金借贷给企业，但每100万借款需捐赠3万给慈善总会。某种意义上讲，这些做法其实就是慈善回报，但有益于激励慈善主体进一步弘扬善行，带动全社会参与慈善，从而推进慈善事业的持续性发展。

总之，温州慈善是一种以"爱心温州"为品牌，以"善行天下"为特色的创新型慈善。它之所以能如此独具特色，是与温州的地理区位、经济发展模式、文化价值体系以及城市精神密不可分的。温州慈善模式实质上是与温州的经济模式、文化模式一脉相通的，也是相辅相成的。

第三部分　温州慈善事业发展的宝贵经验

如果说温州古代以士绅为主体的慈善行为更多地源自个体的道德力量，那当代温州的慈善欣欣向荣不仅于此而成。文化的塑造力、政府的引导力、经济的支撑力、社会的内聚力和媒体的传播力，合力推进着温州民众的道德向善力，扩展着温州社会的慈善影响力。

一　温州传统文化的有益引领

（一）先源性土壤——自然条件使慈善成为必需

温州地处浙东南，东濒大海，三面环山，全市陆地面积 11784 平方公里。地域面积虽不小，但"七山一水二分田"的不均衡土地资源使可利用土地仅 10% 左右，人均耕地更是低至 0.37 亩。温州不仅人多地少，而且处于台风重灾区，遭受频率殊高，受灾区域甚广。同时，温州境内资源匮乏，除渔业资源较丰富外，农业、矿产资源都有限，这些诸多不利自然条件严重制约了温州经济社会的发展。

温州历史上的闭塞与贫困，却也因此成就了温州人的生存法则和温州社会的特色。一方面是逼仄的环境促使他们穷则思变，为谋生而敢于闯荡海内外。正是不惧劳苦以生命为代价，敢为人先的"温州精神"得以形成。另一方面，由于个人承担风险能力低下，抱团抵御灾难的习惯行为和心理特质必然嵌入温州人的血液之中。在上述自然环境塑造下的温州民众具有坚韧性与抱团性，加之古代社会的小农经济和宗法社会的影响，以相互救助为基点的温州慈善逐渐生成[①]。

（二）内涵性基因——文化底蕴为慈善提供动力

1. 叶适义利观：民间慈善的理论倡导

永嘉学派作为文化精神代表和温州人气质风格的表率，倡导功利之说，强调阐明仁义与功利之间的关系。其集大成者叶适肯定仁义与功利是统一的，提倡"以利和义"，使仁义具有实在的内容，反对"以义抑利"，主张义理和功利统一。在叶适义利观中，引导和支持慈善、作为其精神内涵的当属其"安人之法"，即除了不断修己以至"达道"和"正身"，之后便应去安人。他既重视亲族间的帮助，也认为富人对于扶助乡里的作用是很大的，主要在于行慈善和兴教育两

---

① 小农经济的生产方式决定历史上的民间慈善活动具有浓厚的乡里情结和亲族情结，进而导致慈善事业的封闭性和内敛性。一般民众只愿帮助亲戚或熟人，这缩小了慈善对象的范围，妨碍了普通人对慈善事业的普遍参与。

事。其中，叶适主张行慈善的主要方式是在乡里设立社仓①，组织乡民成立乡约。社仓制度成就了民间公益组织，是人民自治的体现。而乡约更是成为广泛的乡民互助组织，它不仅起到物质上的接济作用，还具有帮助地方长官、承担地方公益、提供乡民精神慰藉和互相劝勉进善的社会功能。

永嘉学派的义利观对慈善的重要价值和作用在于：首先，强调"以利与人，而不自居其功"，即利益众生而不占为私有。在自身通达、富裕的时候，做到自利利人，帮助周围的人也富裕通达，让那些先富之人形成合理的义利观，以达到避免社会贫富不均的加剧，走共同富裕、社会和谐发展的道路。其次，为实施社会经济可持续发展提供了重要的思维视角。永嘉学派主张"以义和利""义利并立""以利与人"的"大功大利"，而非以一己私利等思想来调节和规范社会关系，并以社会效益为道义原则去捍卫和坚持、制约和引导以经济利益为核心的功利原则。同时，永嘉学派的义利观秉持叶适所提之"崇义以养利，隆礼以致力"，关注和致力于社会真正的公平和正义。

2. 宗教教义：民间慈善的精神支持

温州历史上和当下的信教者都众多，而宗教对温州慈善事业的驱动力极大。其中，影响最大的当属佛教。它不仅推动了慈善事业的发展，并对社会心理起到了一定的净化作用。其慈悲之心、众生平等之念，甚至于祸福之见，都是对佛教慈善思想的阐发。另外，基督教对温州慈善的影响也不容小觑。《圣经》中的"当爱你的邻舍"，就是劝人应当用善意爱众人，对遭遇不幸和生活困苦的人，均应施以怜悯的爱心；它还特别强调社会工作者应具有奉献的爱心与谦卑的态度。无论佛教还是基督教，都提倡利他、奉献、博爱与救人救世的精神以及以爱心助人和与人为善的风范，这对建立美好的世界都有一定的积极意义。

---

① 社仓在南宋是一种接济灾民、调节粮食余缺的制度，受到当时众多道学人士的关注。

（三）主体性源泉——群体慈善让善行天下成为现实

1．富者施惠：经济差异产生慈善习俗

在小农经济的时代，温州人贫穷却不柔弱，他们凭借自己的力量积累原始资本，又以自己的力量扶危济困，缩小相互间的贫富差距。他们首先从家族内部的互助行为开始，在"熟人圈"里展开慈善。救助对象由近及远、由亲及疏，从亲属、朋友，逐步扩大邻居、熟人。随着社会发展和市场经济的实行，一部分人逐步富起来，并在善良的愿望和政府政策的引导下，捐献财富、回报社会。他们不仅有越来越多的时间关心社会公共事务，而且有越来越多的经济余力关照社会慈善与公益事业。施惠者作为社会经济发展的受益者，通过慈善的途径救助不幸者，从而达到一种社会公平。

2．侨胞捐赠：血脉相连的善行网络

温州是全国著名侨乡，目前约有 50 万华侨华人遍布世界 131个国家和地区，有约 20 万港澳台胞。长期以来，广大温州华侨始终秉承中华民族扶危济困、回馈社会的优良传统，始终怀着爱国爱乡、造福桑梓的赤子之心，捐助公益、募资赈灾，有力地推进了温州慈善公益事业和救灾救济工作，受到了家乡人民的普遍赞扬。据不完全统计，改革开放以来，温籍侨胞累计向社会捐款 4 亿多元（见图附录 - 4），充分展示了海外温州人对祖（国）籍地的拳拳赤子之心和浓浓的爱国情怀。特别是在 2008 年汶川地震、国际金融危机爆发后，世界各地的温州人投身于慈善事业的爱心步伐并未因风大浪急而停滞前行，在外华侨的慈善热情也并未因风霜雨雪而减弱一星半点。

二　温州地方政府的有力引导

慈善事业是一项系统工程，涉及方方面面，政府及有关部门的重视和支持至关重要。自 1998 年第一家慈善总会成立以来的 15 年间，温州各级各有关部门认真履行职责，加强配合协调，努力建立了"政府推动、民间合作、社会参与、多方协调合作"的慈善事业发展机制，主动为慈善机构解决实际困难，以实际行动支持慈善事业发展，使温州慈善事业已成为政府主导的新型社会救助体系的有机组成部分，进而有力地促进了温州的科学发展与和谐社会建设。

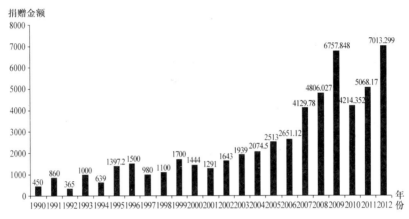

图附录 - 4　1990—2012 年温州市各级侨办接收或协助

办理华侨捐资统计（单位：万元）

资料来源：依据 1990—2012 年温州市侨办的历年工作总结整理而成。

（一）慈善政策的制定者

改革开放以来的慈善事业是在政府的主动推动下逐步发展起来的，政府不仅扮演了重要的角色，也发挥了关键性的引导作用。温州政府的重视和支持，为温州慈善实体的增加和慈善事业的发展创造了良好的政策环境。如 2007 年温州市政府制定《温州市慈善事业发展指导纲要（2007—2010 年）》，从"指导思想和主要目标""发展慈善事业的工作原则""发展慈善事业的基本政策和措施""加强对慈善事业的组织指导"等四个方面，对温州慈善事业的发展给予明确指导。同年，市委办、市府办又联合下发《关于进一步促进慈善事业发展的通知》，以加快发展温州慈善事业。2012 年市委市府出台《关于加快温州慈善事业发展的若干意见》，进一步明确了工作的重点与难点，以促进慈善事业更好更快地发展。温州市委、市政府还先后于 2007 年 4 月和 2011 年 5 月召开了第一、二届慈善大会，书记、市长都亲自到会讲话。

（二）慈善经费的提供者

慈善事业的经费来源主要有三个渠道：企业及其他经济实体的捐助、政府拨款、社会成员个人的捐助。一般来说，政府对慈善的支持主要表现为慈善组织初创时期的运作资金上的一次性投入。而在其进入实际运作阶段后，政府的直接拨款往往会变直接性的物质支持为政策上的支持。温州市委市府对慈善工作的重视不是表现在口头上，而是落实在行动上，以身示范，带动全社会来支持慈善事业。如为了使慈善事业开好头、起好步，市政府除从财政拨出 100 万元作为慈善创始基金，每年再拨 15 万—20 万元作为慈善总会的日常开支。2010 年5 月温州市慈善总会结束四年搬六次家的窘境，顺利迁入市区大南门蝉河大厦，为温州慈善事业的发展奠定了物质基础。自 2001 年开始的"慈善一日捐"活动，市委和市政府办公室每年都专门下发文件。在资金募集工作中，市委、市政府主要领导、市四套班子成员及部门负责人都带头捐款，积极参与。特别是市长亲自发表电视讲话，亲自参加各种慈善活动，亲自端着募捐箱到企事业单位接受捐款，极大地推动了温州慈善事业的发展。

（三）慈善组织的管理者

政府对慈善组织的管理，是保持慈善组织健康运行和良好声誉的前提。温州政府以积极的态度和实际行动鼓励慈善机构的建立与完善，使得近年来温州慈善组织的数量有了显著的扩张，规模也从原来的分散型、地区性状态向专业性、全国性的方向发展。一方面，政府促进了慈善组织的迅速组建。如通过政府部门的强势宣传与推动，快速普及慈善理念，为慈善组织创造良好的外部环境；通过政府提供经费、场地、设施与人员编制，快速完成慈善机构的"实体化""组织化"过程；通过政府动员与号召，快速募集"创始基金"，解决慈善机构的基本生存问题等。另一方面，政府保障慈善组织的稳定发展。如帮助慈善组织培养正常工作中所需要的财务、项目审定、资金筹集等领域的专业管理人才，以确保他们树立强烈的道德规范和职责意识，进而维护慈善事业的健康有序发展。此外，对慈善组织财务管理是政府监管的一个重要方面。温州市慈善总会、红十字会等慈善机构都会定期接受有关审计部门的监督，公布善款的收支情况等。

（四）慈善文化的倡导者

政府推动慈善文化建设是至关重要的，如果没有政府的倡导与规范，慈善文化会因缺乏生存空间而形同虚设，慈善文化建设也难以获得公众支持。政府在慈善文化建设方面具有掌舵的作用：加强慈善机构建设，积极打造慈善文化建设的平台；增强企业社会责任，提高企业参与慈善活动、回报社会的自觉性；培育公民慈善意识，使公民的慈善意识转化为慈善行为，最终营造出和谐社会下的慈善文化。如2007年4月和2011年5月中共温州市委、温州市政府颁发"温州慈善奖"及"第二届温州慈善奖"。温州市委宣传部为加大慈善宣传力度，曾多次召开新闻单位负责人和分管慈善报道的记者会议，要求"各新闻单位不仅要利用自己的笔、摄像机、录音机记录慈善，宣传慈善，为发展温州慈善事业做好吹歌手，还要做慈善的先进，所有新闻单位都要成为市慈善总会的基金创始人或创始会员"。温州市社科联、市政协和市慈善总会则先后在2009年3月和2010年6月召开了"爱心温州·善行天下"——发展温州慈善事业论坛和"善行天下的温州人"研讨会，探讨慈善理论、弘扬慈善文化，等等。

三　温州慈善NGO的有效运作[①]

具有非政府性、非营利性、志愿性和公益性等特征的NGO，在政府的支持下，在促进社会良性互动发展中发挥着独特的作用。各种慈善NGO组织或机构也因此成为当代慈善事业的重要载体。温州慈善NGO具有贴近群众的天然优势，它们根据救助者的不同需求，提供形式多样的保障服务，扫除政府在提供社会保障时的"盲区"。

---

① NGO即非政府组织，也称为"非营利组织""第三部门""志愿组织""慈善组织""民间组织""社会组织"等。

（一）专业化的服务模式

慈善 NGO 的专业化包括能力、价值和支持三个方面的专业化，最终实现公信力的目标。温州不断成长的慈善 NGO 组织之所以选择并实现专业化的发展模式，原因是多方面的。

首先在于发起人资质的优越，包括强烈的慈善愿望、相关的慈善背景、成熟的资源网络等。如乐清市民营企业扶贫总会就是由一批具有回报社会之心的企业家创设的一个非营利性慈善机构，奥康集团总裁王振滔则以私募基金会的形式创建了知名度较高的王振滔慈善基金会等。其次在于目标定位的清楚。温州慈善 NGO 往往都了解社会需求，能找到空白点，起到融通、对接的作用，并足以发挥自己的优势和专长。如温州各医院从自我特色专业出发，准确定位慈善助医。温州医学院的"微笑联盟"和"明眸工程"、市三医的血友病人救助和康宁医院的精神病人救助都是如此。温州都市报等慈善助学行动则充分考虑温州外来务工家庭子女的现状，进行新居民子女为中心的"温暖动车"活动等。最后在于核心团队的专业水平。温州慈善 NGO 所依托的核心团队中的专业人士一般都掌握相关领域的知识和技术，且有着广泛的专业资源。如慈善助医队伍中的专业医生、医护人员和心理辅导师，慈善助学群体中的"爱苗团名师"、健身义工队中的体育教练、绿眼睛公益组织中的环保专家、紧急援助队的专业设备等。

（二）市场化的运作模式

受历史惯性的影响，中国现在的慈善事业仍是以政府为主角。当下的温州慈善同样具有明显的政府主导色彩，但恶劣的地理环境、典型的移民社会和发达的民营经济等因素共同促成了温州公众较为成熟的慈善理解力和认识度，民间慈善意愿比例明显居高。而温州较为成熟的商业模式则为慈善机构通过市场化模式将自身打造成较为专业化、规范化的组织，提供了有效参考。因此，与杭州等更多地依靠政府支持的慈善机构不同（如慈善总会有行政事业单位编制），温州慈善 NGO 深谙市场理念，引入市场机制和方法，通过品牌打造、团队建设、独立核算等市场化策略，形成了机构独立性强、慈善营销成熟、资本运作灵活的良性发展局面。温州慈善组织的市场化转型也进一步增强了温州慈善的公信力，凸显了温州慈善的特色，广泛获得了社会公众的认可与赞扬。

温州慈善 NGO 的市场化运作的主要做法如下。第一，聘请在公益领域有多年工作经验且极具市场与创新意识的"能手"担任管理者，全面主持日常工作。第二，以公开竞聘的方式向社会招募运作团队的部门负责人，组建成一支有素质、有技能、有活力和有梯度的专业化队伍。第三，推出具有实质性内容的规范化、品牌化的连锁式项目，并主动与企业建立合作伙伴关系，利用媒体效应向社会公众募捐。第四，内部管理采用自收自支的社会团体方式，并建立"薪酬与组织绩效挂钩""内部岗位竞聘和培训"等人力资源管理机制。第五，提高理事会成员的"社会化"，既充分利用理事的才智和社会资源以直接促进慈善组织的发展，也有助于提高慈善组织的代表性和公信力等。

四　温州全媒体的有形宣传

温州慈善事业为社会救助和改善民生做出了很大贡献，亦因此赢得了良好的社会信誉。温州慈善事业和温州人善行天下之所以在全省乃至全国都有知名度，离不开新闻媒体的参与、宣传和推动。"慈善＋媒体＝正能量集聚"，通过新闻媒体，及时、全面、深度地报道慈心、善行和好人，使慈善宣传做到了"报纸有文章、电视有图像、广播有声音"，从而有效地普及了慈善意识和弘扬了慈善文化，使温州慈善走出了一条别具一格的发展之路。

（一）立体式的报道

从 1999 年年底《温州晚报》策划开展"'跨世纪的爱'——新千年第一天善举活动"开始，无论是电视、报刊、广告等传统平面媒体，还是视频、网站等新兴现代媒体，都制作出符合自身特点的活动载体以广泛地报道温州慈善活动。

在温州现代慈善事业起步阶段，温州电视台和温州有线电视台分别开辟《帮助》《关注》专题栏目，定期播放与慈善和社会公德有关的节目。从 1998 年 10 月至 2012 年 12 月底，《温州日报》《温州都市报》《温州晚报》和《温州商报》共计刊发超过 7000 篇的慈善新闻，温州慈善新闻的发稿量达到全省领先水平。目前，温州的 4 报 1 网每周都开辟慈善或公益专版、专栏，每月策划大型慈善活动，这在全国也都很少见。2007 年以来，在温州慈善总会的协作下，温州电视台设立了"爱心温州·慈善在线"专栏和"零距离曙光慈善爱心基金"专栏，温州日报建立了"爱心温州·慈善热线"专刊。温州慈善不仅让温州本土媒体悉数上阵（包括温州报业集团的 4 报 1 网，其他各县市的《今日 XX》，浙江报业集团下属的《乐清日报》《瑞安日报》，以及《温州瞭望》《温州人》《世界温州人》），而且《解放日报》《光明日报》《人民政协报》等中央报纸，《工人日报》《经济日报》《民营经济报》《中国财经报》《中国社会报》《中华建筑报》《中华工商时报》等专业报刊，以及善行天下的温州人所在的省市地媒体都曾多次给予关注和报道。本地和全国媒体的广泛报道，不仅真实记录下温州慈善事业发展的足迹，而且为温州慈善工作创造了良好的舆论环境，让全国人民听到了温州慈善"好声音"。

（二）全方位的参与

媒体作为温州慈善事业发展的推手之一，其角色不只是善行的积极传播者，更是慈善的主动参与者，既构建了一种新型慈善实体——"媒体慈善"，也努力打造"媒体慈善能人"。

自 2010 年 10 月 5 日，温州市首个新闻慈善机构——温州市慈善总会雪君工作室分会成立以来，温州媒体持续扩大慈善宣传力度和勇于探索慈善新路径。截至目前，温州 4 大主流报纸和温州广播电台均建立了慈善分会并以此开展各具特色的慈善项目，众多记者加入了慈善义工（见表附录 -4）。如雪君工作室分会不仅坚守 10 年做"慈善大宴"，树立慈善新闻品牌，而且在 2010 年青海玉树地震中，与慈善总会联合包机赈灾，成为全国首架运送民间赈灾物资的包机，也是温州历史上第一架从温州起飞的货运包机等。温州媒体做慈善的创举引起了全国媒体同行的报道与关注，也获得了领导的支持和社会的认可，以至 2012 年起专设"慈善新闻奖"，并有三位媒体人入选"十大慈善大使"（见表附录－4）。

表附录－4　　　　　温州四大主流报刊的特色慈善项目

报刊名称	温州日报	温州都市报	温州晚报	温州商报
主打项目	微笑联盟	明眸工程	慈善大宴	单亲结对
慈善栏目	党报热线	慈善、关注吧	雪君工作室·爱心温州	商报公益
报道周期	每周五	每周二	每周一	每周一
负责人	吴敏	成中	郑雪君	

实践证明，温州媒体参与慈善，既使媒体成为慈善事业发展中不可或缺的一种力量，为慈善工作提供舆论阵地、创造舆论环境和进行舆论引导，也助推了媒体自身的发展，实现了双赢。

五　现代慈善理念的有机运用

历经改革开放30多年的财富积聚和观念的变革与洗礼，在温州这座富裕的城市里，义与利的天平被重新平衡。从"赚一厘钱也是赚"的商业理念到"捐一元钱也光荣"的慈善情怀，当下的温州人正从商贾自觉转向慈善自觉。他们怀着慈爱之心、平常心态去行善，他们将慈善视作日常事、开心事，他们想到的是社会责任而不是个人回报，他们通过有组织的活动为救助者提供服务。"其实做慈善很简单，只要做好身边的事，力所能及地伸出你的手帮人一把。""慈善不分大小，慈善不求回报，真正的慈善永远是低调，做了千万不要铭记。"等等。这些朴素的慈善理念不仅使温州大地涌现出一大批慈善先进集体、先进个人和感人故事，而且进一步夯实了社会各界关心、支持和参与慈善事业的生动局面。

（一）温州慈善理念的确立

随着温州经济的发展和社会的进步，温州人的慈善观也不断演进与转型，并逐渐形成以温州实际为现实依据、以公共利益为目标取向、以共同价值观为思想基础的慈善理念。

首先坚持以人为本，既强调人文关怀更注重平等尊重。"慈善行为与施舍不一样，他是人与人之间平等的帮助。"让被救助者有尊严是现代慈善文化区别于传统慈善文化的一个重要体现。为此，具有务实精神的温州社会不仅提出了"慈善惠人人"的普世价值，更是将"善待他人、关心弱者"的人文情怀升级为对人的价值和尊严的肯定。如瑞安新居民管理局的新居民基金会既救助困难的外来民工也充分考虑他们的受助意愿；郑超豪创设的华峰诚志助学基金同样既帮助就学困难学生又维护学生自尊，甚至不公示受助学生名单，以学生自我诚信为保障。其次树立正确幸福观，既以受助对象的身心幸福为主，也同步实现自我幸福感。"赠人玫瑰，手有余香。"善于经商的温州人不仅深知拼搏奋斗是"主观为自己客观为社会"，而且也体悟到投身于慈善公益事业是"既为自己又为社会"，从中实现双赢，既赚钱又快乐。温州政府更是高屋建瓴地从长远的角度出发，提出了"三生融合，幸福温州"的发展目标。以此为指导，个人、企业、社会和政府将通力合作，让慈善的主客体和谐相处，让热心人士的爱心、企业的社会责任、政府的救助体系和困难群体的基本权利相协调，使受助者既获得物质的享受，也体验精神的愉悦。如"微笑联盟"通过夏令营活动中的心理辅导，让患者从心理上获得自信，从而使患者在生理与心理共同修复中提升幸福感。

（二）温州慈善的价值诉求

温州慈善扎根本土、源自民间，却善行天下、惠及大众。之所以如此，除却温州人遍及世界的客观因素，应归结于温州社会对慈善价值的主观追求。

首先表现为经济上追求理性财富观和"授人以渔"的精神主张。温州人尤其是温州的企业主参与慈善事业，倡导为富者"仁"的价值取向，把以自己拥有的财富造福于人类看作人生的价值追求。不仅如此，小赢凭智、大利靠德，商行天下的温州人把善行天下演绎为新商道灵魂，将商智、商略与商德、商誉有机结合起来，通过善行这一"潜规则"获得了更多社会资本和经济资源。同时，崇尚自立自强的温州人在慈善事业中深谙"授人以鱼不如授人以渔"的道理，努力从"输血型"慈善向"造血型"慈善转变，从短期救助向长期扶持转变，为广大受益人创造实现自我价值的条件。如森马集团的邱光和在瓯海建立瓯柑扶贫基地，带领全村创业。这种理念不仅有助于降低受助对象的社会排斥和社会剥夺（如抵御社会风险的能力减弱），提高困难群体的生活质量，推进自身的可持续发展，也有利于投资社会（如再就业、人力资源开发）和促进慈善事业的良性发展。其次表现为对公民意识和社会志愿精神的社会追求。现代慈善就是公民慈善，而慈善事业中的公民意识最突出的就是公民社会责任观。温州社会里的个人行善不仅仅是出于做好事的简单动机，而是个人承担对他人的社会责任。如20年村支书的责任感让耄耋之年的邓洪如老人养猪30年捐助500万元；曾经参加抗美援朝战争的责任感让普通老党员的周绍文用退休金坚持捐助10多年。温州的企业同样将自己视为一个社会公民，不做一味地追求利润的机器，而是树立"创造财富是一种责任，奉献爱心是一种美德"的理念，既创造利润又勇担社会责任。富有爱心和感恩社会已成为温商追求的社会价值。如十大慈善家之一的翁银巧就平实而深刻地说道，"钱赚得多一点少一点无所谓，但一定要回报社会，因为我们的钱来自社会"。这种社会责任意识让温州慈善事业从慈善救助升华到社会公益事业，慈爱之心升华为公益意识。慈善事业不仅是捐钱赠物的事业，更是人们奉献志愿服务的行动。志愿精神是一种在自愿的、不计报酬的条件下参与完善社区工作、促进社会进步和推动人类发展的精神。温州的2万多名义工以"奉献、友爱、互助、进步"为宗旨，凭借自己的劳力、智力和爱心，积极投身于敬老助学、医疗义诊、大型活动、抢险救灾、生态环保等多个领域的志愿服务行动中。这种志愿精神唤醒了更多人内心的仁爱和慈善，使更多的人加入义工队伍，付出所余、持之以恒地真心奉献。

第四部分 温州慈善事业发展的必要选择

中国的现代慈善事业发展将近20年，温州的慈善事业也将迎来

15 周年，但时至今日，中国仍然没有出台一部真正的慈善法规来为慈善事业指明方向。在此情景下，当前中国和温州的慈善工作尚需摸石头过河的探索，地方政府、慈善组织和社会各界仍需通力合作，以应对新问题、新情况。

一 继续发挥政府主导作用

为了推进慈善事业又好又快地发展，需要政府以长效机制来规范、指导和协调好全市慈善工作。进一步制定有效政策，鼓励社会各界积极参与社会慈善事业，并给予参与者精神荣誉和物质回报（包括灵活的税收政策、直接的财政补助等）；建立慈善资源信息平台，为公益慈善组织、捐赠者、受助者和志愿者提供综合信息服务，为慈善主客体之间提供爱心救助渠道；积极探索利用社会资源，开展慈善实体建设，扩大公益慈善受益面；广泛开展社会协作，帮助慈善组织开发和利用各种社会资源；要进一步协调好官方、半官方和民间性质的慈善机构或 NGO 的关系，以合力共建温州慈善大业；号召国家公职人员广泛参与社会慈善活动，为社会公众树立榜样；积极培养慈善专业人才，提高慈善机构工作人员的业务素质和职业道德水平；为企业和社会公民从事新兴领域的慈善公益活动，提供技术支持和指导；等等。

二 继续培育现代慈善理念

地方政府、慈善组织和社会各界要继续培育现代慈善理念。一是要树立慈善利民利国的观念。慈善既能增加社会消费总效用和实现社会和谐，又能促进社会发展。二是要树立慈善是宝贵资源的观念。在现今社会，不仅财物是稀缺性资源，慈善行为也是宝贵的资源，应予以有效利用。三是树立慈善是生活必需品的观念。古人有"为善最乐"，消费的效用即"乐"善行也是现代人生活的必需品，消费者形成慈善喜好，主动增加慈善消费，可实现慈善消费的经济行为和乐善好施的道德行为的内在统一。四是树立崇尚慈善的观念。乐善好施者，无论隐姓埋名还是彰姓显名，都值得社会敬重和褒扬。政府应引导社会公众、大众传媒对慈善行为予以高度关注，通过慈善奖、慈善排名榜等方式，宣传慈善精神和事迹，激发公众和企业参与慈善事业的热情等。

三　继续优化温州慈善环境

在全社会营造关心慈善、支持慈善、参与慈善的良好氛围。让慈善进入社区，从基层做起，开展生动活泼、形式多样的社会化慈善活动，让本社区的优秀慈善行为和慈善人物广为人知，成为大众的谈资，鼓励每个人在自己身边做慈善，让做慈善变得更加方便。要立足长远，将慈善教育作为公民社会教育的内容纳入公民教育制度，努力用行动教育来推广现代慈善。学校要将公民慈善教育列入实践课，与志愿者行动相结合。要在全社会倡导公正、宽容和包容的慈善文化，激发市民的慈善热情，推动慈善成为每个社会成员的文化自觉行为。不断加强社会认同，尊重每个人尤其是受助者的人格和尊严。推广现代慈善文化，将社会主流中的时尚元素融入慈善，让慈善公益活动进入流行文化，成为青年人喜闻乐见的现代公民时尚的生活方式，让社会的各类人群、各层级的公民都能找到自己喜欢和熟悉的慈善方式等。

四　继续宣传温州人的善行

加大力度宣传温州的爱心与温州人的善行天下，激发全社会的慈善热情和人们的向善意识，提高社会对慈善的认知，巩固温州慈善的凝聚力和影响力，同时能树立温州人在全国人民面前的新形象。对温州人善行的宣传，必须始终将公民个人的慈善精神摆在优先的位置，鼓励每个人将慈善作为公民的义务和责任，每个人不论其富有还是贫穷，都有责任也有能力做慈善，鼓励每一位公民从一点一滴的善事做起，身体力行、平平常常、无声无息。要更多地宣传最能体现温州慈善特色的平民慈善，平民慈善是普通百姓做自己能做的善事，将慈善融入自己的生活，成为自己的生活方式和生活习惯，以至达到生活慈善化的现代慈善之最高境界。同时，要宣传温州人善行天下的独特性和优势性，要宣传好善行天下温州人在传统文化根源上的继承性、在行商和行善遍天下的地域性、在活动操作形式上的务实性。

五　健全温州慈善的组织形式

遍布世界的温州人可以借助世界温州人联谊总会和世界温州人大会维系乡情，温州人商行天下可以依托各地商会，但温州人的善行天下活动却至今没有一个部门或机构来统一负责。现在，温州的慈善总会、统战、民政、红十字会、经济促进会等部门又都各自牵头做行善之事，捐款单位处于多头状态，用款项目也各司其事。为此，必须尽快组建一个能够统筹温州人善行天下行动的部门或机构，在温州建立慈善大本营，以便统一策划善事，构筑善行平台，统计善心资料，发挥温州人善行天下的群体效应，彰显温州人善行天下的巨大成果。温州人善行天下是散落在全国各地和世界各地的民间行为，在善行总机构建立之前，各地商会不仅要鼓励行商的温州人多行善事，还要承担起在外地温州人善行天下活动的组织工作，以确保温商在外行商之事有人做，行善活动有组织管理。

六　开展温州慈善的理论研究

温州人善行天下，温州善举层出不穷，温州慈善事业勃勃生机，"温州慈善模式"业已形成，但对温州的慈善研究却明显滞后。目前，关于温州慈善实践虽有慈善组织机构的工作总结、有政府部门的文件报告、有各级领导的指示讲话，但理论性的研究甚少。面对国内外温州人不断创造出诸多形式的行善平台和做法的现状，进行多层面、多视角的温州慈善研究实为当务之急。理论工作者要及时掌握慈善信息，解读慈善现象，归纳慈善特色，提炼出温州慈善的核心内容。专家学者要全面梳理温州慈善历史，要充分挖掘出温州传统慈善基因，要深入论证温州地域文化、经济结构、社会族群和温州慈善的内在关系。政府部门和慈善机构要设立专项课题，发布慈善蓝皮书和年度报告，建设温州人善行天下数据库。高校要积极引导师生关注温州慈善，要专设慈善研究机构，要鼓励教师申报以温州慈善为主题的高级别课题和发表高质量的论文，以推动温州慈善研究走向全国并成为学术界的亮点等。

2013 年 6 月 4 日，温州市委书记、浙江省副省长陈德荣批示"温州慈善问题"专项调研成果。

附录Ⅱ 温州市慈善总会
侨爱分会简介

　　温州是全国重点侨乡，拥有海外华侨华人、港澳同胞68.8万人，以及国内归侨侨眷33.6万人。近几年来，海外侨胞、侨团数量不断增多，分布更加广泛，经济实力进一步增强，回馈家乡、造福桑梓的热情也日渐高涨。伴随温州侨情的新变化和华侨捐赠工作的新机遇，筹建一个彰显温州华侨华人善行天下的慈善组织成为必要与可能。

　　2010年5月7日，由温州市侨办、温州市慈善总会指导和温籍侨胞自发组织的温州市慈善总会侨爱分会挂牌成立，成为浙江省首个由侨胞自发捐资成立的慈善机构。其宗旨为：整合广大侨资企业、海外侨团、海外侨胞、港澳同胞、外籍华人、归侨侨眷及侨务工作者等力量，筹募侨爱慈善资金，开展社会救助，扶助弱势群体，促进社会公共福利事业的发展，推动社会主义和谐社会建设。

　　侨爱分会自成立以来，在温州市慈善总会和温州市侨办的重视关心下，在广大侨资企业、海外侨团、华侨华人、港澳同胞、归侨侨眷的热情参与和支持下，热心开展筹募善款、扶贫济困、赈灾救助、慈善救助、公益活动、慈善宣传等，经历了从无到有、从小到大、蓬勃发展的历程，并针对不同对象、不同情况，采取不同的措施开展华侨捐赠工作，业已成为团结海外华侨的纽带，成为联系海外赤子爱国爱乡，共襄善举的桥梁。成立五年来，不仅制定了《温州市慈善总会侨爱分会章程》《温州市慈善总会侨爱分会财务管理制度》等规章制度。同时，积极筹募善款，开展多形式的慈善公益活动。截至2015

年 3 月，侨爱分会总计募得善款 1700 万元，共向社会上符合救助的团体和个人发放善款 1170806912 万元。其中，已结对帮扶 41 个助学项目，资助学校 40 多所、学生 2000 多名，共计 782003 万元①。

---

① 有关材料和数据由温州市人民政府侨务办公室提供。

参考文献

（按首字音序排列）

一　古籍

（晋）陈寿：《三国志》，百衲本影宋绍熙刊本。

（宋）陈傅良：《陈傅良先生文集》，浙江大学出版社 1999 年版。

（宋）陈思：《两宋名贤小集》，清文渊阁《四库全书》本。

（唐）房玄龄等：《晋书》，清乾隆武英殿刻本。

（宋）洪迈：《夷坚支志》，清影宋钞本。

江苏古籍出版社等编：《中国地方志集成：浙江府县志辑·乾隆温州府志》，上海书店出版社 1993 年版。

（宋）乐史：《太平寰宇记》，清文渊阁《四库全书》补配古逸丛书影宋本。

（清）厉鹗：《宋诗纪事》，清文渊阁《四库全书》本。

（后晋）刘昫：《旧唐书》，中华书局 1975 年版。

（宋）欧阳修等：《新唐书》，岳麓书社 1997 年版。

（唐）权德舆：《权载之文集》，四部丛刊影清嘉庆本。

（汉）司马迁：《史记》，清乾隆武英殿刻本。

（明）王瓒、蔡芳：《弘治温州府志》，上海社会科学院出版社 2006 年版。

（宋）吴泳：《鹤林集》，清文渊阁《四库全书》补配清文津阁《四库全书》本。

（清）吴之振：《宋诗钞》，清文渊阁《四库全书》本。

（宋）薛季宣：《薛季宣集》，上海社会科学院出版社2003年版。

（唐）姚汝能：《安禄山事迹》，宣统三年叶氏刻本。

（宋）叶适：《叶适集》，中华书局1961年版。

（清）张君宾等：《乾隆宁德县志》，宁德方志办编1983年铅印本。

〔朝〕郑麟趾：《高丽史》，明景泰二年朝鲜活字本。

（宋）庄绰：《鸡肋编》，清文渊阁《四库全书》本。

（元）周达观：《真腊风土记》，夏鼐校注，中华书局2000年版。

二　著作

蔡克骄：《瓯越文化史》，作家出版社2002年版。

蔡苏龙：《侨乡社会转型与华侨华人的推动：以泉州为中心的历史考察》，天津古籍出版社2006年版。

苍南县志编纂委员会编：《苍南县志》，浙江人民出版社1997年版。

陈传仁：《海外华人的力量》，世界知识出版社2007年版。

陈华荣：《乐清海外赤子》，人民日报出版社2005年版。

邓小平：《邓小平文选》（第三卷），人民出版社2002年版。

胡方松主编：《华侨望族》，中国对外翻译出版有限公司2013年版。

胡珠生：《温州近代史》，辽宁人民出版社2002年版。

胡珠生辑：《陈虬集》，浙江人民出版社1992年版。

黄润龙：《海外移民和美籍华人》，南京师范大学出版社2003年版。

金凡平、方立明等：《温州文化：存在的记忆》，人民出版社2013年版。

金乡小学百年校庆筹委会编：《百年金小留芳集（1905—2005）》，内部刊印2005年版。

孔秉德、尹晓煌：《美籍华人与中美关系》，余宁平译，新华出版社2004年版。

李喜所：《中国留学通史》（民国卷），广东教育出版社2010年版。

李喜所：《近代中国的留学生》，人民出版社1987年版。

李海英：《朴学大师——孙诒让》，浙江人民出版社2007年版。

李庆鹏：《解读温州人——一个闯荡天下的现代商帮》，香港东方财富出版集团 2003 年版。

梁漱溟：《中国文化要义》，学林出版社 1987 年版。

林亦修：《温州族群与区域文化研究》，上海三联书店 2009 年版。

鲁娃：《鲁娃大视野——101 温州人走世界》，文汇出版社 2011 年版。

陆忠伟：《非传统安全论》，时事出版社 2003 年版。

卢秀英、华小波：《天下瑞安人：海外篇》（第一辑），作家出版社
　2008 年版。

［日］木宫泰彦：《日中文化交流史》，胡锡年译，商务印书馆 1980
　年版。

倪德西、叶品波主编：《乐清华侨志》，中国文史出版社 2007 年版。

平阳县志编纂委员会编：《平阳县志》，汉语大词典出版社 1993 年版。

青田县志编纂委员会编：《青田县志》，浙江人民出版社 1990 年版。

R. J. May and W. J. O Malley, ed., *Observing Change in Asia*：*Es-
　says in Honour of J. A. C. Mackie*, Bathurst：Crawford House
　Press，1989.

任贵祥：《海外华侨华人与中国改革开放》，中共党史出版社 2009
　年版。

瑞安市地方志编纂委员会编：《瑞安市志》，中华书局 2003 年版。

苏虹编：《董云飞家族侨谱》，温州市华侨华人研究所刊印 2003 年。

沈雨梧：《走向世界的宁波帮企业家》，上海三联书店 1990 年版。

王春光：《巴黎的温州人》，江西人民出版社 2000 年版。

王国伟主编：《瑞安市华侨志》，中华书局 2011 年版。

汪向荣：《中国的近代化与日本》，湖南人民出版社 1987 年版。

温州大学校长办公室编：《温州大学二十年》，内部刊印 2005 年版。

温州市地方志编纂委员会编：《温州年鉴》，中华书局 2007 年版。

温州市华侨华人研究所编：《温州华侨建温州》，今日中国出版社
　2003 年版。

温州市华侨华人研究所编：《温州海外名人录》，内部刊印 2000 年版。

温州市图书馆：《温州历史文献集刊》编辑部编《温州历史文献集
　刊》（第一辑），南京大学出版社 2010 年版。

温州市鹿城区政协文史组编：《鹿城文史资料》（第 1 辑），内部刊印
　　1986 年版。

温州市鹿城区政协文史组编：《鹿城文史资料》（第 3 辑），内部刊印
　　1988 年版。

温州市教育志编纂委员会编：《温州教育志》，中华书局 1997 年版。

温州市志编委会编：《温州市志》，中华书局 1998 年版。

温州市人民政府侨务办公室、世界华文出版社编：《海外温州人》
　　（下），世界华文出版社 2006 年版。

温州市政协文史资料委员会编：《温州文史资料》（第七辑），内部刊
　　印 1991 年版。

温州市政协文史资料委员会、浙江省政协文史资料委员会编：《东瀛
　　沉冤——日本关东大地震惨杀华工案》，浙江人民出版社 1995
　　年版。

温州师范学院院史编委会编：《温州师范学院五十年》，浙江摄影出
　　版社 2006 年版。

温州医学院校史编辑委员会编：《温州医学院校史（1958—1998）》，
　　浙江教育出版社 2008 年版。

吴潮：《浙江籍海外人士研究》，学林出版社 2003 年版。

吴晶主编：《侨行天下——青田华侨文化研究》，大众文艺出版社
　　2006 年版。

吴霓：《中国人留学史话》，商务印书馆 1997 年版。

霞浦县政协文史组编：《霞浦县文史资料》（第十一辑），内部刊印
　　1993 年版。

夏凤珍：《从世界看浙南非法移民》，南开大学出版社 2008 年版。

谢长法：《中国留学教育史》，山西教育出版社 2006 年版。

徐德友：《天下瑞安人：90 华诞 90 精英》，红旗出版社 2011 年版。

叶肖忠：《华侨九闾》，中国文化艺术出版社 2011 年版。

俞雄：《骄鸥远影——温州百年在外学人》，中国文史出版社 2006
　　年版。

育英事业发展促进会编：《育英情怀》，内部刊印 2008 年版。

张宪文辑：《孙诒让遗文辑存》，浙江人民出版社 1990 年版。

章志诚主编：《温州华侨史》，今日中国出版社 1999 年版。

浙江教育简志编委会编：《浙江教育简志》，浙江人民出版社 1988
　　年版。

郑一省：《多重网络的渗透与扩张：海外华侨华人与闽粤侨乡互动关
　　系研究》，世界知识出版社 2006 年版。

郑育友：《桂峰华侨志》，香港天马图书有限公司 2000 年版。

郑逊华：《乐清市当代留学人员风采》，新星出版社 2003 年版。

政协瑞安文史资料委员会编：《瑞安文史资料》（第 21 辑），内部刊
　　印 2002 年版。

周厚才编著：《温州港史》，人民交通出版社 1990 年版。

周望森：《浙江省华侨史》，中国华侨出版社 2010 年版。

周望森主编：《浙江省华侨志》，浙江古籍出版社 2010 年版。

周望森主编：《华侨华人研究论丛》（第六辑），中国华侨出版社
　　2003 年版。

周望森、陈孟林主编：《青田华侨史》，浙江人民出版社 2011 年版。

周星槎主编：《海外永嘉人》，当代中国出版社 2009 年版。

朱杞华：《晚清瑞安县发展教育概况》，温州同乡会印发 1990 年。

朱礼主编：《文成华侨志》，中国华侨出版社 2002 年版。

庄国土：《华侨华人与中国的关系》，广东高等教育出版社 2001 年版。

三　资料汇编

陈翰笙主编：《华工出国史料汇编》，中华书局 1985 年版。

褚德新、梁德主编：《中外约章汇要：1689—1949》，黑龙江人民出
　　版社 1991 年版。

杭州海关译编：《近代浙江通商口岸经济社会概况》，浙江人民出版
　　社 2002 年版。

刘辉主编：《中国旧海关稀见文献全编》，中国海关出版社 2009 年版。

温州市教育局教研室编：《温州近代史资料》，内部刊印 1957 年版。

应凤娟主编：《温州市侨联五十周年》，内部刊印 2010 年版。

赵肖为编译：《近代温州社会经济发展概况：瓯海关贸易报告与十年报告译编》，上海三联书店 2014 年版。

朱有瓛主编：《中国近代学制史料》第二辑（下册），华东师范大学出版社 1989 年版。

浙江省辛亥革命研究会编：《辛亥革命浙江史料选辑》，浙江人民出版社 1981 年版。

四　论文

常晓强：《新式交通与近代温州经济变迁》，《温州职业技术学院学报》2014 年第 3 期。

陈国灿：《略谈江南文化的海洋特性》，《史学月刊》2013 年第 2 期。

陈辰立：《南宋以来闽籍徙温移民的四个契机》，《温州大学学报》2014 年第 3 期。

陈忠：《温州侨乡报向"都市报"的飞跃》，《青年记者》2007 年第 16 期。

成勇、陈经纶：《情怀乡邦，泽被乡里》，《源流》2010 年第 22 期。

董军成：《清末留日教育的发展及其对中国教育近代化的影响》，硕士学位论文，陕西师范大学，2008 年。

郭剑波：《青田籍新华侨华人若干问题初探》，《钱江侨音》2010 年第 4 期。

景海燕：《略论侨刊乡讯的收集整理工作——以暨南大学图书馆为例》，《图书馆理论与实践》2009 年第 9 期。

李南星：《难忘的峥嵘岁月——记新加坡老归侨胡益蒙同志和"温工"战友》，《浙江华侨史料》1986 年第 1 期。

李明欢：《"相对失落"与"连锁效应"：关于当代温州地区出国移民潮的分析与思考》，《社会学研究》1999 年第 5 期。

刘芸：《温州慈善现状及其完善对策探析》，《温州大学学报》（自然科学版）2011 年第 5 期。

罗海丰、黄家泉：《华侨华人、港澳同胞与广东高等教育》，《五邑大学学报》2004 年第 2 期。

王雄涛:《清末温州留日学生研究》,硕士学位论文,温州大学,2011 年。

文峰:《欧洲主权债务危机对华侨华人经济的影响及其对策研究》,《东南亚研究》2012 年第 2 期。

肖效钦、甘观仕、阎志刚:《潮汕华侨、华人捐资兴学的调查研究》,《汕头大学学报》(人文科学版)1991 年第 3 期。

夏凤珍:《论浙南侨乡移民意识的生成、作用及其提升》,《浙江工商大学学报》2011 年第 2 期。

徐华炳:《发挥乡土优势借助多重资源开展"温州人"研究》,《华侨华人历史研究》2009 年第 1 期。

徐华炳、张东平:《侨胞捐助温州高等教育:回顾与展望》,《八桂侨刊》2010 年第 2 期。

徐华炳:《温州海外移民形态及其演变》,《浙江社会科学》2010 年第 12 期。

徐华炳:《区域文化与温州海外移民》,《华侨华人历史研究》2012 年第 2 期。

徐华炳、柳建敏:《温州苍南华侨的历史贡献及其特点》,《八桂侨刊》2013 年第 1 期。

徐华炳、张婷:《温州乐清海外留学移民特点解析》,《八桂侨刊》2013 年第 2 期。

徐华炳、彭昳柔:《解读浙江省爱乡楷模的特点》,《八桂侨刊》2013 年第 4 期。

徐华炳、刘凯奇:《近代温州开埠与温州海外移民》,《温州职业技术学院学报》2014 年第 4 期。

徐华炳:《温州海外移民世家研究》,《浙江学刊》2015 年第 4 期。

徐华炳:《中国海外移民个体行动抉择分析:以旅欧温州人为例》,《社会科学战线》2015 年第 7 期。

徐华炳、刘凯奇:《周伫移居高丽考》,《八桂侨刊》2016 年第 1 期。

徐文永:《青田华侨华人与侨乡研究综述》,《丽水学院学报》2011 年第 6 期。

朱清：《侨刊乡讯：与海外乡亲沟通的"集体家书"》，《对外传播》
　2009年第3期。

庄志坚：《温州市偷渡活动透析》，《浙江公安高等专科学校学报》
　2001年第4期。

五　报刊

《晨报》、《大青田周刊》、《解放日报》、《联谊报》、《青田侨报》、
《青田侨乡报》、《青田侨讯》、《人民日报》（海外版）、《瑞安日
报》、《温州日报》、《温州侨乡报》、《温州都市报》、《温州商报》、
《温州晚报》、《文成侨讯》、《浙江日报》、《浙江侨声报》、《世界
温州人》、《温州侨联》、《温州台办》

六　网站

北仑新闻网（http：//old. blnews. com. cn），宁波大学网（www.
　nbu. edu. cn），平阳县政府门户网（www. zjpy. gov. cn），平阳
　新闻网（www. py. 66wz. com），青田侨联网（www. qtxql.
　com），瑞安政府网（www. ruian. gov. cn），绍兴网（www. sha-
　oxing. com. cn），温州政府网（www. wenzhou. gov. cn），温州
　网（www. wznews. 66wz. com），温州侨网（www. wzqw. com），
　温州市侨联网（www. wzsql. com），温州大学网（www. wzu.
　edu. cn），新华网浙江频道（www. zj. xinhuanet. com），永嘉政
　府网（www. yj. gov. cn），永嘉公务网（http：//xxgk. yj. gov.
　cn），乐清外侨网·侨商网（www. yqwqw. com），浙江侨网
　（www. zjqb. gov. cn），浙江省归国华侨联合会网（www. zjsql.
　com. cn），中国新闻网（www. chinanews. com），中国侨网
　（www. chinaqw. com），中国青田网（http：//qtnews. zjol. com.
　cn），中国宁波网（www. cnnb. com. cn）

后　记

　　后记，亦称"跋"或"后序"。"跋"字通常意指跋涉，故跋文内容往往涉及写作经过、资料来源等与成书有关之情形。因为本书算是我的第一本有关华侨华人方面的著作，故而更在意回溯涉足华侨华人和海外移民研究的往昔。

　　想来撰写的第一篇与华侨华人有关的文章已是整整 20 年前的事儿了：1996 年 9 月 12 日，还是大学三年级的我与周望森先生在《浙江侨声报》第三版发表了《侨胞情寄阜山中学》，并在香港南源永芳股份有限公司与浙江侨声报联合主办的《华侨与近现代》征文中获奖。在网络尚不发达的那个年代，能够将自己写的一点文字变成铅字，是件可以让人兴奋一阵子的事情。趁着这股兴致，在周先生的鼓励与指导下，我开始了本科毕业论文的选题、写作，并最终以《印度尼西亚华人同化问题研究》一文顺利毕业（此文后经修改，发表于《内蒙古民族大学学报》2002 年第 3 期）。毋庸置疑，周先生是我的大学业师，也是论文导师，更是引我进入华侨华人研究领域的启蒙恩师！

　　1997 年 6 月，毕业分配至温州大学，与先生辞别，叮嘱要好好利用温州这一华侨华人研究的极佳场地。工作最初十年，先生一直都期待着我能够在温州组建起华侨华人研究机构并给予学术支持。1999 年，他来温州参加学术会议时，顺道看我，希望我开始做温州华侨研究；2005 年，在先生全力指导下，设计《旅欧温籍华侨华人现代化研究》的申请书并分别申报了浙江省社科联课题和温州市科技局软课题，可惜未中；2008 年 3 月，他去文成侨乡调研，带我同往，期望我从中感受研究温州华侨的潜在价值。……期间，我也试图撰写"关于华侨对温州高校投捐资状况分析"（此文后修改成《温籍侨胞捐助温州高等教育：回顾与展望》，发表于《八桂侨刊》2010 年第 2 期）等文章。然而，受限于所教授课程的性质和当年就读浙江大学硕士研究生的方向，我几乎没有太多精力投入华侨华人研究。直到 2008 年 8 月获得浙江省哲学社会科学规划项目（重点），才真正地全面转入以温州华侨华人为重心的中国海外移民研究。

事实上，申报浙江省哲学社会科学规划课题始于 2007 年上半年，而直接"鼓动"当时仅为讲师的我申报省级课题的是奚从清先生。奚先生 2000 年从浙江大学受聘到温州大学管理学院，又兼任教学督导。或许是我的课堂教学受学生喜爱而引起了他的注意，亦许是他审阅到《温州大学学报》的投稿而欣赏我的文笔，总之，很偶然的机会，他以一种极其信任和"看好"我的神态，鼓励我申报省里的课题。此后，我们渐渐成为忘年交，作为良师益友，自然我受益多多。在他的精心指导乃至直接参与下，我完成了《温州海外移民群体研究》申请书并随即申报。很遗憾，可能是职称因素，首战败北。半年后，晋升为副教授的我与奚先生再次认真地修改上述课题标书。功夫不负有心人，第二次申报终于成功并完全出乎意料地被立项为重点课题。这极大地激励了我，以至于我完全调整并锁定华侨华人和中国海外移民为我此后的研究对象。所以，奚先生虽非业师，却亲授学术，同为恩师。

拜谢周望森先生和奚从清先生！在我的华侨华人研究道路上，他们犹如两位通力合作的接力手，为我开路为我导航。

2008 年至今已八年，就完成课题的时间而言，因常怀一种"完美心理"而导致完全超期，甚惭愧并向省哲社规划办致以万分歉意。但就期间的学术经历和科研成果来说，收获颇多，尚且满意。不仅在《华侨华人历史研究》《江海学刊》《浙江学刊》《浙江社会科学》《社会科学战线》《福建论坛》等 CSSCI 期刊发表十余篇中国海外移民研究方面的论文，而且其中有多篇论文被《新华文摘》、中国人民大学复印报刊资料全文转载和论点摘编；不仅有近十项课题获得中国侨联、温州市社科联等单位的立项，而且获得温州市社会科学成果二等奖；不仅正式成立了由我负责的温州大学华侨华人研究所，而且我自 2009 年开始招收专门史/中国史（华侨华人方向）学科的硕士研究生；不仅前往意大利、法国实地观察了海外中国人及其社区，而且深入温州 11 个县市区调查侨乡社会；不仅在《中国社会科学报》《浙江侨声报》《钱江侨音》《温州日报》《温州都市报》等发表涉侨专题文章以扩大温州大学华侨华人研究的影响力，而且通过编撰"温州侨务志""温州侨联志"和提供决策咨询等以服务地方社会……本著作亦是近八年的阶段性成果，更是我今后在温州及浙江区域华侨史研究方向上的系列性成果之一。

八年来之所以能够取得较好的华侨华人研究成果，一则在于自己的勤勉，二则在于期刊界、侨研界和涉侨部门的厚爱与支持。感谢韩璞庚总编、张秀明主编、徐吉军主编、余伯灵主编、苏妙英主编、郑一省主编、王永平副主编、田明孝责编和张燕清责编的信任。感谢国际移民研究专家、厦门大学李明欢教授的多番力助，感谢《温州华侨史》主编章志诚先生的谆谆教导，感谢浙江中医药大学杨华教授的时常关爱，感谢余序整先生、倪德西先生和叶品波先生相赠资料并接受访谈。感谢暨南大学纪宗安校长、张应龙教授和廖小健教授，五邑大学张国雄校长、刘进教授和石坚平教授，清华大学龙登高教授，福建社会科学院黄英湖教授和林心淦副所长，丽水学院周湘浙书记。感谢浙江省侨办戴小迅会长，浙江省侨联林孝双主任和浙江侨商会姜敏达秘书长。感谢温州市人大民宗侨委、林坚强秘书长，温州市政协科教文卫委、杨志华主任，温州市社科联、温州市侨办，温州市侨联及林春雷副主席和薛新山副主任。感谢文成县人大常委会吴宇凌副主任和民侨委高明友主任，县政协学习文史委赵翁钦主任，县侨联胡文铰主席和包小荣副主席，县史志办朱礼先生，县档案馆、大峃镇侨联、玉壶镇侨联、南田镇侨联、周壤社区侨联、东溪社区侨联和上林社区侨联。感谢瑞安市侨联及卢秀英主席和潘寿妹秘书长，市档案馆、塘下镇侨联、桂峰乡侨联和枫岭乡侨联。感谢鹿城区侨联蒋晖主席和陈嫣秘书长，七都镇侨联及周祥薇主席。感谢瓯海区外侨办，区侨联及沈洁秘书长，区档案馆，丽岙侨联及黄品松主席。感谢乐清市人大常委会张亨根副主任，市外侨办及吴寿喜主任，市侨联及朱有发副主席，市侨商会蒋向阳秘书长，柳市镇侨联及张晓霞主席。感谢永嘉县侨办，县侨联及詹苗芳秘书长，县档案馆。感谢平阳县侨联金裕军主席和梅烨副主席，县档案馆。感谢苍南县外侨办吴克修主任，县侨联欧阳腾平秘书长，桥墩镇侨联。感谢洞头县侨联及陈小芳副主席，县档案馆。感谢泰顺县侨联及胡小花主席，龙湾区侨联和区档案馆。感谢《青田侨报》外联中心叶肖忠主任和所有受访的涉侨人员及侨捐学校等。

　　基于诸多单位和众位贵人的鼎力相助，让我八年来积累了丰富的温州海外移民研究素材。而为了使自己可以持续地研究华侨华人问题，并产生系列研究成果，2014 年考入苏州大学社会学院攻读博士研究生。

　　我的博士生导师王卫平先生专长中国社会史研究，尤其在中国慈善史研究领域具有相当的声誉。从他的研究旨趣与丰硕成果中，我获得极大的学术启发。感谢恩师在研究理路上的高屋建瓴地规划，感谢恩师在日常生活、学术创作和人生发展等方面的多重帮助，感谢恩师在繁重的教科研工作和行政事务中拨冗赐序。

　　多年来之所以能够较为潜心研究学术，很大程度上在于妻子及家庭的襄助。她不仅承担种种家务以给予我写作时间的支持，而且负责陪伴爱女以给予我外出调研的支持。不仅如此，因她而结识了她的众多海外亲朋好友，进而成为我的重要研究对象。

　　八年来之所以可以专心研究华侨华人，实为受益于师长般的好同事王海晨教授、王兴文教授和黄涛教授的时时勉励与在在关照。感谢温州大学人文社科处、研究生部，感谢方益权副校长、陈安金部长，感谢人文学院领导及历史系全体同仁，感谢叶世祥兄长身前的莫大鼓励……

　　很高兴认识中国社会科学出版社的温州人吴丽平责编，与她合作很愉快，感谢她为著作如期出版所做的一切工作。此书得以出版，特别鸣谢浙江省高校重点创新团队——"浙南瓯越文化研究"的重点资助，感谢浙江省哲学社会科学重点研究基地——温州人经济研究中心及温州市侨联的友情赞助。

作者

二零一六年六月初稿于温州高教博园善书斋

二零一六年九月定稿于台湾东吴大学